Sammlung von Vorträgen

über den

Entwurf eines Bürgerlichen Gesetzbuchs

in der Fassung der dem Reichstag

gemachten Vorlage.

Heft I.

Dr. Ernst Eck, Erstes Buch, Allgemeiner Theil.

Berlin SW 48.
Wilhelmstraße 119/120.
J. Guttentag, Verlagsbuchhandlung.
1896.

Erstes Buch, Allgemeiner Theil

des

Entwurfs eines Bürgerlichen Gesetzbuchs

in der Fassung der dem Reichstag

gemachten Vorlage.

Eine Darstellung und Erläuterung
der Hauptbestimmungen

von

Dr. Ernst Eck,
Geh. Justizrath,
Professor der Rechte an der Universität Berlin.

Berlin SW.48.
Wilhelmstraße 119/120.
J. Guttentag, Verlagsbuchhandlung.
1896.

Alfred Pernice,

meinem Kollegen

in fünfzehnjähriger Thätigkeit an der juristischen Fakultät

und

in achtundeinhalbjähriger Leitung des Russischen Seminars

zu Berlin,

freundschaftlich

zugeeignet.

Vorwort.

Die nachfolgenden Ausführungen beruhen auf einem Vortrage, den ich am 11. Januar d. J. in der Juristischen Gesellschaft zu Berlin gehalten habe. Den mehrfach an mich gerichteten Aufforderungen entsprechend, veröffentliche ich denselben nunmehr mit erheblichen Abänderungen und Ergänzungen. Mehrere Abschnitte, die ich damals wegen der Kürze der Zeit in den Vortrag nicht mit aufnehmen konnte, so namentlich § 4 über die Sachen, § 8 über die Verjährung und größere Stücke der §§ 5, 6, 7 sind neu hinzugekommen. Ueberall sind die Abweichungen der Gestalt, welche der Entwurf in der inzwischen erschienenen Vorlage für den Deutschen Reichstag erhalten hat, von derjenigen der zweiten Lesung berücksichtigt und eingefügt. Auch die neueste Litteratur, insbesondere die „Denkschrift zum Entwurf" (Berlin 1896) und das mir erst während des Drucks zugekommene Buch von Fr. Endemann „Einführung in das Studium des Bürgerlichen Gesetzbuchs" (Berlin 1896), hat noch soviel als möglich Beachtung gefunden. Das letztere Buch ist immer gemeint, wo nur „Endemann" zitirt wird. Die Materien, die in den genannten beiden Werken nur kurz berührt werden, sind eben darum von mir noch etwas eingehender behandelt worden. Der Abschnitt über die Voraussetzungen, unter denen Vereine Rechtsfähigkeit erlangen, war schon gedruckt, als die Reichstags-Kommission ihre Beschlüsse darüber faßte, und kann insofern als von diesen überholt erscheinen. Doch enthalten diese Beschlüsse gewiß nicht das letzte Wort in der so wichtigen und schwierigen Frage, und darum ist eine Zusammenfassung der dabei in Betracht kommenden Gründe wohl noch keineswegs verspätet. Im Ganzen ist der Zweck dieses Buchs nicht eine Kritik des Entwurfs, die ja ohnehin kaum noch Berücksichtigung finden könnte, sondern eine übersichtliche Darstellung der hauptsächlichsten allgemeinen Lehren in der Art, wie sie sowohl Vorlesungen über den Entwurf, als auch das private Studium desselben zu erleichtern und zu fördern geeignet ist. Da diese Lehren wohl auch in das künftige Gesetzbuch so gut wie unverändert übergehen werden, so darf ich hoffen, daß auch nach dem Erscheinen desselben dies kleine Buch noch von Nutzen sein wird.

Berlin, März 1896.

E. Eck.

§ 1. Gewohnheitsrecht.[1])

Das erste, was bei der Betrachtung des dem Reichstag vorgelegten Entwurfs auffällt, und zwar vortheilhaft auffällt, ist die Streichung der §§ 1 und 2 des Entwurfs erster Lesung. Der gestrichene § 1 verwies bekanntlich zur Ausfüllung von Lücken des Gesetzbuchs auf Ausdehnung der Vorschriften desselben kraft Analogie, und der § 2 wollte das Gewohnheitsrecht nur so weit gelten lassen, als das Gesetz darauf verweisen würde. Inzwischen hat man erkannt, daß die Anwendung der Analogie ohnehin selbstverständlich ist, und in Bezug auf das Gewohnheitsrecht hat die zweite Kommission zwar anfangs noch die Absicht gehabt, eine Vorschrift statt in das Gesetzbuch, wenigstens in das Einführungsgesetz aufzunehmen, dann aber auch davon abgesehen. Mit vollem Recht. Denn ein Interesse besteht nur daran, die Bildung partikulären Gewohnheitsrechts im Widerspruch mit dem Reichsrecht (contra legem) auszuschließen, und dazu genügt der Satz der Reichsverfassung Art. 2, wonach das Reichsrecht dem Landesrecht allemal vorgeht. Dagegen bleibt die Entstehung von Gewohnheitsrecht jeder Art für solche Verhältnisse, über welche das Reichsrecht nichts bestimmt, (praeter legem) am besten unverkümmert. Was endlich die Möglichkeit eines künftigen dem Reichsgesetzesrecht widersprechenden allgemeinen deutschen Gewohnheitsrechts angeht, so kann ein solches vom Gesetzgeber weder durch Verbot ausgeschlossen, noch nach seinen Voraussetzungen und Wirkungen im voraus geregelt werden, wie dies die bei dem Preuß. A. L. R. und auch schon beim H. G. B. gemachten Erfahrungen genügend beweisen. Da ein solches Recht vielmehr seine Geltung aus dem Wesen der Rechtsbildung

[1]) Ueber den allgemeinen Theil des Entwurfs zweiter Lesung, wie er nach den Beschlüssen der Redaktionskommission 1894 erschienen ist, im Ganzen haben besonders gehandelt Hölder im „Archiv f. ziv. Praxis“ Bd. 80 S. 1—62 und Cretschmar daselbst Bd. 81 S. 146—171. Ausführliche Mittheilungen aus den Protokollen der zweiten Kommission von Jecklin und Greiff in Rassow's und Küntzel's Beiträgen Bd. 35 S. 831—863, Bd. 36 S. 75—97, S. 377—441, S. 657—682.

selbst schöpft, die über positive Vorschriften erhaben ist, so handelt der Gesetzgeber nur richtig, wenn er sich der Aufstellung von Regeln darüber enthält, welche sonst doch von Theorie und Praxis allmählich als „unverbindlicher Gesetzesinhalt" bei Seite geschoben werden.

§ 2. Natürliche Personen.

Indem der Entwurf nun mit den „natürlichen Personen" anhebt, knüpft er in § 1 den Beginn der Rechtsfähigkeit des Menschen an die Vollendung der Geburt. Damit ist von selbst ausgesprochen, daß neben der Geburt eines lebenden Kindes es nicht noch einer besonderen Lebensfähigkeit (Vitalität) oder eines gewissen Reifegrades bedürfe, wie das im code civil (Art. 725, 906), im Bad. Landrecht und von manchen auch für das gemeine Recht erfordert wird. Die Verwerfung dieses Erfordernisses kann man bei der Unsicherheit des Urtheils über die Reife oder Unreife eines Kindes gewiß nur billigen.

Als eine weitere Folgerung aus § 1 ergiebt sich, daß der Leibesfrucht die Rechtsfähigkeit fehlt; doch werden derselben kraft besonderer Vorschriften, wie bisher, auf den Fall ihrer Geburt einzelne Rechte vorbehalten (§ 1899, 2; § 828, 2 a. E.) und so weit ihre künftigen Rechte der Fürsorge bedürfen, ist diese durch Vater und Mutter wahrzunehmen oder ein Pfleger dazu zu bestellen (§ 1888).

Der große Grundsatz der Gleichheit aller Menschen auf dem Gebiet des Privatrechts, ohne Unterscheidung nach Geschlecht, Familienstellung, Stand, Religionsbekenntniß, Ehre u. s. w. — welcher natürlich einzelne Ausnahmen nicht ausschließt, — ist im Entwurf zwar nicht ausdrücklich aufgestellt, was immerhin hätte geschehen können, aber doch stillschweigend vorausgesetzt. Darnach ist auch die Vermögensunfähigkeit der Klostergeistlichen und ihr sogen. bürgerlicher Tod abgeschafft. Mithin wird nach dem Entwurf eine derartige Entscheidung unmöglich, wie sie noch 1892 das O. L. G. Frankfurt (Seuff. Arch. 48, Nr. 167) auf die Klage aus einem Wechsel gegen den inzwischen in das Kloster Beuron eingetretenen Prinzen Edmund Radziwill dahin gefällt hat, daß derselbe als Mönch kein Privatrechtssubjekt und darum auch mit einer Zivilklage nicht zu belangen sei. Jedoch sollen nach dem Einführungsgesetz Art. 87 unberührt bleiben die landesgesetzlichen Vorschriften, kraft welcher Mitglieder religiöser Orden oder ordensähnlicher Kongregationen bei Erwerbungen durch Schenkung oder von Todeswegen an staatliche Genehmigung gebunden sind.

Auch gewisse auf Landesgesetz oder Hausverfassung beruhende Vorrechte des hohen Adels werden durch Einführungsgesetz Art. 55, 56 aufrecht erhalten.

Als Altersunterschiede übernimmt der Entwurf nur die zwei Stufen der Minderjährigkeit und der Volljährigkeit, welche letztere mit Vollendung des einundzwanzigsten Lebensjahres eintritt, § 2. Eine davon verschiedene Mündigkeit kennt er nicht mehr. Ebenso wenig kennt er noch Volljährige in väterlicher Gewalt (§ 1604) und hebt also die Fortdauer des letzteren Rechts über die Minderjährigkeit hinaus als einen innerlich abgestorbenen Rest des römischen Rechts auf.

Die Entmündigung läßt der Entwurf nicht bloß wegen Geisteskrankheit und Verschwendung zu, sondern, was neu ist, auch wegen Geistesschwäche und wegen Trunksucht (§ 6). Mit der Entmündigung wegen Trunksucht wird wenigstens ein annähernder Ersatz für das vom Reichstag abgelehnte Trunkenheitsgesetz erstrebt. Das Verfahren regelt der Zusatz § 627a zur C. P. O. Zur Unterbringung entmündigter Trinker wird es noch der Einrichtung von Trinkerheilstätten bedürfen.

Aus dem allgemeinen Recht der Persönlichkeit sondert bekanntlich die neuere Wissenschaft noch einzelne Persönlichkeits- oder Individualrechte aus: so die Rechte auf Leib und Leben, Freiheit, Ehre u. s. w.[1]) Der Entwurf erwähnt dieselben zwar nicht einzeln, aber er schützt sie wenigstens durch Klagen aus unerlaubten Handlungen in einer Reihe von Paragraphen (§§ 807 ff.), die so allgemein lauten, daß sie wohl jede Verletzung eines Persönlichkeitsrechts umfassen. Nur ein solches Recht, das auf den Gebrauch eines Namens, erhält schon im allgemeinen Theil (§ 12) als absolutes Recht einen Klageschutz nicht bloß gegen unerlaubte Handlungen, sondern schon gegen jede Bestreitung und gegen Interesseverletzung durch unbefugten Gebrauch des gleichen Namens.[2])

Diese in den bisherigen Gesetzbüchern noch nicht ausgesprochene, aber durchaus gerechtfertigte Bestimmung steht in geradem Gegensatz z. B. zu der Ausführung des preußischen Gerichtshofs zur Entscheidung von Kompetenzkonflikten, der am 16. Februar 1895 (Just.-Min.-Bl. Jahrg. 1895 Nr. 47) erkannt hat, daß der Anspruch des Klägers auf Anerkennung seines Rechts zur Führung des Adelsprädikats auf dem öffentlichen Recht beruhe und im Rechtswege nicht verfolgt werden könne.[3])

---

[1]) Vergl. Gierke „Deutsches Privatrecht" Bd. 1 §§ 81, 82 und in den „Jahrb. f. Dogm." Bd. 35 S. 158—169.

[2]) Darüber neuestens Kohler im „Arch. f. bürgerl. Recht" Bd. 5 S. 77 bis 110 und O. Fischer das. Bd. 6 S. 306—315.

[3]) In dem gegebenen Falle wäre der Kompetenzkonflikt höchstens aus dem ganz anderen Gesichtspunkt für begründet zu erachten gewesen, weil der Vorsitzende des Heroldsamts und der Minister des Königlichen Hauses, gegen welche die Klage gerichtet war, nur in Ausübung öffentlicher Funktionen dem Kläger die Anerkennung seines Adels verweigert hatten.

Dagegen sind die mit dem Namensrecht verwandten Persönlichkeitsrechte auf Firmen und Zeichen, das Recht an Geisteserzeugnissen u. s. w. stillschweigend den Sondergesetzen überlassen, so daß sich das Namensrecht im Entwurf einstweilen etwas einsam ausnimmt.

Großentheils neu regelt der Entwurf die bisher so kontroversenreiche Lehre von der Todeserklärung der Verschollenen (§§ 13—19). Von den Gründen derselben ist aus dem bisherigen Recht nicht übernommen der bloße Ablauf von siebzig Jahren seit der Geburt des Verschollenen, wohl aber (§ 14) der Hauptgrund des Preußischen Allgemeinen Landrechts, die zehnjährige Dauer der Verschollenheit, und zwar seit dem Schlusse des letzten, von dem Verschollenen erlebten Jahres. Kommt Ablauf von siebzig Jahren seit der Geburt zur Verschollenheit hinzu, so genügt schon fünfjährige Dauer der letzteren; hatte dagegen der Verschollene das einundzwanzigste Lebensjahr noch nicht vollendet, so darf die Todeserklärung nicht vor dem Schlusse des einunddreißigsten Jahres seit seiner Geburt erfolgen, also frühestens zehn Jahre nach Ablauf desjenigen, in welches der Termin seiner Volljährigkeit fällt.[1])

Auch die Kriegs- und die Seeverschollenheit mit abgekürzter Dauer sind beibehalten (§§ 15, 16). Da aber diese Gründe in der Praxis sich als unzureichend erwiesen haben, namentlich bei dem Ringtheaterbrand in Wien 1881, fügt der Entwurf mit Recht im Sinne einer generalis clausula noch eine Unfallsverschollenheit hinzu, auf Grund deren Jeder, der unter anderen, als den schon erwähnten Umständen in Lebensgefahr gerathen und seitdem verschollen ist, nach drei Jahren für todt erklärt werden kann (§ 17). Diese Neuerung umfaßt also auch Unfälle der Bergsteiger, Luftschiffer, Theaterbesucher u. s. w. Das richterliche Urtheil, das nach fruchtlos erfolgtem Aufgebot und Ablauf gewisser Fristen ergeht[2]), soll aber nicht bloß die Todeserklärung aussprechen, sondern auch den Zeitpunkt feststellen, welcher als derjenige des Todes anzunehmen ist, und zwar in Ermangelung eines anderen Ergebnisses der Ermittlungen nach Maßgabe bestimmter Wahrscheinlichkeitsregeln (§ 18): so gilt z. B. bei der Seeverschollenheit als Zeitpunkt des Todes derjenige, in welchem das Fahrzeug unterging, bei der Unfallsverschollenheit derjenige des lebensgefährlichen Ereignisses u. s. w. Die Wirkung

[1]) Diese Ausschließung der Todeserklärung desjenigen, der das einunddreißigste Lebensjahr noch nicht vollendet haben würde, gilt aber nur in dem Falle, wo die letztere wegen zehnjähriger Dauer der Verschollenheit erfolgen soll (§ 14, 1), und keineswegs allgemein auch bei den anderen Gründen der Todeserklärung, wie Endemann, Einführung in das Studium S. 52, anzunehmen scheint.

[2]) Vergl. darüber die Zusätze zur C. P. O. §§ 836a bis r.

des Urtheils besteht in der rechtlichen Vermuthung, daß der Verschollene in dem festgestellten Zeitpunkt gestorben sei (§ 18). Damit ist denn die alte Streitfrage, ob die Todeserklärung konstitutive oder deklaratorische Wirkung habe, im letzteren Sinne entschieden, und mit Recht, während noch der Entwurf I (§ 21) die konstitutive Wirkung gebilligt hatte. Denn der Grund für die Todeserklärung liegt eben in Umständen, welche der Zeit vor dem gerichtlichen Verfahren angehören, und es wäre gewiß unnatürlich, wenn z. B. der Tod von hundert Personen, die bei einem Theaterbrand gleichzeitig verschwunden sind, nachher durch Richterspruch nicht auf einen und denselben Zeitpunkt festgesetzt würde, sondern für jede Person auf einen anderen, durch das sie betreffende Verfahren bestimmten. Hölder freilich (a. a. O. S. 6 ff.) tritt doch wieder für die konstitutive Wirkung des Urtheils ein, und zwar besonders (S. 9) mit einigen scharfsinnig erdachten Beispielen, in denen die deklaratorische Wirkung freilich zu unbefriedigenden Ergebnissen führt. Man wird sich aber bescheiden müssen, daß bei einem so positiven Institut, wie die Todeserklärung es ist, jede Regelung unter Umständen mißliche Folgerungen nach sich zieht.[1])

Als Kehrseite der Todesvermuthung gilt nach dem Entwurf eine Lebenspräsumtion, und zwar in zweierlei Gestalt. Denn das Fortleben des Verschollenen wird nicht bloß durch die Todeserklärung selbst

---

[1]) Hölder bildet das Beispiel, daß der Verschollene zum Erben einen Freund eingesetzt hat, und die Todeserklärung des Testators erst nach dem Tode des Freundes erfolgt, jedoch mit Deklarirung einer früheren Todeszeit des Verschollenen. Hier sei es unbillig, daß die Erbschaft nun nicht den Verwandten des Verschollenen, sondern den Erben des Freundes zufalle. Denn wenn dieser um seine Einsetzung wußte und doch die Todeserklärung nicht beantragte, so habe er eben als ein solcher, der seinen verschollenen Freund überlebte und beerbte, nicht behandelt werden wollen; wenn er aber um seine Einsetzung nicht wußte, so sei es immer noch fraglich, ob er die Erbschaft nicht ausgeschlagen haben würde, und ob nicht das Motiv für seine Einsetzung ausschließlich in seiner eigenen Person lag! Aber wenn hier die deklaratorische Wirkung in der That als unbillig empfunden werden kann, so ist doch das Gleiche bei der konstitutiven eben so gut möglich. Man setze z. B. in dem von H. gebildeten Falle, daß zwar nicht der Freund, wohl aber die gesetzlichen Erben des Verschollenen, die mit diesem verfeindet waren, um die Einsetzung des Freundes wußten und deshalb mit dem Antrag auf Todeserklärung warteten, bis der bereits kranke Freund mit Hinterlassung hilfsbedürftiger Kinder gestorben war. Dann ist bei Annahme der konstitutiven Wirkung der arglistige Plan der Erben geglückt, und die Erbschaft ihnen auszuliefern; bei der deklaratorischen Wirkung gehen sie verdientermaßen leer aus!

für die Zeit bis zu dem in ihr angegebenen Todeszeitpunkt festgestellt, sondern auch vor der Todeserklärung bis zu dem Zeitpunkt vermuthet, den das Urtheil im Zweifel als Todeszeitpunkt anzunehmen haben wird (§ 19). So gefaßt, bleibt die Lebensvermuthung frei von der inneren Unwahrscheinlichkeit, an der sie im gemeinen Recht leidet. Denn da dieses eine Todeserklärung nur wegen Alters von mehr als siebzig Jahren kennt, so hat nach ihm die Lebensvermuthung die unnatürliche Folge, daß die Verschollenen präsumtiv siebzig Jahre alt werden. Statt dessen gilt nach dem Entwurf die Lebensvermuthung nur bis zum Eintritt des Ereignisses, das den Tod wahrscheinlich macht, und höchstens auf die Dauer von zehn Jahren. In dieser Beschränkung aber ist die Lebensvermuthung nicht bloß unverfänglich, sondern sogar geboten zur Vermeidung von Widersprüchen, die ohne sie entstehen. Denn wenn die gesetzliche Vermuthung nur den Tod einer Person feststellt, es aber ungewiß und beweisbedürftig bleibt, ob die Person bis zu dem bestimmten Todeszeitpunkt gelebt habe, so kann es kommen, daß für die Zeit vor der Todeserklärung eine und dieselbe Person in Bezug auf ihre eigene Beerbung noch nicht als verstorben gilt, in Bezug auf die Beerbung anderer aber nicht mehr als lebend. Solche relative Lebens- und Todesbestimmtheit ist aber jedenfalls vom Uebel.[1] Trotzdem ist gegen die Annahme der Lebensvermuthung durch den Entwurf noch neuestens wieder Hölder (a. a. O. S. 5) aufgetreten. Im Allgemeinen aber hat das Todeserklärungsrecht des (zweiten) Entwurfs entschiedene Zustimmung gefunden, z. B. auf dem 21. Deutschen Juristentage[2]) und auch in der französischen Besprechung von R. de la Grasserie (Bulletin mensuel de la société de legislation comparée, Jahrg. 26 p. 591, Paris 1895). Ein deutscher Kritiker freilich hat es als ungeheuerlich gerügt, daß der Entwurf dem zu Unrecht für todt Erklärten, wenn er zurückkehrt, keine Klage auf Herausgabe seines bereits in Erbgang gekommenen Vermögens gewähre. In Wahrheit aber war diese Klage schon vom Entwurf I im Erbrecht bestimmt geregelt (§ 2089 jetzt § 2006); der Vorwurf jenes Kritikers beruhte also nur auf Beschränktheit seiner Studien im Entwurf.[3])

Ergänzungen dieser Lehre finden sich auch noch im Familienrecht. Unter denselben sind die Vorschriften über die Wiederverheirathung

[1]) Ueber weitere mißliche Folgen des für das gemeine Recht sogar vom Reichsgericht angenommenen Mangels an einer Lebensvermuthung vergl. Gierke, Jahrb. f. Dogm. Bd. 35 S. 138.

[2]) Vergl. das Referat von Brunner Verhandl. Bd. 3 S. 173—182, und die einstimmige Annahme seiner Thesen (S. 186).

[3]) Vergl. Beiträge von Rassow und Küntzel Bd. 36 S. 850.

(§§ 1331—1335) bestimmt, der bisherigen großen Verschiedenheit der Landesrechte[1]) ein Ende zu machen, und darum von der Kritik viel erörtert worden. Der Ehegatte des Todterklärten kann unerachtet des § 1309 eine neue Ehe schließen, und durch den (giltigen) Abschluß derselben wird, wenn der Todterklärte noch lebt, die Ehe mit diesem aufgelöst; auch eine spätere Wiederaufhebung der Todeserklärung in Folge einer Anfechtungsklage ändert daran nichts, § 1331. Nur in dem Falle macht das Fortleben des Todterklärten die neue Eheschließung nichtig, wenn bei derselben beide Gatten wußten, daß der Verschollene seine Todeserklärung überlebt hatte, § 1331, 1: denn hier bildete diese eben für die Gatten der neuen Ehe keine Rechtfertigung des Abschlusses derselben. Sonach bevorzugt der Entwurf grundsätzlich die zweite Ehe gegenüber der ersten, und zwar mit Recht, theils wegen des muthmaßlichen Willens des zur zweiten Ehe geschrittenen Gatten, theils weil der Todterklärte sich meist sogar einer böslichen Verlassung schuldig gemacht haben wird. Indessen wird doch dieser, vom Entwurf I unbedingt durchgeführte, in der Kritik[2]) aber vielfach angegriffene Vorzug vom Entwurf II wieder durchbrochen, um der Gewissensbedenken und Rechtsnachtheile willen, welche den Gatten der zweiten Ehe daraus erwachsen können, daß das Kirchenrecht, zumal das katholische wegen der Sakramentsnatur der Ehe, beim Fortleben des Todterklärten die Ehe mit diesem als fortbestehend ansieht. Deshalb giebt der Entwurf II § 1333 jedem Gatten der neuen Ehe das Recht, auf Grund jenes Fortlebens und seines Irrthums über dasselbe[3]) binnen sechs Monaten nach erlangter Kenntniß davon die zweite Ehe anzufechten. Diese Anfechtung ist jedoch ausgeschlossen nicht bloß, wenn der Anfechtende bei Schließung der Ehe um das Fortleben des Todterklärten wußte, sondern auch dann, wenn er nach erlangter Kenntniß von dem Fortleben die neue Ehe bestätigt hat, oder diese ohnehin durch den Tod eines der beiden Gatten bereits aufgelöst, und somit der Anlaß zu Gewissensbedenken erledigt ist (§ 1333, 2). Da die Wirkung der Anfechtung darin besteht, daß die neue Ehe als

---

[1]) Vergl. darüber Hinschius, Das Reichsgesetz über die Beurkundung des Personenstandes vom 6. Februar 1875, 3. Aufl. 1890 § 34 Anm. 22.

[2]) Z. B. von Scheurl im Archiv für ziv. Praxis Bd. 74 S. 393, Spahn, Jurist. Rundschau f. d. kath. Deutschland, Ergänzungsheft I S. 22 ff. u. a. m. (Zusammenstellung IV S. 337, VI S. 631).

[3]) In diesem Irrthum über das Fortleben des Todterklärten und somit über den ledigen Stand des zurückgebliebenen Gatten liegt für den anderen Gatten der neuen Ehe zugleich ein solcher Irrthum, wie er nach § 1316 zur Anfechtung derselben berechtigt; der § 1333 giebt aber eben das gleiche Recht auch dem nur über seine eigene Ledigkeit irrenden Gatten.

von Anfang an nichtig gilt (§ 1326), so tritt hierdurch die frühere Ehe mit dem verschollen gewesenen Gatten von selbst wieder in Kraft[1]), wie dies auch allein der dem Anfechtungsrecht zu Grunde liegenden Rücksicht auf die kirchenrechtliche Fortdauer der früheren Ehe entspricht. Nach alledem ist das vom Entwurf vorgeschlagene Recht der Wiederverheirathung im Falle der Todeserklärung keineswegs so verwickelt, wie es auf den ersten Blick erscheint, und bei der Seltenheit der Fälle für seine Anwendung eine Abänderung um so weniger geboten.

§ 3. Juristische Personen.[2])

Der Entwurf unterscheidet Vereine und Stiftungen (§§ 21—85).

Gemeinsam für beide sind nur die zwei Sätze aufgestellt, daß die landesgesetzlichen Vorschriften, welche die Beaufsichtigung beider betreffen, und welche den Erwerb von Rechten durch sie beschränken oder von staatlicher Genehmigung abhängig machen, unberührt bleiben (Einf. Ges. Art. 80, 86).

Bei Vereinen ist natürlich die Hauptfrage die nach den Voraussetzungen, unter denen sie Rechtsfähigkeit erlangen. Diese Frage ist schon auf dem 23. Juristentage in Bremen 1895 gründlich verhandelt worden[3]); sie muß aber auch hier wenigstens eine kurze Erörterung finden, wenngleich dieselbe manches in den Juristentagsverhandlungen bereits Gesagte nur wiederholen kann.

---

[1]) So auch Protokolle S. 5775, 8661. — Gierke („Das B. G. B. und der Reichstag" S. 17) nimmt an, daß nach dem Entwurf „der doppelt verheirathete Gatte das Recht habe, durch Umstoßung der neuen Ehe zugleich das erste und das zweite Ehejoch abzuschütteln und sein Glück in einer dritten Ehe zu suchen". Diese Annahme beruht wohl auf den Worten des Entwurfs II, § 1482, 1: „Die (erste) Ehe bleibt auch dann aufgelöst, wenn die neue Ehe nach den §§ 1239—1243 anfechtbar ist und angefochten wird." Aber unter diese Worte fiel doch keineswegs der Fall einer Anfechtung der neuen Ehe wegen Fortlebens des für todt erklärten früheren Gatten nach § 1483 des Entwurfs II. Folglich sollte schon nach dem Entwurf II als Folge der Anfechtung vielmehr eine Wiederherstellung der ersten Ehe eintreten. In der dem Reichstag gemachten Vorlage sind aber jene Worte: „(Die Ehe bleibt aufgelöst) wenn die neue Ehe .... anfechtbar ist und angefochten wird", — sogar weggestrichen, so daß nun an eine Befreiung des Anfechtenden von beiden Ehen erst recht nicht mehr zu denken ist.

[2]) Darüber Hölder a. a. O. S. 15—24. Cretschmar a. a. O. S. 146—150 und Fuld im „Archiv f. ziv. Praxis" Bd. 85 S. 134—148.

[3]) Vergl. das Gutachten von Leonhard in den Verhandlungen d. Jur. T. Bd. 1 S. 249—276, und die Debatten in Bd. 2 S. 14—67 und S. 427—430; ferner Lesse im „Archiv für bürgerl. Recht" Bd. 5 S. 266—274.

Der Entwurf scheidet in § 21 nach dem Muster des bayerischen Gesetzes vom 29. April 1869 zwei Klassen von Vereinen, je nach dem Hauptzweck, den ein Verein verfolgt:

1. diejenigen zum Zweck eines wirthschaftlichen Geschäftsbetriebes, die Erwerbsvereine, und
2. diejenigen zu irgend welchen anderen d. h. idealen Zwecken, insbesondere zu gemeinnützigen, wohlthätigen, geselligen, wissenschaftlichen, künstlerischen u. s. w. mit Einschluß der religiösen, politischen und ähnlichen Zwecke.

Für diese Vereine zu idealen Zwecken stellt er im Allgemeinen weder das Konzessionsprinzip auf, (wie es jetzt in den meisten Ländern, auch in Preußen, gilt), wonach sie Rechtsfähigkeit nur durch staatliche Verleihung erwerben, noch das entgegengesetzte (für das gemeine Recht vielfach vertheidigte) Prinzip der völlig freien (oder „thatsächlichen") Körperschaftsbildung, wonach jeder durch das öffentliche Recht zugelassene Verein ohne weitere Formen sich auch privatrechtlich als selbstständige Person konstituiren kann. Vielmehr nimmt er das mittlere Prinzip der Normativbestimmungen mit Registerzwang an, demzufolge ein Verein, um Person zu werden, gewisse formale Vorbedingungen erfüllen muß, dann aber sich in ein Vereinsregister eintragen lassen kann und damit rechtsfähig wird; § 21, 1.

Dagegen die Erwerbsvereine sollen in Ermanglung besonderer reichsgesetzlicher Vorschriften nur durch staatliche Verleihung — also nach dem Konzessionsprinzip — Rechtsfähigkeit erlangen; § 21, 2.

Dieser Dualismus des Vereinsrechts war in der That geboten, denn für die allermeisten Erwerbsvereine gelten ja bereits besondere Reichsgesetze, welche ihnen mehr oder minder strenge Formen auferlegen: so für Aktiengesellschaften das Gesetz vom 18. Juli 1884, für Erwerbs- und Wirthschaftsgenossenschaften das Gesetz vom 1. Mai 1889, für Gesellschaften mit beschränkter Haftung das Gesetz vom 20. April 1892. Daher konnte man neben dem Recht dieser Sondergesetze den Erwerbsvereinen unmöglich auch das Recht der anderen Vereine zur Auswahl freilassen, weil man sonst einer Umgehung jener Formen Thor und Thür geöffnet hätte.[1])

Uebrigens umfassen jene Sondergesetze bekanntlich schon eine so große Zahl von Erwerbsvereinen, daß nur wenig solche übrig bleiben, auf welche das Konzessionsprinzip des Entwurfs Anwendung finden kann; die wichtigsten unter ihnen sind die Versicherungsgesellschaften, und auch für diese wird ja bereits ein eigenes Reichsgesetz geplant. Soweit aber

1) Mit Recht betont dies Leonhard a. a. O. S. 262.

die Rechtsfähigkeit eines Vereins auf staatlicher Verleihung beruht, sollen für seine Verfassung auch die Vorschriften der Landesgesetze maßgebend bleiben (Einf. Ges. Art. 81).

Sehr viel freier ist die Behandlung der anderen Klasse der Vereine, bei denen wegen ihrer idealen Zwecke die Interessen der Gläubiger weit weniger in Betracht kommen, und die eben deshalb durch bloße Eintragung in das Vereinsregister des zuständigen Amtsgerichts rechtsfähig werden sollen. Allerdings können dieselben, statt auf diesem Wege, nach § 21, 1 auch durch staatliche Verleihung Rechtsfähigkeit erlangen. Doch ist dies wohl nur der Sicherheit wegen hinzugefügt; denn ohne diese Bestimmung wäre es ja möglich, daß einem Verein einerseits das Gericht die Eintragung verweigerte, weil er nicht auf einen idealen Zweck gerichtet, sondern ein Erwerbsverein sei, und andererseits auch die Verwaltungsbehörde ihm nicht die Rechtsfähigkeit als Erwerbsverein verleihen könnte, indem sie ihn vielmehr für einen Verein von idealer Tendenz ansähe. Auf solche Weise könnte ein Verein gewissermaßen zwischen zwei Stühle zu sitzen kommen und dies wird eben dadurch vermieden, daß auch bei einem Verein mit idealer Tendenz staatliche Verleihung der Rechtsfähigkeit zulässig ist.[1])

Das Prinzip der Normativbestimmungen mit Registerzwang gilt nun bekanntlich bereits nach verschiedenen Landesrechten, namentlich in Sachsen nach dem Gesetz vom 15. Juni 1868 und in Bayern nach dem Gesetz vom 29. April 1869; es hat sich dort wohl bewährt und ist auch vom 19. deutschen Juristentage 1888 als Grundlage für eine reichsrechtliche Regelung des Vereinsrechts empfohlen worden. (Verhandlungen Bd. 3 S. 237, im Anschluß an das Gutachten von Rosin Bd. 2 S. 135—152.) Vor dem Konzessionsprinzip hat es den Vorzug, daß es die Gewährung der Persönlichkeit nicht nach Verwaltungsmaximen, sondern nach Rechtsgrundsätzen erfolgen läßt, und dem Prinzip der freien Körperschaftsbildung ist es dadurch überlegen, daß es die Rechtsfähigkeit eines Vereins öffentlich feststellt und ihn auch nöthigt, durch Führung des Namens „eingetragener Verein" sich als selbstständige Person erkennbar zu machen. Außerdem ist die Erleichterung, welche dieses Prinzip im Gegensatz zu dem jetzt herrschenden Konzessionsprinzip den Vereinen gewährt, gar nicht hoch genug zu veranschlagen. Der einzelne Verein braucht nach jenem Prinzip nicht mehr nachzuweisen, daß sein Zweck die Ver-

---

[1]) Ohne Grund sagt darum Hölder a. a. O. S. 19, es sei schwer zu begreifen, daß der Erlangung der juristischen Persönlichkeit im Rechtswege eine Erlangung im Gnadenwege zur Seite gestellt werden konnte. Vergl. gegen Hölder auch Leonhard a. a. O. S. 259.

leihung der Rechtsfähigkeit verdient, daß ein gewisses Vereinsvermögen vorhanden, und eine Gewähr seines dauernden Bestandes gegeben ist, daß er nicht die volkswirthschaftliche Gefahr einer Anhäufung von Reichthümern in todter Hand mit sich bringt u. s. w., sondern er hat eben nur seine korporative Organisation behufs Eintragung darzulegen. Die einzelnen dabei zu erfüllenden Normativbestimmungen sind nach bekannten Mustern getroffen. Es sind, wie nach dem Genossenschaftsgesetz vom 1. Mai 1889, § 4, mindestens sieben Mitglieder erfordert, ferner als Inhalt der Satzung (Statut) Angabe von Zweck, Namen und Sitz des Vereins, Festsetzungen über Ein- und Austritt von Mitgliedern, Beiträge derselben, Bildung des Vorstandes, Berufung und Beschlußfassung der Mitgliederversammlung u. dergl. m. (§§ 53—55). — Dies alles hat im Wesentlichen nur Billigung gefunden und man darf hoffen, daß auf der Grundlage dieses Rechts sich ein blühendes Vereinsleben entwickeln wird. Aber drei Bedenken bleiben doch zu prüfen.

Zunächst ist die Schwierigkeit der Grenzziehung zwischen den Vereinen mit wirthschaftlichen und denjenigen mit idealen Zwecken gerügt worden, da auch ein Verein der letzteren Art seinen Mitgliedern häufig wirthschaftliche Vortheile gewähre, z. B. ein Kunstverein durch Verloosung von Gemälden, ein Alpenverein durch Verminderung der Reisekosten u. s. w.[1]) Allein darauf hat man schon mit Recht erwidert,[2]) daß doch die Fälle, wo das unmittelbare und Hauptziel des Vereins im Erwerb und Gewinn für die Mitglieder besteht, sich wohl werden unterscheiden lassen von denjenigen, wo die wirthschaftlichen Vortheile nur als Nebenfolge oder als Mittel zu einem anderen Hauptzwecke erscheinen, und daß darnach die angefochtene Zweitheilung der Vereine in der bayerischen Praxis auch thatsächlich bereits mit Erfolg durchgeführt worden ist.

Zweitens hat man gegen den Registerzwang eingewendet, daß zahlreiche Vereine es doch unterlassen würden, die Eintragung nachzusuchen, wie dies jetzt schon in Bayern beobachtet sei, und daß es für die Gläubiger solcher Vereine mißlich sei, wenn die letzteren, nachdem sie längere Zeit wie juristische Personen funktionirt hätten, doch nicht als solche haften sollten.[3]) Allein, viel mißlicher wäre jedenfalls die Folge, die sich umgekehrt bei Wegfall des Registerzwangs ergäbe, daß es dann an jeder Klarheit über Sein oder Nichtsein einer juristischen Person

[1]) Leonhard, Verh. d. 23. Jur. T. Bd. 1 S. 263, 264. Gierke daselbst Bd. 2 S. 17.

[2]) M. Levy, daselbst Bd. 2 S. 29, 30. Lesse, daselbst S. 40. Wilke, daselbst S. 43. Enneccerus, daselbst S. 53.

[3]) Gierke a. a. O. S. 16.

gebräche! Außerdem aber wird den Gläubigern derjenige, der im Namen eines solchen nicht eingetragenen Vereins Geschäfte schließt, persönlich haftbar (§ 51). Endlich soll nach zwei bei der Revision des Entwurfs beschlossenen Zusätzen zur C. P. O. (§ 49a und 670a, vgl. Protokolle S. 8505—8509) ein nicht rechtsfähiger Verein auch verklagt werden können, wie wenn er rechtsfähig wäre[1]), und es soll die Zwangsvollstreckung in das Vermögen eines solchen Vereins auf Grund eines gegen denselben erlassenen Urtheils stattfinden. Damit sind die Interessen der Gläubiger zur Genüge gewahrt und ist der erhobene zweite Einwand beseitigt.

Aber das dritte und Hauptbedenken ist Folgendes.

Neben den Normativbestimmungen finden sich jene zwei viel umstrittenen Sätze, welche für gewisse Vereine eine starke Wiederannäherung an das Konzessionsprinzip in sich schließen:

1. Gegen die Eintragung eines Vereins kann die Verwaltungsbehörde, welcher die Anmeldung des Vereins vom Amtsgericht mitzutheilen ist, nach § 58, 2 binnen sechs Wochen Einspruch erheben nicht bloß

a) wenn der Verein nach dem öffentlichen Vereinsrecht unerlaubt ist oder verboten werden kann,

sondern auch

b) wenn er laut seiner Satzung einen politischen, sozialpolitischen oder religiösen Zweck verfolgt.

Dieser Einspruchsgrund zu b) ist vom Bundesrath sogar dahin erweitert worden, daß es genügt, „wenn der Verein einen dem Gebiet der Politik oder der Sozialpolitik, der Religion, der Erziehung oder des Unterrichts angehörenden Zweck verfolgt".

Der erhobene Einspruch kann zwar angefochten werden (§ 59, 2), aber nur wegen thatsächlicher Unrichtigkeit des angegebenen Grundes, nicht auch wegen sachlicher Unangemessenheit des Einspruchs.[2]) Die Entscheidung über die Anfechtung sollte nach dem Entwurf der Kom-

---

[1]) Bekanntlich nimmt die Praxis dies schon jetzt an, Entsch. des R. G. in Civ. S. Bd. 4 S. 156, Bd. 8 S. 122, Bd. 12. S. 233. Vergl. Gierke in den „Jahrb. f. Dogm." Bd. 35 S. 176.

[2]) Daß das Anfechtungsrecht nur in diesem Sinne gewährt sein solle, hat gegenüber einer weitergehenden Deutung von M. Levy auf dem 23. Jur.-Tage (Bd. 2 S. 35), die schon dort nicht ohne Widerspruch geblieben ist (S. 55, 57), die Kommission durch einen ausdrücklichen Beschluß festgestellt (Prot. S. 8395).

mission (§ 55, 3) im Wege des Verwaltungsstreitverfahrens oder wo ein solches nicht besteht, im Wege des Rekurses nach §§ 20, 21 der Gewerbeordnung erfolgen. Dies hat der Bundesrath dahin geändert, daß die Zuständigkeit und das Verfahren sich nach den Landesgesetzen bestimmen soll (§ 59, 2). Kraft dieses Einspruchsrechts hat in der That bei einem Verein mit einem der in § 58, 2 bestimmten Zwecke die Verwaltungsbehörde es völlig in ihrer Hand, ihn rechtsfähig werden zu lassen oder nicht. Uebrigens sollen für Religions- und geistliche Gesellschaften auch die landesgesetzlichen Vorschriften, nach welchen dieselben Rechtsfähigkeit nur im Wege der Gesetzgebung erlangen können, unberührt bleiben (Einf.-Ges. Art. 83).

2. Jeder Verein, mag er ideale oder Erwerbszwecke haben, kann nach § 40 aufgelöst werden nicht bloß

a) wenn er durch einen gesetzwidrigen Beschluß der Mitgliederversammlung oder durch gesetzwidriges Verhalten des Vorstandes das Gemeinwohl gefährdet,

sondern auch

b) wenn er, während sein Zweck nach der Satzung nicht auf einen wirthschaftlichen Geschäftsbetrieb oder nicht auf einen dem Gebiet der Politik oder der Sozialpolitik, der Religion, der Erziehung oder des Unterrichts angehörenden Zweck gerichtet ist, gleichwohl einen solchen Zweck (thatsächlich) verfolgt.

Außerdem kann auch jeder Verein, dessen Rechtsfähigkeit auf staatlicher Verleihung beruht, wegen Verfolgung eines anderen Zwecks, als des in der Satzung bestimmten, aufgelöst werden (§ 40, 4).

Der Kommissionsentwurf hatte, wie bei dem Recht des Einspruchs, so auch bei dem der Auflösung in § 40 die Gründe zu b enger begrenzt, indem er nur von einem „politischen, sozialpolitischen oder religiösen Zweck" sprach. Der Bundesrath hat aber auch hier die angegebenen Erweiterungen vorgenommen. Ferner hatte der Kommissionsentwurf, wie bei dem Recht des Einspruchs, bestimmt, daß im Falle der Auflösung das Verfahren und die Zuständigkeit der Behörden sich nach den für streitige Verwaltungssachen landesgesetzlich geltenden Vorschriften richten, eventuell die §§ 20, 21 der Gewerbeordnung entsprechende Anwendung finden sollten. An Stelle dessen hat der Bundesrath den Satz gestellt, daß die Zuständigkeit und das Verfahren sich nach den Gesetzen des Bundesstaats bestimmen, in dessen Gebiet der Verein seinen Sitz hat, und daß, wenn der Verein seinen Sitz nicht in einem Bundesstaat hat, die Auflösung durch Beschluß des Bundesraths erfolgt (§ 41). Uebrigens genügt unzweifelhaft als Auflösungsgrund schon die thatsächliche Verfolgung des der Satzung widersprechenden Zwecks, und wird nicht der Nachweis einer Gefährlichkeit desselben erfordert.

Der Ursprung dieser Bestimmungen über Einspruch und Auflösung liegt hauptsächlich darin, daß die Bundesregierungen erklärt haben,[1]) das öffentliche Recht der einzelnen Staaten reiche nicht aus, um Vereine mit einer dem Gemeinwohl gefährlichen Tendenz auszuschließen. Wenn solche Vereine in die Lage versetzt würden, ohne Zuthun der Verwaltungsbehörde durch bloße Eintragung die Rechtsfähigkeit und mittelst derselben den Machtzuwachs, der aus Vermögenserwerb entspringe, sich zu verschaffen, so könne die Verantwortung für die politischen Folgen von den Regierungen nicht getragen werden.

Mit Rücksicht auf diese und ähnliche Erwägungen hat die Kommission ihre obigen Vorschläge aufgestellt, und der Bundesrath dieselben noch, wie angegeben, verschärft.

Soweit nun das Auflösungsrecht durch Gesetzwidrigkeiten von Seiten des Vereins oder durch die satzungswidrige Verfolgung eines wirthschaftlichen Zwecks bedingt ist, hat es keinen Widerspruch erweckt. In der That würde auch die letztere Zwecküberschreitung nichts Anderes bedeuten, als eine Umgehung der vom Gesetz gebotenen Formen für Erwerbsvereine. Da solchen aber nicht erlaubt werden kann, statt des für sie bestimmten Rechts das allgemeine Vereinsrecht für sich in Anspruch zu nehmen, so müssen sie eben auch ohne erweisliche Absicht einer Gesetzesumgehung der Auflösung unterliegen. Um so lebhaftere Opposition hat sich gegen die Vorschläge der Kommission über das Einspruchs- und Auflösungsrecht gegenüber politischen, sozialpolitischen und religiösen Vereinen erhoben, sowohl in der Litteratur, als auf dem 23. Juristentage,[2]) und diese Opposition trifft natürlich in erhöhtem Maße die nachträglichen Neuerungen des Bundesraths.

Hauptsächlich haben die Gegner folgendes eingewendet:

In den Bestimmungen des Entwurfs liege für die politischen, sozialpolitischen und religiösen Vereine nichts Geringeres, als ein verschleiertes Konzessionsprinzip; es sei aber ungehörig, daß die Regierung Vereine,

---

[1]) Vergl. besonders die durch das Rundschreiben des Reichskanzlers vom 27. Juni 1889 veranlaßten Bemerkungen des Preuß. Justizministers zum (ersten) Entwurf des B. G. B. Berlin 1891 S. 13 ff., ferner die Regierungserklärungen in den Berathungsprotokollen der (zweiten) Kommission vom 30. November und 1. Dezember 1891 (S. 957—1006) und die Mittheilungen bei Reatz, die zweite Lesung des Entwurfs S. 16; auch Denkschrift S. 13.

[2]) Hölder a. a. O. S. 20—22. Leonhard a. a. O. Bd. 1 S. 268—271. Gierke das. Bd. 2 S. 14—22. H. Jastrow „Soziale Praxis", Jahrg. V, S. 388.

welche das öffentliche Recht erlaube, privatrechtlich „brandmarken“ und „verkümmern“ könne. Die Begriffe des politischen und des religiösen, vor allen des sozialpolitischen Vereins seien auch viel zu umfassend und dehnbar. Denn Sozialpolitik sei jede „Einwirkung auf das gesellschaftliche Leben in einem bestimmten Sinne“,[1]) und diese erstrebe schließlich jeder Verein, der z. B. Wohlthätigkeit, Beschaffung billiger Wohnungen, Bildung der Arbeiter u. dgl. m. bezwecke, vor Allem ein Gewerk- oder Fachverein der Arbeiter selbst. Aber gerade gegen diese kehre sich die Spitze des Entwurfs, weil man fürchte, daß sie der Sozialdemokratie zu Gute kommen könnten! Endlich sei auch das ganze Einspruchs- und Auflösungsrecht praktisch nutzlos, weil es von jedem Verein umgangen werden könne; er brauche sich ja bloß in Form einer Aktiengesellschaft oder einer Gesellschaft mit beschränkter Haftung zu konstituiren oder auch zunächst als ein zwar politischer oder sozialpolitischer, aber harmloser Verein die Eintragung zu erwirken und erst nachträglich die Maske abzuwerfen, — dann könne niemand ihm etwas anhaben.

Allein diese Ausführungen gehen offenbar viel zu weit.

Zunächst würde jene Umgehung des Einspruchsrechts durch Annahme einer politisch harmlosen Maske und spätere Abwerfung derselben doch wohl ein gesetzwidriges Verhalten des Vorstandes darstellen, welches das Gemeinwohl gefährdet und darum nach § 40, 1 einen Auflösungsgrund bildet. Wenn aber die Wahl der Rechtsform einer Aktiengesellschaft oder Gesellschaft mit beschränkter Haftung, so lange diese Formen auch zu anderen als Handelszwecken freigegeben sind, in der That auch einem politischen, sozialpolitischen oder religiösen Verein nicht verwehrt werden kann, so liegt doch darin noch kein Grund, diesen Vereinen auch die noch leichtere Form des eingetragenen Vereins ohne jede Beschränkung zu eröffnen.

Sodann — und das ist die Hauptsache — würdigt die Ausführung der Gegner gar nicht die in vielen deutschen Ländern thatsächlich vorhandene Unzulänglichkeit des öffentlichen Rechts gegenüber politischen und religiösen Vereinen. Allerdings gestattet das öffentliche Recht einzelner Länder, z. B. Elsaß-Lothringens, der Regierung, über Zulassung und Auflösung von Vereinen mit mehr als zwanzig Mitgliedern fast ganz nach freiem Ermessen zu befinden.[2]) Kraft eines solchen öffentlichrechtlichen Satzes, der doch auch durch das B. G. B. nicht aufgehoben werden kann, würde daher die Landesregierung sogar ohne ein besonderes,

[1]) So Gierke a. a. O. S. 18.

[2]) Gesetz vom 10. April 1834; vergl. Ball, „Das Vereins- und Versammlungsrecht in Deutschland“, Berlin 1894, Nr. 37.

im bürgerlichen Recht ihr gewährtes Einspruchs- und Auflösungsrecht immer in der Lage bleiben, durch Verbot eines Vereins demselben auch die Privatrechtsfähigkeit zu verschließen oder wieder zu entziehen. Aber in anderen Ländern, z. B. in Württemberg, besteht ein Vereinsgesetz öffentlich-rechtlichen Inhalts überhaupt nicht. Hier beruht also die Macht der Regierung gegenüber politischen und ähnlichen Vereinen nur auf der Befugniß, ihnen die Privatrechtsfähigkeit zu verweigern. Daher würde hier durch die jenen Vereinen plötzlich gewährte Möglichkeit, sich unabhängig von der Regierung vermögensfähig zu machen, die Situation sehr stark zu Ungunsten der Regierung verschoben werden. Für dieselbe würde es dann ein Einspruchsrecht überhaupt nicht mehr geben, auch nicht aus dem ersten Grunde des § 58, 2 (daß der Verein nach dem öffentlichen Vereinsrecht unerlaubt ist oder verboten werden kann), weil eben das öffentliche Vereinsrecht des Landes ein solches Verbot nicht kennt. Auf das Zustandekommen eines deutschen Reichsgesetzes über das Vereinswesen [1]) (nach R.-Verf. Art. 4 Nr. 16) besteht bekanntlich zur Zeit keine Aussicht. Somit würden in jenen Ländern ohne Vereinsgesetz die Regierungen sich dazu gedrängt sehen, ein solches und zwar ein möglichst straffes zu schaffen, und damit würde die vom B. G. B. erstrebte Gleichheit des privaten Vereinsrechts sofort wieder durch eine vermehrte Ungleichheit des öffentlichen unterhöhlt werden. Mit Rücksicht darauf haben denn auch andere gesetzgeberische Regelungen des privaten Vereinsrechts in Bezug auf politische und religiöse Vereine eine gewisse Zurückhaltung beobachtet. Das Sächsische Vereinsgesetz vom 15. Juni 1868 § 72 macht ganz allgemein die Eintragung von Vereinen, deren Zweck sich auf öffentliche Angelegenheiten bezieht, von der Genehmigung des Ministeriums des Innern abhängig. Ebenso beschloß 1872 die Reichstagskommission, welche den von Schulze-Delitzsch eingebrachten Entwurf eines Gesetzes über die privatrechtliche Stellung der Vereine zu berathen hatte, solche zu politischen oder religiösen Zwecken vom Erwerb der Rechtsfähigkeit durch bloße Erfüllung von Normativbestimmungen unbedingt auszuschließen und Vereine von Arbeitgebern und Arbeitnehmern zum Zweck von Arbeitsaussperrungen oder Einstellungen wenigstens nur bedingt zu jenem Erwerb zuzulassen. Wenn also jetzt die Gegner des Entwurfs, statt dieselbe Richtung inne zu halten, ihm vielmehr vorwerfen, daß er das Privatrecht benützen wolle, um die der Regierung durch das öffentliche Recht gewährte Position zu ver-

[1]) Ein solches Gesetz und die Einrichtung eines Reichsamts, welches die Rechte der juristischen Person verleiht und über Einspruchs- und Auflösungsfragen in letzter Instanz befindet, fordert Cretschmar a. a. O. S. 149.

stärken, so wird sich mit mehr Recht erwidern lassen, daß sie selbst vermittelst des Privatrechts die Position der Regierung schwächen wollen. Gerade dies aber ist in unserer Zeit doppelt bedenklich.

Endlich aber ist den Gegnern auch nicht zuzugeben, daß der Ausdruck „sozialpolitisch" [1]) jenen weiten Sinn habe, den sie ihm beilegen. Mit Sozialpolitik im Sinne des Entwurfs kann zwar nicht eine bloße Unterart der Politik (=Staatspraxis) gemeint sein, da ja sonst die Erwähnung sozialpolitischer Vereine neben den politischen völlig überflüssig sein würde. Aber ebenso wenig darf man das Wort „sozialpolitisch" als gleichbedeutend mit „sozial" behandeln, so daß als Sozialpolitik jede „Einwirkung auf das soziale Leben" (s. oben S. 15) erschiene; denn sonst hätte der Entwurf statt von sozialpolitischen Zwecken vielmehr lediglich von sozialen reden müssen. Vielmehr weist der zusammengesetzte Ausdruck „sozialpolitisch" darauf hin, daß es sich hier um eine Verbindung von sozialen und politischen Bestrebungen handelt, die auf eine Verbesserung der Gesellschafts- und Wirthschaftsordnung, aber auf dem Wege und mit Hilfe einer Aenderung der Staats- und Rechtsordnung abzielen. Die Aenderung der letzteren bildet also hier nicht den Zweck selbst, aber doch das Mittel zum Zweck. Eben darum kann ein Verein, welcher ohne jede Aenderung der bestehenden staatlichen Ordnung die wirthschaftliche Lage gewisser Klassen zu heben sich bestrebt, nicht als ein sozialpolitischer gelten. Freilich, ein Gewerkverein, welcher, um

[1]) In der Litteratur wird der Ausdruck „Sozialpolitik" theils gar nicht bestimmt, theils in sehr verschiedenem Sinne gebraucht. Schönberg (Handb. d. polit. Oekonomie II, § 3, Anm. 6) bemerkt, daß darunter „nicht die Politik in Bezug auf die bürgerliche Gesellschaft überhaupt, sondern nur die Politik in Bezug auf die Lohnarbeiter und speziell die in Unternehmungen beschäftigten verstanden werde". Aber diese Beziehung auf die Lohnarbeiter ist zu eng, und was dabei unter „Politik" verstanden wird, bleibt ungesagt. Dagegen bestimmt A. Wagner den Sozialismus wiederholt mit Recht als ein System der wirthschaftlichen Rechtsordnung („Allg. Volkswirthschaftslehre" I, 2. Aufl. S. 174—176). Auch Schmoller („Ueber einige Grundfragen", Jena 1875) betont, daß der Sozialismus zwar von einem überspannten Begriff der Rechtsordnung ausgegangen sei, nach welchem Gesetz und Recht Alles sein sollten (S. 155), daß aber in der That die Einkommensvertheilung successiv zu einer von Sitte und Recht beherrschten werde, und eine hochherzige Gesetzgebung und Politik in die Eigenthumsordnung eingreifen könne und solle (S. 96). Aehnlich sagt G. Cohn („Was ist Sozialismus", Berlin 1878, S. 15), daß die Schwierigkeiten des Sozialismus erst da anfangen, wo der öffentliche Zwang beginnt. Vergl. auch G. Adler in Conrad's „Handwörterbuch", Art. „Sozialdemokratie", S. 710/11.

die Lage der Arbeiter zu heben, obrigkeitliche Einrichtungen, Arbeitsnachweise, Schiedsgerichte, Schutzvorschriften u. s. w. erstrebt, ein Verein, der die Erwerbsfähigkeit der Frauen durch Zulassung derselben zum Universitätsstudium, zu Staatsämtern u. s. w. steigern will, ja, ein Verein, der auch nur theoretisch die Erkenntniß der Nothwendigkeit solcher Ziele zu verbreiten sucht, — ist unzweifelhaft ein sozialpolitischer. Dagegen wird ein bloßer Arbeiterbildungsverein oder ein Verein für Volksbibliotheken nur als ein gemeinnütziger, ein Verein für Herstellung billiger Proletarierwohnungen oder für Unterstützung invalider Arbeiter nur als ein wohlthätiger, ein Verein für theoretische Vorträge über Sozialwissenschaft nur als ein wissenschaftlicher zu betrachten sein. Sonst käme man dahin, jeden zur Förderung eines bestimmten Berufs, einer Kunst oder eines Handwerks gegründeten Verein für sozialpolitisch zu erklären!

Mit diesen Gegengründen wider die Angriffe auf den Entwurf sind nun aber freilich die Vorschläge des letzteren und des Bundesraths noch keineswegs in allen Punkten gerechtfertigt. Es muß vielmehr ausgesprochen werden, daß zunächst zur Ausschließung von ungleichen und unrichtigen Deutungen des Ausdrucks „sozialpolitisch" eine bestimmte Begrenzung desselben im Gesetze durchaus nothwendig ist, sowie ferner, daß die vom Bundesrath beschlossenen Verschärfungen des Entwurfs schwere Bedenken erwecken. Schon die Veränderung der „politischen, sozialpolitischen und religiösen" Zwecke in solche, „welche dem **Gebiet** der Politik, der Sozialpolitik oder der Religion **angehören**", vermindert die Bestimmtheit des Ausdrucks ungemein, da man von einem Zweck viel eher sagen kann, daß er dem Gebiet der Politik u. s. w. angehöre, als daß er selbst ein politischer u. s. w. sei. Sodann aber überschreitet die Erstreckung des Einspruchs- und Auflösungsrechts auf Vereine, deren Zweck dem Gebiete des **Unterrichts** oder der **Erziehung** angehört, entschieden das richtige Maß. Danach würden auch die meisten wissenschaftlichen und künstlerischen Vereine, insofern sie ihren Mitgliedern Unterricht gewähren, Gesang-, Fecht- und Turnvereine, Vereine zur Verbreitung der Kenntniß fremder Sprachen oder der Stenographie, zur Ausbildung von Bergführern u s. w., sowie ferner Vereine zur Besserung verwahrloster Kinder oder gefallener Mädchen, weil sie deren Erziehung betreiben, bei ihrer Begründung dem Einspruch der Verwaltungsbehörde und bei jeder Zweckuberschreitung in einer dieser Richtungen der Auflösung ausgesetzt sein! In der That wäre damit das Prinzip der Normativbestimmungen für die meisten Vereine in bloßen Schein oder richtiger sogar in ein verschärftes Konzessionsprinzip umgewandelt, indem dann für alle jene Vereine die Rechtsfähigkeit nicht nur von der (stillschweigenden) Genehmigung der Verwaltungsbehörde, sondern außerdem auch noch von der Erfüllung der Normativbestimmungen abhinge.

Endlich aber ist auch der bescheidene Rechtsschutz, den der Kommissionsentwurf den Vereinen gegen Einspruch und Auflösung durch Eröffnung des Verwaltungsstreitverfahrens gewährte, vom Bundesrath wieder völlig ins Ungewisse gerückt worden, indem er die Bestimmung der Zuständigkeit und des Verfahrens lediglich den Landesgesetzen überlassen will.

Schwerlich wird der Reichstag diese vom Bundesrath vorgeschlagenen Aenderungen annehmen. Dem Kommissionsentwurf gegenüber hatte der 23. Juristentag (Bd. 2 S. 65—67) sich auf den Standpunkt der Anpassung gestellt und die Bestimmungen des Entwurfs im Wesentlichen gebilligt nur mit dem Hinzufügen, daß den politischen, sozialpolitischen und religiösen Vereinen gegen ungerechtfertigte Einsprüche und Auflösungen ein wirksamerer Schutz zu gewähren sei. Demnächst betonte die Thronrede bei Eröffnung des Reichstags im Dezember 1895, daß die verbündeten Regierungen bei Aufstellung des Entwurfs bereitwillig Opfer ihrer Ansichten und Wünsche gebracht hätten, und vom Reichstag eine Berathung in demselben Geist erwartet werde. Inzwischen ist umgekehrt im Reichstage der Antrag gestellt worden, sämmtliche gegen den Mißbrauch des Vereinsrechts gerichteten Landesgesetze aufzuheben. Von der anderen Seite hat der Bundesrath für die Entfaltung des Vereinslebens neue und sehr beengende Schranken verlangt. Durch eine solche beiderseitige Ueberspannung der Ansprüche wird die Lage für alle Betheiligten erschwert. Die Lösung der Schwierigkeit kann nur in einem Kompromisse dadurch gefunden werden, daß man sich auf dem Boden des Kommissionsentwurfs einander wieder nähert und sich mit den von diesem vorgeschlagenen Beschränkungen der religiösen, politischen und sozialpolitischen Vereine — unter bestimmterer Begrenzung des Kreises der letzteren — einerseits versöhnt und andererseits begnügt.

Von den Einzelheiten des Vereinsrechts seien hier nur ein Paar Sätze kurz hervorgehoben.

Für die Beschlußfassung der Mitgliederversammlung, wie des Vorstandes gilt grundsätzlich nicht das Kollektivprinzip, also das Erforderniß der Einstimmigkeit, sondern das Majoritätsprinzip, wonach die Mehrheit der erschienenen Stimmberechtigten entscheidet (§§ 29, 25).[1])

---

[1]) Zu § 29 erinnert Pappenheim in den „Jahrb. f. Dogm." Bd. 35 S. 464 mit Recht, daß es in Abs. 1 a. E. nicht „die Mehrheit der erschienenen Mitglieder", sondern (mit Rücksicht auf § 31) „die Mehrheit der erschienenen

Im Falle einer Ueberschuldung des Vereins ist der Vorstand verpflichtet, die Eröffnung des Konkurses zu beantragen bei Vermeidung eigener Haftung für den durch Verzögerung des Antrags den Gläubigern erwachsenden Schaden (§ 39, 2), eine Vorschrift, die § 85, 2 auch auf Körperschaften, Stiftungen und Anstalten des öffentlichen Rechts, soweit der Konkurs bei ihnen zulässig ist, ausdehnt. Bei eingetragenen Vereinen ist wie die Begründung derselben, so auch jede Veränderung in ihrer Organisation durch Eintragung in das Vereinsregister für Dritte erkennbar zu machen. So jede Aenderung des Vorstandes (§ 64), Beschränkungen seiner Vertretungsmacht und besondere Bestimmungen über seine Beschlußfassung (§ 67), Aenderungen der Satzung (§ 68) u. a. m. Dritten Personen können solche Aenderungen, die weder eingetragen, noch ihnen bekannt waren, nicht entgegengesetzt werden, (§§ 63, 67).[1])

Endlich ist nach § 28 jeder Verein für den Schaden haftbar, den der Vorstand, ein Mitglied des Vorstandes oder ein anderer verfassungsmäßig berufener Vertreter durch eine in Ausführung der ihm zustehenden Verrichtungen begangene, zum Schadensersatz verpflichtende Handlung einem Dritten zufügt: dieser hochwichtige Satz ist weiter durch § 83 auch auf Stiftungen und durch § 85, 1 sogar auf den Fiskus, sowie auf die Körperschaften, Stiftungen und Anstalten des öffentlichen Rechts erstreckt, was Hölder a. a. O. S. 24 mit vollem Recht als eine der ansprechendsten Neuerungen bezeichnet. Also nicht bloß in Ausübung der Vertretungsmacht, wie Entwurf I § 46 sagte und jetzt die Denkschrift zum Entwurf S. 17 wiederholt, sondern auch durch thatsächliche amtliche Handlungen kann ein Beamter die von ihm vertretene juristische Person haftbar machen, z. B. ein Regierungsbaumeister den Fiskus durch fehlerhafte Ausführung von Bauten und Anlagen. Dagegen soll der § 85, 1 nicht auch Schadenszufügungen bei Ausübung einer öffentlichen Gewalt mit umfassen, z. B. wenn ein Richter durch Akte der streitigen oder der freiwilligen Gerichtsbarkeit, oder wenn ein Zollbeamter durch ungehörige Beschlagnahme von Sachen eine Partei beschädigt hat. Darum hält auch § 40 es nicht für nöthig, bei der Auflösung eines Vereins durch die Verwaltungsbehörde hinzuzufügen, (wie es im Genossenschaftsgesetz § 79 und im Gesetz über die Gesellschaften mit beschränkter Haftung § 62 geschehen ist), daß aus der Auflösung ein Anspruch auf

---

stimmberechtigten Mitglieder" heißen müsse. — Ein beachtenswerthes Bedenken gegen § 25 (= § 27 des Kommissionsentwurfs) erhebt Strohal ebendaselbst Bd. 34 S. 335. Die Gegenausführung in den Protokollen S. 8343 ff. ist unzureichend.

[1]) Mit Recht hebt R. de la Grasserie a. a. O. S. 595 dieses „vaste système de publicité" besonders hervor.

Entschädigung nicht entspringe. Zum Ueberfluß erklärt das Einf.-Gesetz Art. 75 ausdrücklich, daß die landesgesetzlichen Vorschriften unberührt bleiben, welche die Haftung des Staats, der Gemeinden und anderer Kommunalverbände für den von ihren Beamten in Ausübung der diesen anvertrauten öffentlichen Gewalt zugefügten Schaden betreffen.

Diese Einschränkung der Haftung entspricht freilich der neuesten Praxis des Reichsgerichts; denn dieses hat z. B. noch 1893 einen Rheder, dessen Schiff auf der Unterweser von dem preußischen Zollkreuzer „Blitz" durch Schuld des Kapitäns dieses letzteren arg beschädigt worden war, mit seiner Schadensersatzklage gegen den Fiskus abgewiesen, weil der „Blitz" im öffentlichen Dienste thätig gewesen sei.[1] Aber innerlich gerechtfertigt ist solche Entscheidung gewiß nicht, und auf die Dauer wird die Beschränkung der Haftung juristischer Personen auf die Fälle, wo die Schadenszufügung bei anderen als öffentlich rechtlichen Funktionen erfolgt war, sich schwerlich aufrecht erhalten lassen.

Weniger vollständig, als die Vereine, sind im Entwurf die Stiftungen geregelt (§§ 77—84).

Zur Entstehung einer rechtsfähigen Stiftung verlangt der Entwurf nicht, wie derjenige der ersten Lesung, nur die Willenserklärung einer Privatperson (das Stiftungsgeschäft), sondern außerdem die Genehmigung des Bundesstaats, in dessen Gebiet die Stiftung ihren Sitz haben soll, bei Stiftungen mit außerdeutschem Sitz die des Bundesraths (§ 77). Dies Erforderniß, das auch im bisherigen Rechte überwiegend gilt, ist durch die Bedeutung des Stiftungsaktes als der Erstreckung einer Willensmacht über ihr natürliches Dasein hinaus und der Erschaffung einer eigenen Person wohl gerechtfertigt. Zugleich aber wird dadurch in zweckmäßiger Weise eine Trennung herbeigeführt zwischen der Errichtung der Stiftung einerseits und der Vermögenszuwendung an sie andererseits. Manche wollen freilich umgekehrt in der Widmung des Vermögens (Dotation) den eigentlichen schöpferischen Akt erblicken.[2] Aber auf diesem Wege kommt man zu einer Rechtsübertragung an ein noch nicht bestehendes Subjekt und verliert die Möglichkeit, die Vermögenszuwendung auf einen bestimmten Rechtsgrund (z. B. Schenkung) zurückzuführen und den entsprechenden Regeln zu unterwerfen. In dem letzteren Sinne hat bekanntlich das Reichsgericht[3]) in dem Falle, wo zwei Eheleute eine Familienstiftung errichtet und derselben große Summen ver-

[1]) Entsch. in Civ.-S. Bd. 32 S. 145. Vergl. über und gegen diese Entscheidung Oertmann im „Archiv f. bürgerl. R." Bd. 10 S. 193. Gierke in d. „Jahrb. f. Dogm." Bd. 35. S. 245 u. Eck das. S. 287.

[2]) So besonders Schloßmann in d. Jahrb. f. Dogm. Bd. 27 S. 29.

[3]) Entsch. in Civ.-S. Bd. 5 S. 141.

schrieben hatten, demnächst aber in Konkurs verfallen waren, mit Recht entschieden, daß die Zuwendung als Schenkung der gerichtlichen Verlautbarung bedurft habe und wegen Verkürzung der Gläubiger auch ohne eine dem Empfänger bekannte Absicht, dieselben zu benachtheiligen, nach K. O. § 25, 1 anfechtbar sei.

Für das Stiftungsgeschäft unter Lebenden wird, um Sicherheit und Klarheit des Stiftungswillens zu erzielen, gerichtliche oder notarielle Beurkundung erfordert (§ 78, 1). Bei Stiftungsgeschäften von Todeswegen genügt die allgemeine Form der letztwilligen Verfügungen (§ 2205 ff.). Da aber nach § 1899 Erbe nur derjenige werden kann, welcher zur Zeit des Erbfalls lebt, so bestimmt § 81, daß die erst nach dem Tode des Stifters genehmigte Stiftung für dessen Zuwendungen als schon vor seinem Tode entstanden gilt. Durch diese Rückziehung ist der nicht bloß in dem Städel'schen Falle, sondern auch seitdem wiederholt vorgekommenen Erbeseinsetzung einer erst durch ebendieselbe Verfügung angeordneten Stiftung die Giltigkeit gesichert.

In solchem Falle erhält daher die Stiftung den ihr zugewandten Nachlaß nicht erst hinter dem gesetzlichen Erben als Nacherbin und nicht erst für die Zeit von der Ertheilung der Staatsgenehmigung ab, sondern als unmittelbare Rechtsnachfolgerin des Erblassers und mit Rückwirkung auf den Zeitpunkt des Erbfalles.

Für die Verfassung und die Geschäftsführung der Stiftungen sind einige Regeln durch Uebertragung des Rechts der Vereine im Entwurf § 83 aufgestellt. Im Uebrigen soll für die Verfassung, soweit sie nicht auf Reichs- oder Landesgesetz beruht, das Stiftungsgeschäft maßgebend sein (§ 82). In Bezug auf Erlöschen und Umwandlung von Stiftungen wird durch das Einf.-Ges. Art. 35 lediglich auf die landesgesetzlichen Vorschriften verwiesen, was man als eine fühlbare Lücke bezeichnen muß; denn darnach bleiben theils ungleichmäßig entschieden, theils streitig, z. B. die Fragen, ob die Stiftung durch Verlust des Stiftungsvermögens erlischt oder nicht, ob eine Stiftung, die nicht mehr zeitgemäß ist, auf anderem Wege, als dem der Gesetzgebung, umgewandelt werden kann, u. dgl. m.

Nicht als Stiftung gilt nach dem Entwurf die Zusammenbringung von Vermögen durch eine öffentliche Sammlung von Beiträgen für einen vorübergehenden Zweck (Linderung eines Nothstandes, Gewährung einer Ehrengabe u. s. w.), insofern hier eben das Merkmal einer dauernden Einrichtung fehlt. Auch ein selbstständiges, an das Unternehmen geknüpftes Zweckvermögen[1]) kann hier, da ein solches dem Entwurf fremd

---

[1]) So Dernburg Pand. I § 62 Abs. 8.

ist, nicht anerkannt werden. Vielmehr wird das Eigenthum hier je nach Umständen den Sammlern oder dem, für welchen die Sammlung bestimmt ist, zuzuschreiben sein. Der Entwurf § 1890 bestimmt aber zweckmäßig, daß aus besonderen Gründen zur Verwaltung und Verwendung solchen Vermögens ein Pfleger bestellt werden kann.

§ 4. Die Sachen im Allgemeinen.[1])

Als Sachen und somit als Objekte von Sachenrechten, neben denen ein besonderer Begriff von „dinglichen Rechten" im Entwurf nicht vorkommt[2]), kennt der Entwurf, wie das Römische Recht, nur körperliche Gegenstände. Doch nähert er sich dem weiteren Sachbegriff des Allgemeinen Landrechts und anderer Rechte, der auch unkörperliche Sachen einschließt, dadurch, daß er in gewissen Beziehungen unkörperliche Dinge den Sachen gleich stellt, z. B. auch Rechte als Gegenstände bestimmter anderer Rechte (des Nießbrauchs § 1051, des Pfandrechts § 1256) anerkennt, ja sogar Rechte, die mit dem Eigenthum an einem Grundstück verbunden sind, als Bestandtheile des letzteren gelten läßt (§ 92). Man hat diese Beschränkung des Sachbegriffs auf Körper als „grobsinnlich" getadelt. Aber das entgegengesetzte Extrem der allgemeinen Gleichstellung unkörperlicher und körperlicher Dinge als möglicher Gegenstände von Rechten ist undurchführbar und zieht eine Vermischung von absoluten und dinglichen (d. h. Sachen-) Rechten nach sich, welcher der Entwurf vorbeugen wollte.

Folgerungen aus dem Grundbegriff sind, daß zu den Sachen nicht gehören 1. die sog. Sachgesammtheiten oder Sachinbegriffe, vorausgesetzt nur, daß die einzelnen Stücke derselben im Verkehr überhaupt als selbstständige Güter in Betracht kommen[3]); so die Heerde, die Bibliothek, das Waarenlager u. s. w., und noch weniger 2. ganze Vermögensmassen (universitates iuris).

Zu 1. Bei den Sachgesammtheiten bleiben hiernach Rechtsobjekte die einzelnen Stücke, und an jedem derselben kann das Rechtsverhältniß ein anderes, als an den übrigen sein. Wenn dennoch sowohl im Verkehr bei Rechtsgeschäften, als im Entwurfe selbst (z. B. § 88, 2, § 1018) Sachen unter einem Inbegriff zusammengefaßt werden, so ist

---

[1]) Da diese Lehre in der Denkschrift völlig übersprungen ist, habe ich sie hier verhältnißmäßig ausführlich behandelt.

[2]) Anders Endemann S. 66/67, der zwar nicht Sachen-, wohl aber dingliche Rechte auch an nichtkörperlichen Gegenständen anerkannt findet.

[3]) Dies ist freilich nicht der Fall bei den einzelnen Körnern eines Sandhaufens, den Stäubchen einer Quantität Mehl, den Tropfen im Glase Wasser.

dies bald nur eine abgekürzte Sprechweise, bald ein Ausdruck des Gedankens, daß solche Gesammtheiten wirthschaftlich eine Einheit bilden, und um deswillen gewisse an den zusammengehörigen Stücken bestellte Rechte, z. B. ein Nießbrauch, einen anderen Inhalt annehmen, als wenn sie an einem oder mehreren Stücken getrennt bestellt wären. Diese Regelung des Entwurfs ist als „atomistisch" angegriffen worden. Aber Sachindividuen, welche faktisch als solche ihren eigenen Werth haben, bedürfen, auch wenn sie wirthschaftlich einem größeren Ganzen angehören, einer eigenen rechtlichen Würdigung, und die Annahme doppelter Rechtsobjekte, des Begriffsganzen und daneben seiner einzelnen Stücke, bringt mehr Verwicklung mit sich, als Gewinn.

Zu 2. Der Begriff des Vermögensganzen ist dem Entwurf, wenngleich dieser dasselbe nicht als Sache behandelt, doch in dem gleichen Sinne, wie ihn das Römische Recht bei der hereditas entwickelt hat, durchaus geläufig. So ist die Erbschaft einheitlicher Gegenstand des Erbrechts und eines Gesammtanspruchs (§§ 1898, 1933 ff.); im Familienrecht erscheint das Vermögen der Ehefrau und des gewaltunterworfenen Kindes als Gegenstand der Nutznießung des Ehemannes, bezw. Vaters (§§ 1346, 1626). Ja, nicht bloß das gesammte Vermögen einer Person, sondern auch Sondervermögen werden als selbstständige Ganze behandelt, insbesondere das Gesellschaftsvermögen (§ 705), und das Gesammtgut bei gütergemeinschaftlicher Ehe (§ 1421), ähnlich wie im Handelsrecht das Handels-, und im Seerecht das Schiffsvermögen. Wenn gleichwohl im Allgemeinen Theil das Vermögen nicht als möglicher Gegenstand von Rechten aufgeführt ist, so liegt der Grund darin, daß sich doch nicht für alle Glieder dieses Begriffs gemeinsame Regeln geben lassen.

Nach dem Sachbegriff des Entwurfs paßt auch die Unterscheidung von beweglichen und unbeweglichen Sachen nur auf körperliche Gegenstände. In diesem Sinne erklärte der Entwurf I § 781 nur Grundstücke für unbewegliche Sachen, jedoch die auf diese sich beziehenden Vorschriften für entsprechend anwendbar auch auf Berechtigungen mit einem eigenen Blatt im Grundbuch. Der Entwurf II hat dies mit Recht gestrichen. Denn es giebt auch andere unbewegliche Sachen, als Grundstücke, nämlich solche Gebäude, welche nicht Bestandtheile von Grundstücken sind (§ 91). Indessen erstreckt der Entwurf, dem Sprachgebrauch des Verkehrs und mancher Gesetze[1]) folgend, die Bezeichnungen „beweglich"

[1]) C. P. O. §§ 754, 757. K. O. § 39. Preuß. Ges. vom 13. Juli 1883, § 1. Entwurf eines Reichsges., betr. die Zwangsvollstreckung in das unbewegl. Vermögen (1889), § 1. Vergl. auch neuestens das Preuß. Ges. vom 19. August 1895, betr. das Pfandrecht an Privateisenbahnen, § 1.

und „unbeweglich“ auch auf das Vermögen überhaupt, wobei er zugleich hinzufügt, welche Gegenstände im Sinne seiner einzelnen Vorschrift zum unbeweglichen Vermögen zu rechnen seien: so, wenn er in §§ 1532, 1534 die Fahrnißgemeinschaft als Gemeinschaft des „beweglichen Vermögens“ und der Errungenschaft bestimmt [1]) und im Gegensatz zu jenem das eingebrachte „unbewegliche Vermögen“ eines Ehegatten genau abgrenzt. Im Uebrigen läßt sich für die mancherlei Bestimmungen über bewegliches und unbewegliches Vermögen, die in anderen Gesetzen oder in Rechtsgeschäften vorkommen, eine allgemeine Auslegungsregel nicht aufstellen, jedes derselben muß vielmehr aus sich selbst erklärt werden.

Erheblich mehr als in der Behandlung der Sachen überhaupt, weicht der Entwurf in derjenigen des Theils vom Römischen Recht ab. Das letztere nimmt bekanntlich bei Einheit der Sache auch Einheit des Rechts an, erstreckt daher das Recht am Ganzen mit Nothwendigkeit auf alle Theile und läßt an Theilen weder den Erwerb, noch die Fortdauer von Sonderrechten zu. Nur so viel giebt es nach, daß eine Sache, die durch Verbindung Theil einer fremden zusammengesetzten geworden ist, mit der Abtrennung von dieser an ihren früheren Eigenthümer zurückfällt, ja daß der letztere sogar ein Recht auf die Abtrennung hat (actio ad exhibendum; für den Urheber der Verbindung, der im Besitze ist, auch ius tollendi). Das Preußische und das Französische Recht dagegen lassen auch Sonderrechte an Theilen zu; bestritten ist nur, in welchem Umfang und mit welcher Wirkung.

Der Entwurf geht hier einen eigenen Weg. Er verneint zunächst die Möglichkeit von Sonderrechten, jedoch nur an den von ihm sogenannten „wesentlichen Bestandtheilen“, d. h. an solchen, die von einander nicht getrennt werden können, ohne daß der eine oder der andere zerstört oder in seinem Wesen verändert wird (§ 89).[2]) Eine Erläuterung dieses neu gebildeten Begriffs durch Beispiele sucht man in den Motiven (Bd. 3 S. 41) vergebens. Offenbar aber ist der Kreis der wesentlichen Bestandtheile weiter, als derjenige der „Substanztheile“ nach dem Preußischen A. L. R. §§ 4, 5, I, 2, da zu den letzteren nur

---

[1]) Zur Fahrnißgemeinschaft können daher auch (errungene) Grundstücke gehören, so gut wie zur jetzigen Mobiliargemeinschaft des französischen Rechts.

[2]) Anwendungen dieses Prinzips finden sich in §§ 930, 931, 933, 981, 998. Jedoch kann nach § 849 der Besitz auch an einem Theil einer Sache, insbesondere an abgesonderten Wohnräumen, also an einem wesentlichen Bestandtheil, stattfinden, was wohl aus der Natur des Besitzes als thatsächlicher Herrschaft abzuleiten ist.

die für das Wesen des **Ganzen** nothwendigen Stücke gehören, zu den ersteren dagegen auch diejenigen, welche durch die Abtrennung nur **an sich selbst** eine Zerstörung oder Wesensänderung erleiden. Der Begriff der wesentlichen Bestandtheile beruht auf einem ähnlichen Gedanken, wie die römisch-rechtliche Zusammenfassung der Sachen, quarum divisio sine damno fieri non potest; er umfaßt die Theile, deren Abtrennung die Aufhebung eines wirthschaftlichen Werths bedeutet. Eine derartige Veränderung, sei es des zurückbleibenden Ganzen, sei es des abgetrennten Stücks, wird nun in den allermeisten Fällen die Folge einer Trennung sein, z. B. nicht bloß bei den Theilen einer Maschine, eines Kunstwerks, einer Manufakturwaare, sondern sogar beim eingerahmten Kupferstich oder Spiegel, beim gebundenen Buch und bei dem in Gold gefaßten Edelstein [1]): denn die Summe der Theile kommt hier niemals im Wesen und Werth dem Ganzen gleich. Aber diese weite Ausdehnung des Begriffs entspricht auch gerade der Absicht des Entwurfs, der jede wirthschaftlich nachtheilige Trennung nicht begünstigen, sondern erschweren wollte. [2])

Zur Vermeidung von Zweifeln schließt der Entwurf bei Grundstücken noch ausdrücklich zwei Gruppen von Sachen in die wesentlichen Bestandtheile ein:

1. Die mit dem Grund und Boden (mechanisch) **fest verbundenen Sachen** (z. B. Pfosten, Zäune, Laternen u. s. w.), insbesondere Gebäude, und als deren wesentliche Bestandtheile wieder die zu ihrer Herstellung in sie eingefügten Sachen (§ 90). Damit ist das Accessionsprinzip (superficies solo cedit) [3]) zu Grunde gelegt, und der Vortheil erzielt, daß man beim Erwerb eines mit Bauten versehenen Grundstücks nur das Recht des Veräußerers am Boden selbst und nicht auch das

---

[1]) Die Fälle des Schreibens, Zeichnens, Malens, Gravirens u. s. w. gelten nach § 934 nicht als Verbindungen zweier Sachen, sondern als Verarbeitungen (Spezifikationen).

[2]) Daß das Kunstwort „wesentliche Bestandtheile" für den angegebenen Sinn glücklich gebildet sei, kann man freilich nicht sagen. Denn wie der Ausdruck „Theil" die Zugehörigkeit zu einem Ganzen bezeichnet, so kann auch das ihm beigefügte Prädikat „wesentlich" nur eine ihm in seiner Beziehung zum Ganzen zukommende Eigenschaft ausdrücken, also seine Bedeutung als Koeffizient für das Wesen des Ganzen, aber nicht wohl die alternative Beschaffenheit, daß entweder das Wesen des Ganzen oder nur sein eigenes durch die Verbindung bedingt wird. In der That klingt es fast sonderbar, daß z. B. jede auf einem Landgut wachsende Blume einen wesentlichen Bestandtheil desselben bilden soll, weil sie ihr Wesen ändert, wenn man sie abpflückt.

[3]) Darüber Biermann in den Jahrb. f. Dogm. Bd. 34 S. 169—280.

an den Bauten zu prüfen braucht. Jedoch wird die Eigenschaft des Bestandtheils (und zwar nicht bloß die des „wesentlichen“) durch § 91 wieder ausgeschlossen in folgenden Fällen:

a) wenn es nur ein vorübergehender Zweck war, zu welchem Sachen mit dem Grund und Boden verbunden oder in das Gebäude eingefügt worden sind. Dieser Satz ist im gemeinen Recht zwar bestritten, entspricht aber doch wohl der richtigen Theorie.[1]) Beispiele bieten Gebäude für ein einzelnes Volksfest oder eine Ausstellung, ferner Baubuden, Baracken, Ehrenpforten, Gerüste oder zeitweilige Vorrichtungen in einer Wohnung, eiserne Oefen, elektrische Klingeln u. dergl. m. Solche nicht dauernd für das Grundstück bestimmte Sachen werden auch dann nicht Bestandtheile desselben, wenn der Grundeigenthümer selbst die Verbindung vorgenommen hat.[2]) Das Gleiche gilt aber sogar bei einem dauernden Zwecke,

b) wenn ein Gebäude oder sonstiges Werk mit einem Grundstück in Ausübung eines anderen Rechts an demselben, als des Eigenthums, durch den Berechtigten verbunden worden ist. Dieser Art sind z. B. die Fälle, wo kraft Erbbaurechts oder einer Grunddienstbarkeit (§§ 996, 1004, 1005, vergl. 896) Bauten, Gas- und Wasserleitungsröhren, Telegraphen-, Telephon- oder ähnliche Anlagen zu dauerndem Verbleib hergestellt worden sind. Während solche nach Römischem Recht unabweisbar dem Grundeigenthümer gehören, stehen sie nach dem Entwurf im Eigenthum dessen, der sie vermöge seines das Grundeigenthum beschränkenden Rechts geschaffen hat. Fehlt ein derartiges Recht, wie z. B. im Falle widerrechtlichen Besitzes, so tritt die Bestandtheilseigenschaft des Werks wieder ein. Zur Ausschließung derselben wird aber nicht gerade ein (nach § 857) durch Eintragung begründetes dingliches Recht zu erfordern, sondern auch z. B. ein Miethsrecht mit Ueberlassung des Platzes für die Anlagen (§ 564) genügend sein; ja, auch im Falle formell mangelhafter Einräumung eines Rechts am Grundstücke ist eine „Ausübung desselben durch den Berechtigten“ als möglich anzunehmen.[3]) Dagegen geht der Entwurf nicht soweit, zu gestatten, daß auch der Grundeigenthümer selbst auf das Eigenthum an den von ihm zu

---

1) So Biermann a. a. O. S. 186 A. M. freilich Kohler daselbst Bd. 26. S. 32.

2) Anders nach Entw. II, § 77 f. Wider denselben Biermann a. a. O. S. 274.

3) Die Motive Bd. 3 S. 48 denken freilich nur an die Ausübung eines „dinglichen Nutzungsrechts“. Das Bedenkliche dieser Beschränkung zeigt Biermann S. 275. Es wird hier recht deutlich, wie nachtheilig die Vorschrift wirkt, daß auch Grunddienstbarkeiten nicht ohne Eintragung entstehen.

dauerndem Zwecke hergestellten Anlagen verzichte und dasselbe z. B. den Lieferanten des ihm kreditirten Materials vorbehalte oder später getrennt vom Grundeigenthum veräußere: sein Accessionsrecht ist nicht, wie nach Französischem Recht dispositiver, sondern zwingender Natur. Ebenso ist ausgeschlossen auch die Möglichkeit einer Theilung des Gebäudeeigenthums nach horizontalen Linien, (sog. Stockwerkseigenthum), vergl. § 998; doch bleiben die Landesgesetze, welche dies Verhältniß regeln, nach Einf. Ges. Art. 130 unberührt.

Wesentliche Bestandtheile des Grundstücks sind auch:

2. die (organischen) Erzeugnisse desselben, so lange sie mit dem Boden zusammenhängen; desgleichen Samen vom Aussäen und eine Pflanze vom Einpflanzen ab (§ 90, 1). Hierdurch wird also an Früchten auf dem Halm und an Holz auf dem Stamm ein Sondereigenthum des Nutzungsberechtigten, z. B. des Pächters, das ihm nach Preuß. A. L. R. schon von der Entstehung ab zukommt, ausgeschlossen, vergl. § 938; dagegen bleiben die Erzeugnisse und sonstigen Bestandtheile eines Grundstücks auch nach der Trennung grundsätzlich der an diesem haftenden Hypothek unterworfen, § 1103. Doch ist vorbehalten, die dem Pächter gebührenden Früchte, auch wenn sie mit dem Boden noch verbunden sind, der Haftung wegen einer auf dem Grundstück haftenden Hypothek oder Grund- oder Rentenschuld zu entziehen.[1]) Desgleichen ist durch die Bestimmung des Entwurfs das für das Preußische Recht als möglich angenommene Sonderpfandrecht an stehenden oder hängenden Früchten verworfen; nur die von der C. P. O. §§ 714, 725 zugelassene gerichtliche Pfändung solcher Früchte bleibt nach Einf. Ges. Art. 31 unberührt. Wenn aber hiernach Baum- und Bodenfrüchte wesentliche Bestandtheile des Grundstücks sind, so muß die gleiche Theileigenschaft um so mehr bei lebenden Thieren den Erzeugnissen derselben zukommen; es kann mithin auch das Junge im Leibe des Mutterthieres, die Wolle auf dem Rücken des Schafs nicht Gegenstand besonderer Rechte sein.

Durch positive Bestimmung (§ 92) werden auch Rechte, die mit dem Eigenthum an einem Grundstück verbunden sind, z. B. Grunddienstbarkeiten (§ 1002), subjektiv-dingliche Vorkaufsrechte (§ 1077, 2) und ebensolche Reallastberechtigungen (§ 1088), den Bestandtheilen eines Grundstücks gleichgestellt, so daß sie von den Verfügungen über dasselbe mit betroffen, von den an ihm entstehenden Rechten mit ergriffen werden.

---

[1]) Entw. I bestimmte dies in § 1067. Bei Berathung des Entw. II (§ 1039, jetzt 1114) wurde die Bestimmung in das Gesetz über die Zwangsvollstreckung in unbewegliches Vermögen verwiesen. Prot. S. 4381—4383.

Im Gegensatz zum Römischen Recht aber ist die Regel, daß der Theil einer zusammengesetzten Sache bei seiner Wiederabtrennung an den früheren Eigenthümer zurückfällt, ja dieser auf die Trennung sogar ein Recht hat, in solcher Allgemeinheit vom Entwurf nicht aufgenommen. Der letztere giebt nur dem Besitzer ein Wegnahmerecht, das noch gewissen Ausnahmen unterliegt und vom Eigenthümer durch Werthersatz beseitigt werden kann, § 981 vergl. § 935, 2. Darüber hinaus hat der durch Verbindung seiner Sache mit einer fremden Beschädigte nur einen Anspruch auf Vergütung in Gelde wegen ungerechtfertigter Bereicherung; doch kann im Falle einer unerlaubten Handlung der Schadensersatzanspruch auch auf die Wiederabtrennung gehen, § 935.[1])

Durch diese letzten Sätze führt der Entwurf das Prinzip „Einheit der Sache — Einheit des Rechts" noch schärfer durch als das Römische Recht. Andererseits beschränkt er das Anwendungsgebiet jenes Prinzips dadurch, daß er, wie ausgeführt, die mit einem Grundstücke verbundenen Sachen nicht bloß wenn die Verbindung zu einem vorübergehenden Zweck, sondern auch wenn sie in Ausübung eines anderen Rechts, als des Grundeigenthums erfolgt war, nicht für Bestandtheile, sondern für selbstständige Sachen erklärt. Eine weitere Beschrankung aber liegt darin, daß das Prinzip nur bei den sog. „wesentlichen Bestandtheilen" gelten, also bei unwesentlichen außer Anwendung bleiben soll. Der Entwurf nennt „unwesentliche Bestandtheile" freilich nirgend ausdrücklich, aber da er bald von Bestandtheilen schlechtweg, bald von wesentlichen Bestandtheilen redet, so müssen neben den letzteren auch unwesentliche angenommen werden. Als solche sind nach dem oben Gesagten diejenigen anzusehen, durch deren Abtrennung vom Ganzen weder der zurückbleibende Rest noch das abgetrennte Stück zerstört oder im Wesen verändert wird. Die Beispiele derselben dürften aber nicht eben zahlreich sein. Man wird als solche etwa das Licht im Leuchter, den Blumenstock im Topf, die Marmorplatte auf dem Waschtisch, den mit dem Werthpapier verbundenen Zinsscheinbogen,[2]) u. dergl. m. aufstellen können; denn hier bleibt Wesen und Werth der getrennten Theile zusammengenommen dem des Ganzen gleich. Bei solchen Sachen sind also trotz der Verbindung Sonderrechte an den Theilen möglich. Indessen wird die Handhabung der Begriffe des wesentlichen und des unwesentlichen Bestandtheils voraussichtlich zu einer unerquicklichen

[1]) Das Wegnahmerecht des Miethers, Nießbrauchers u. s. w. (§§ 540, 1032, 1076) gehört, da die von diesen eingefügten Sachen nach § 91 nicht zu wesentlichen Bestandtheilen werden, nicht hierher.

[2]) Kohler in den „Jahrb. f. Dogm." Bd. 26 S. 130 erklärt auch den ungetrennten Zinsscheinbogen für eine bloße Pertinenz.

Kasuistik führen, und man darf billig zweifeln, ob es sich wirklich lohnte, die beiden Klassen von Bestandtheilen zu sondern und für die unwesentlichen ein anderes Recht vorzuschreiben als für die wesentlichen.

Der Begriff des Zubehörs hat bekanntlich nach deutschem Gewohnheitsrecht und in den neueren Gesetzen viel größeren Umfang und viel größere Tragweite als im Römischen Recht. Das letztere besagt nur von einer kleinen Anzahl von Sachen, die als Hilfsmittel bei Benutzung anderer dienen und bloß als solche von Werth sind, daß auf sie als quasi partes die Rechtsgeschäfte über die Hauptsache im Zweifel mit gerichtet sind. Dagegen nach modernem Recht umfaßt der Begriff alle in den wirthschaftlichen Dienst einer Hauptsache gestellten Gegenstände, also auch das Gutsinventar, welches zur Landwirthschaft, das Gebäudeinventar, welches zum Gewerbebetrieb in und mit dem Gebäude bestimmt ist u. s. w.; und die Tragweite des Begriffs ist die, daß auch außerhalb der Rechtsgeschäfte die Zubehörstücke den rechtlichen Eigenschaften und Schicksalen der Hauptsache mit unterliegen, so z. B. den an ihr kraft Gesetzes oder Richterspruchs entstehenden Rechten, ihrer Unpfändbarkeit, ihrer Unterwerfung unter die Immobiliarzwangsvollstreckung, ihrer Fideikommißeigenschaft[1]) u. s. w.

Der Entwurf gestaltet zunächst den Begriff des Zubehörs in § 93 ganz nach dem Muster der neueren Gesetzbücher. Denn erstes Begriffsmerkmal ist nach ihm die Bestimmung einer Sache, dem wirthschaftlichen Zweck einer Hauptsache zu dienen, der sie doch nicht als Bestandtheil angehört; er fordert daneben nur noch die Verwirklichung dieser Bestimmung durch ein ihr entsprechendes räumliches Verhältniß der beiden Sachen, also eine äußere Bethätigung des Bestimmungswillens. Jedoch reicht vorübergehende Benutzung einer Sache im Dienst einer anderen ebenso wenig zur Begründung der Zubehöreigenschaft aus, als vorübergehende Trennung zu ihrer Aufhebung.[2]) Zur Vermeidung von Zweifeln werden durch § 94 bei dem Gebäude, das für einen Gewerbebetrieb dauernd eingerichtet ist, auch die dazu bestimmten Maschinen und Geräthschaften, beim Landgute das Wirthschaftsgeräth und Vieh, die zur Wirthschaft erforderlichen Erzeugnisse und der Dünger

---

[1]) Mit Recht geht Kohler in seiner Schrift über die Pertinenzen (Jahrb. f. Dogm. Bd. 26 S. 1) davon aus, daß bei Trennung des Lehns- oder Fideikommißguts vom Allod das Wirthschaftsinventar des ersteren dem Allodialerben mit entzogen sein müsse.

[2]) Hiernach sind die Schlüssel eines Hauses, die der Eigenthümer dafür hat fertigen lassen, Zubehör; sie bleiben es auch, wenn er sie auf eine Reise mitnimmt. Dagegen wird der Hausschlüssel, den der Miether für seinen Gebrauch anschafft, nicht Zubehör.

für Zubehör erklärt; dagegen ist unbeweglichen Sachen die Fähigkeit, Zubehör zu sein, abgesprochen, weil, wie die Motive Bd. 3 S. 64 sagen, es einfacher und angemessener sei, das Nebengrundstück auf dem Blatte des Hauptgrundstücks statt als Zubehör vielmehr als Bestandtheil desselben zu buchen: ein Grund, der offenbar höchstens bei unmittelbar angrenzenden Grundstücken zutrifft. Abgesehen von dieser letzteren Neuerung verdient die Begriffsbestimmung des Zubehörs gewiß Beifall; der örtlichen Verschiedenheit der Verkehrssitte ist noch dadurch Raum gewährt, daß, wenn nach dieser eine Sache nicht als Zubehör angesehen wird, sie auch rechtlich nicht dafür gelten soll.[1]) Offen gelassen ist die Frage, wer die Zubehöreigenschaft einer Sache zu begründen und aufzuheben vermöge. Da aber nach §§ 910, 2; 1103 u. a. m. Hauptsache und Zubehör nicht denselben Eigenthümer zu haben brauchen, so kann offenbar der Eigenthümer der Hauptsache zum Zubehör derselben auch eine fremde Sache wirksam bestimmen[2]), natürlich ohne dadurch deren Eigenthumsverhältniß zu ändern; schwerlich dagegen kann jenes, wie die Motive Bd. 3 S. 62 a. E. ganz allgemein sagen, auch „ein anderer", sogar ohne Zustimmung des Hauptsacheneigenthümers, der dann bei der Veräußerung für das Zubehör Gewähr zu leisten hätte. Die Aufhebung der Zubehöreigenschaft wird Jedem zustehen müssen, der über eine der beiden Sachen frei verfügen kann (vergl. § 1105, 2).

Weniger geht nun aber der Entwurf in dem zweiten Punkte, bei Bestimmung der Rechtsfolgen der Zubehörseigenschaft, mit der neueren Gesetzgebung Hand in Hand. Er enthält darüber zunächst, wie das Römische Recht, Auslegungsregeln für obligatorische Geschäfte in § 308, für Veräußerung von Grundstücken und Bestellung des Nießbrauchs an solchen in §§ 910, 1 a. E. und 1014, und für Vermächtnisse in § 2138, 1. Darnach erstrecken sich diese Geschäfte im Zweifel auch auf das Zubehör, für dessen Umfang bei Vermächtnissen die Zeit des Erbfalls, im Uebrigen regelmäßig die Zeit des Geschäftsabschlusses maßgebend ist.

Außerdem stellt der Entwurf nur noch folgende Sätze auf: bei Uebertragung des Eigenthums und des Nießbrauchs an einem Grundstück erlangt der Erwerber dasselbe Recht auch an den Zubehörstücken, die zur Zeit des Erwerbes vorhanden sind und dem Veräußerer gehören

---

[1]) Nach den Motiven Bd. 3 S. 63 sind hier und da in Miethswohnungen die Oefen von den Miethern mitzubringen und darum nicht Zubehör; aber dann stehen sie auch nicht im bleibenden Dienste des Hauses. Wohl aber ist Zaumzeug in manchen Gegenden Zubehör des Pferdes, in anderen nicht.

[2]) Anders z. B. Bähr, Gegenentwurf § 815, der Identität des Eigenthümers der Hauptsache und des Zubehörs für unerläßlich hält.

(§§ 910, 1014); die Hypothek am Grundstück bezw. am Schiff erstreckt sich auch auf deren Zubehör mit Ausnahme der nicht in das Eigenthum des Grund- bezw. Schiffseigenthümers gelangten Stücke (§§ 1103, 1104, 1248). Diese Sätze unterwerfen freilich in einigen Hauptpunkten die Zubehörstücke den sachenrechtlichen Schicksalen der Hauptsache; aber eine allgemeine dahin gehende Regel auch bei beweglichen Hauptsachen hat der Entwurf nicht aufgestellt.[1]) Eine weitere Erstreckung von rechtlichen Eigenschaften der Hauptsache auf das Zubehör ist jedoch von anderen Gesetzen zu erwarten oder schon bestimmt, so vom Gesetz über die Zwangsvollstreckung in unbewegliches Vermögen die Unterwerfung des Zubehörs eines Grundstücks oder eines Schiffes unter jene (vergl. Entwurf von 1889, § 1), von den Landesgesetzen die Einbeziehung des Zubehörs in die Fideikommißqualität des Grundstücks u. s. w.[2])

Am Schluß des Abschnittes von den Sachen behandelt der Entwurf die **Früchte**. Er bestimmt sie in § 95 als die Erzeugnisse einer Sache und die sonstige Ausbeute, die aus derselben ihrer Bestimmung gemäß gewonnen wird, also theils nach einem organischen, theils nach einem wirthschaftlichen Merkmal. Auch die Erträge, welche ein Recht seiner Bestimmung gemäß gewährt, nennt er Früchte, in die er bei einem Recht auf Gewinnung von Bodenbestandtheilen diese letzteren ausdrücklich einschließt, so daß z. B. der Nießbrauch an einem Bergwerk nicht bloß, wie nach § 37 A. L. R. I, 21, die Nutzung der Ausbeute, sondern diese selbst gewährt. Auch unterscheidet er, wie herkömmlich, von den natürlichen Früchten solche, die vermöge eines Rechtsverhältnisses von einer Sache oder einem Recht gewonnen worden, d. h. **juristische** oder Zivilfrüchte. Der Entwurf folgt also noch nicht einer neueren mit Geist und Scharfsinn entwickelten Lehre[3]), welche die Früchte nicht als eine be-

---

[1]) Nach dem Entwurf § 910 würden z. B. zwar mit einem Landgut auch die dazu gehörigen Viehstücke, selbst wenn sie bei einem Dritten eingestellt sind, in das Eigenthum des Erwerbers übergehen. Dagegen bekäme derjenige, dem ein eiserner Geldschrank geschenkt, aber nicht zugleich der Schlüssel mit übergeben wird, auf den letzteren keinen Anspruch, weder Eigenthum, noch Forderung. In der bisherigen Praxis ist umgekehrt sogar die Schenkung eines Werthpapiers auf den Zinsscheinbogen mit erstreckt worden (Seuffert, Archiv Bd. 32 Nr. 179).

[2]) Das Preußische Gesetz vom 13. August 1895 hat auch Privateisenbahnen zusammen mit den dem Bahnunternehmen gewidmeten Vermögenswerthen für eine Einheit (Bahneinheit) und für einen Gegenstand der Zwangsvollstreckung in unbewegliches Vermögen erklärt.

[3]) Von Petrazycki, die „Lehre vom Einkommen" Bd. I, Berlin 1893. Zustimmend Dernburg Pandekten 4. Aufl. Bd. I § 78.

stimmte Art von Sachen, als einen objektiven Begriff fassen will, sondern im Sinne eines subjektiven Verhältnisses zwischen einer Person und wirthschaftlichen Gütern, als das periodisch wiederkehrende Einkommen einer gegebenen Person aus ihrem Vermögen. Diese Lehre beruht auf der treffenden Beobachtung, daß eine und dieselbe Sache für den ersten Perzipienten (z. B. den Pächter) Frucht, für dessen Rechtsnachfolger (z. B. seinen Käufer) Substanz oder Kapital sein kann, und daß die Fruchteigenschaft einer Sache daher keine absolute, sondern eine relative ist, die aus der Beziehung der Sache zum Nutzungsrecht einer Person entspringt. Aber andererseits läßt sich der Umfang der Nutzungsrechte an einer Sache und gewisser Ersatzpflichten doch nur begrenzen mit Hilfe eines objektiven Fruchtbegriffs. Auch können natürliche Früchte und rechtsgeschäftliche Erträgnisse nicht in dem Begriffe „Einkommen" gleichmäßig aufgehen, sondern müssen mit Rücksicht auf die Ungleichheit ihres Erwerbes unterschieden werden. So ist denn doch auch im Sachenrecht eine Bestimmung der Früchte als der Hauptgegenstände, welche dem Nutzungsberechtigten gebühren, nicht zu entbehren.

Von besonderer Wichtigkeit ist nun die **Vertheilung** der Früchte in Fällen, wo im Laufe einer Fruchtperiode die Person des Fruchtberechtigten wechselt, z. B. beim Uebergang des Eigenthums an einem Landgut, beim Beginn oder Ende eines Nießbrauchs. Das Römische Recht sieht bekanntlich einfach darauf, ob im Augenblick des Wechsels die Früchte bereits getrennt und dem bisher Berechtigten erworben sind. Soweit dies der Fall ist, verbleiben sie ihm durchaus; so weit es nicht zutrifft, gebühren sie dem nunmehr Fruchtberechtigten, so daß sehr leicht der Besteller der Frucht leer ausgehen, und ein Fruchtrecht, welches nur drei Monate im Jahre besteht, viel reicheren Ertrag geben kann, als das andere von neunmonatlicher Dauer. Nur bei Rückgabe der dos nach Auflösung der Ehe werden die Früchte des laufenden Wirthschaftsjahres zwischen dem Ehemann und dem Rückfallsberechtigten nach Verhältniß der Dauer ihrer Fruchtrechte getheilt, wohl um deswillen, weil bei den Römern jeder Ehegatte es in der Hand hatte, durch Ehescheidung das Dotalverhältniß zu der ihm beliebigen Zeit aufzuheben[1]).

Das Deutsche Recht läßt dagegen den Nutzungsberechtigten bereits mit seiner Bestellung der Früchte ein dingliches Aneignungsrecht auf dieselben als „verdientes Gut" erwerben („wer säet, der mäht"), und demgemäß, wenn zwei Berechtigte je einen Theil der Bestellungskosten aufgewendet haben, eine Fruchttheilung unter ihnen nach Verhältniß

[1]) Dies ist überzeugend dargethan von Petrazycki, die „Fruchtvertheilung beim Wechsel des Nutzungsberechtigten" Berlin 1892.

ihrer Verwendungen zum Ertrage eintreten. Diesem Vorbild folgt besonders das Sächsische Gesetzbuch, und auch das Preuß. A. L. R. bringt wenigstens beim Abgange eines Nießbrauchers und eines redlichen Besitzers den Gesammtreinertrag des letzten Wirthschaftsjahrs nach Verhältniß der Dauer der beiden Fruchtrechte zur Vertheilung.

Eine solche Theilung erscheint ansprechend und billig. Aber die bisher gemachten gesetzgeberischen Versuche, sie genau zu regeln, haben praktisch zu vielen Schwierigkeiten, Härten und Prozessen geführt. Sollte auf jede Genußzeit von gleicher Dauer ein gleicher Fruchtertrag entfallen, so müßte, wie die Motive Bd. 3 S. 73 sagen, das Gesetz ein Normalwirthschaftsjahr einführen, innerhalb dessen die Früchte nach Verhältniß der Zeit vertheilt würden; hierzu sind jedoch die Verhältnisse in Deutschland zu verschieden. Auch der neuerdings gemachte Vorschlag[1]), die Theilung auf periodische, aber ungleichmäßig fließende Einkünfte zu beschränken, hat sich noch keine Anerkennung errungen. Deshalb kehrt der Entwurf bei natürlichen Früchten (Erzeugnissen und bestimmungsmäßig zu gewinnenden Bestandtheilen) zum Römischen Recht zurück und giebt dieselben in § 97 Nr. 1 Demjenigen, der zur Zeit ihrer Trennung das Fruchtrecht hatte; vergl. §§ 937—941. Bei juristischen Früchten dagegen stellt der Entwurf in § 97 Nr. 2 zwar zunächst an die Stelle der Trennung die Fälligkeit; aber bei den allermeisten und wichtigsten Zivilfrüchten durchbricht er diese Regel sofort durch Anordnung einer Theilung derselben unter die beiden Berechtigten nach Verhältniß der Dauer ihres Rechts. So bei allen Früchten, die in einer Vergütung für Ueberlassung des Gebrauchs oder Fruchtgenusses bestehen (z. B. Mieths- und Pachtgeldern), ferner bei Zinsen, Gewinnantheilen und anderen regelmäßig wiederkehrenden Erträgen. Wenn also z. B. ein verpachtetes Grundstück in der Mitte des Pachtjahrs vom Verpächter und Erblasser auf einen Nießbraucher übergeht, so bekommt der Erbe die eine Hälfte der Jahrespacht und der Nießbraucher die andere; ebenso gebührt, wenn an einer Aktie, deren Dividende am 1. April gezahlt wird, drei Monate vorher ein Nießbrauch begonnen hat, ein Viertel der Dividende dem Nießbraucher, drei Viertel dem Eigenthümer. Der Grund für diese Annahme der deutsch-rechtlichen Theilung liegt darin, daß dieselbe hier nach der Dauer der Berechtigungszeit ohne Schwierigkeit ausführbar ist. Daneben bleibt dann für die an die Spitze gestellte Vergebung der Zivilfrüchte nach Maßgabe ihrer Fälligkeit nur ein beschränktes Anwendungsgebiet übrig, z. B. der Fall des Nießbrauchs an

---

[1]) Petrazycki, „Fruchtvertheilung" S. 254 ff. Daselbst S. 230 ff. eine Kritik der neueren Gesetzbücher.

einem kaufmännischen Geschäft, dessen Einnahmen eben nicht regelmäßig wiederkehrende sind. Dem Fruchtberechtigten ist der gutgläubige Eigenbesitzer im Wesentlichen gleichgestellt §§ 939, 977.

Entsprechend der Gewinnung von Zivilfrüchten ist endlich im § 99 die Tragung der Lasten einer Sache oder eines Rechts geregelt, wenn in der Person des Verpflichteten ein Wechsel eintritt.

Die regelmäßig wiederkehrenden Lasten sind von jedem der beiden Verpflichteten nach dem Verhältniß der Dauer seiner Verpflichtung zu tragen (so z. B. Grundsteuern, Hypothekenzinsen, Feuerkassenbeiträge), andere dagegen (z. B. Einquartierung) von Demjenigen, in dessen Verpflichtungszeit sie fällig werden. Hiernach kann es freilich geschehen, daß in einem und demselben Falle die Lasten als regelmäßig wiederkehrende nach Zeitabschnitten vertheilt werden, und im Gegensatz dazu die Früchte, weil sie nicht regelmäßig wiederkehren, fast insgesammt nur einem der sich folgenden Berechtigten zufallen (z. B. bei einem Vergnügungsetablissement, das fast nur im Sommer besucht wird). Allein eine durchgehende Verbindung des Fruchtgewinns mit der Lastentragung würde sich überhaupt nur durch den allgemeinen Satz erreichen lassen, daß die Lasten einer Sache von Jedem nach Verhältniß des ihm gebührenden Antheils an den Früchten derselben zu tragen seien. Von der Aufstellung dieses Satzes aber hat der Entwurf wegen der in der Praxis damit verbundenen Weiterungen und Schwierigkeiten Abstand genommen (Mot. Bd. 3 S. 76). Uebrigens bleibt es natürlich den Parteien vorbehalten, über die Früchte oder Lasten etwas Besonderes festzusetzen, und in dem Falle des Nießbrauchs hat dies auch der Entwurf selbst (§§ 1028, 1030) gethan.

§ 5. Die Rechtsgeschäfte.[1])

Die Fähigkeit zur Vornahme von Rechtsgeschäften regelt der Entwurf hauptsächlich nach dem Muster des preußischen Gesetzes über die Geschäftsfähigkeit Minderjähriger vom 12. Juli 1875. Darnach redet der Entwurf auch nicht, wie in der Theorie des gemeinen Rechts üblich, von Handlungs-, sondern nur von Geschäftsfähigkeit (Buch I Abschn. 3 Tit. 1) und bei unerlaubten Handlungen (§ 812 ff.) von Verantwortlichkeit für Schaden. Ebenso übernimmt er die Sätze, daß ein Minder-

[1]) Dieser Lehre hat die inhaltreiche Arbeit von Zitelmann „Die Rechtsgeschäfte im Entwurf" (in den Beiträgen von Bekker und Fischer, Heft 7—10, Berlin 1889) mannigfachen Gewinn gebracht. Ueber die Handlungsfähigkeit der Minderjährigen nach dem Entwurf ausführlich auch Heinzerling im Archiv für prakt. R. W., dritte Folge, Bd. 6 S. 140 ff. (1895).

jähriger bis zur Vollendung des siebenten Lebensjahres (als Kind) völlig geschäftsunfähig ist (§ 100),[1]) von da an aber bis zur Volljährigkeit beschränkt geschäftsfähig, d. h. fähig zu solchen Willenserklärungen, die ihm lediglich einen rechtlichen Vortheil bringen, für alle andern an die Einwilligung seines gesetzlichen Vertreters gebunden (§§ 102, 103). Neu aber sind zwei Gruppen von Bestimmungen, welche die beschränkt geschäftsfähigen Minderjährigen betreffen und sich entsprechend an anderen Stellen des Entwurfs, namentlich bei Vertretern ohne Vertretungsmacht (§§ 173, 179) und bei Vormündern (§§ 1805—1808) wiederholen:

1. Ein Vertrag des Minderjährigen ohne die erforderliche Einwilligung seines gesetzlichen Vertreters ist zunächst davon abhängig, ob der Vertreter seine Genehmigung ertheilt oder verweigert (§ 104, 1). Bis zu dieser Entscheidung aber soll der andere Theil nicht mehr, wie nach bisherigem Recht, in allen Fällen, sondern nur dann gebunden sein (also das negotium als claudicans gelten), wenn er die Minderjährigkeit kannte und von dem Minderjährigen auch nicht durch die Vorspiegelung einer Einwilligung des Vertreters getäuscht war; in allen anderen Fällen ist er bis zur Genehmigung des Vertrags zum Widerruf berechtigt (§ 105). Diese dem Geschäftsgegner des Minderjährigen günstige Neuerung entspricht durchaus der Billigkeit. Andererseits — und über diesen Punkt hat die Kommission ihre Vorschläge wiederholt und noch bei der Revision geändert — kann die Genehmigung oder deren Verweigerung vom Vertreter zwar nicht bloß dem anderen Theil, sondern auch dem Minderjährigen gegenüber wirksam erklärt werden. Aber wenn der andere Theil eine direkte Erklärung an ihn selbst vom Vertreter fordert, so tritt damit die etwa schon vorher dem Minderjährigen erklärte Entscheidung des Vertreters wieder außer Kraft, und der Vertreter ist nur verpflichtet, sich nunmehr binnen zwei Wochen dem anderen Theil gegenüber zu erklären, widrigenfalls die Genehmigung als verweigert gilt (§ 104, 2). Die erklärte Genehmigung hat nach Maßgabe des § 180 rückwirkende Kraft. Diese eingehende Regelung begünstigt im Gegensatz zu der ersteren Neuerung den Minderjährigen und seinen Vertreter insofern, als dieser

[1]) Dernburg, Persönliche Rechtsstellung nach dem B. G. B. Berlin 1896 S. 11, will auch ein Kind Besitz und Eigenthum, insbesondere aus einer Schenkung erwerben lassen, ausgenommen, wenn es noch in dem Alter sei, in welchem es von Haben und Besitzen schlechthin nichts begreifen könne. Aber ein solches Abstellen der Entscheidung auf die individuelle Reife ist mißlicher, als eine feste Altersgrenze; und wenn das Geschenk um deswillen, weil das Kind es nicht erwerben kann, bis zur Einwilligung des gesetzlichen Vertreters im Eigenthum des Schenkers verbleibt, so ist das praktisch regelmäßig ohne Nachtheil.

darnach, auch wenn er seine Entscheidung dem Minderjährigen schon erklärt hatte, durch das Verlangen des anderen Theils nach einer direkten Erklärung an ihn eine neue Ueberlegungsfrist von zwei Wochen gewinnt, während der Gegner sein Recht aus der bereits getroffenen Entscheidung des Vertreters wieder verliert.

2. Ein einseitiges Geschäft des Minderjährigen — z. B. eine Kündigung oder Mahnung — ohne die erforderliche Einwilligung des Vertreters ist unwirksam. Aber — und das ist neu — auch wenn der Minderjährige dem anderen Theil gegenüber solche Einwilligung zu haben behauptet, so muß er dieselbe zugleich in schriftlicher Form vorlegen, und in Ermangelung einer solchen ist der andere Theil berechtigt, das Rechtsgeschäft unverzüglich zurückzuweisen, ausgenommen den Fall, daß der Vertreter ihn von der Einwilligung in Kenntniß gesetzt hatte. Auch dieser Satz verdient Billigung.

Aus jenem Preußischen Gesetz §§ 3, 6 übernommen und noch vermehrt ist auch die Erweiterung der Geschäftsfähigkeit des Minderjährigen, die daraus entspringt, daß der Vertreter ihn a. mit Genehmigung des Vormundschaftsgerichts[1]) zum selbständigen Betrieb eines Erwerbsgeschäfts (§ 108), oder b. zum Eintritt in Dienst oder Arbeit (§ 109) ermächtigt hat. Dadurch wird der Minderjährige für einen ganzen Kreis der durch solche Stellung erforderten Rechtsgeschäfte unbeschränkt geschäfts- und eben damit auch prozeßfähig.[2]) Diese Fähigkeit zur selbständigen Eingehung von Dienst- und Arbeitsverhältnissen hat von Seiten der Sozialisten heftige Angriffe erfahren. Insbesondere A. Menger[3]) erblickt in ihr eine Preisgebung des „körperlichen und sittlichen Wohles der Minderjährigen aus den besitzlosen Volksklassen“, da nicht einmal dann, wenn durch das Verhältniß die Gesundheit,

---

[1]) Gegen die Bindung des Vaters an die Genehmigung des Vormundschaftsgerichts Dernburg a. a. O. S. 8. Doch dem Vater, der gute Gründe hat für die Ermächtigung seines Sohnes zum selbständigen Geschäftsbetrieb oder für die Zurücknahme derselben, wird auch die Genehmigung des Vormundschaftsgerichts nicht fehlen. Oft aber will ein Vater aus egoistischen Motiven den Sohn in fremden Dienst schicken oder aus solchem abrufen, und dann ist der Zwang, jene Genehmigung einzuholen, recht zweckmäßig.

[2]) Das Preuß. Gesetz § 6 gestattet nur einen Generalkonsens des Vaters oder Vormunds, sodaß damit die Prozeßfähigkeit des Minderjährigen noch nicht gegeben ist. Ebenso Entwurf II § 87, 1 a. E. Bei der Revision ist der Generalkonsens in eine Erweiterung der Geschäftsfähigkeit umgewandelt worden.

[3]) Das Bürgerliche Recht und die besitzlosen Volksklassen Tüb. 1890 S. 70—73. Weitere Gegner des Entwurfs bei Heinzerling a. a. O. S. 374.

die Sittlichkeit oder der gute Ruf des Minderjährigen gefährdet werde, die sofortige Auflösung zu verlangen sei, und er fordert statt dessen umgekehrt die schärfste individuelle Kontrole solcher Verträge durch die Eltern, den Vormund und namentlich das Vormundschaftsgericht. Allein zunächst kann ja bei einer Gefährdung der erwähnten Art bereits nach § 617 das Dienstverhältniß ohne Einhaltung einer Kündigungsfrist jederzeit gekündigt werden. Sodann aber würde durch die verlangte Prüfung jedes Arbeits- und Dienstvertrags von Seiten des gesetzlichen Vertreters und des Vormundschaftsgerichts die freie ökonomische Bewegung jugendlicher Arbeiter wohl nicht bloß, wie Menger sagt, „einige Einschränkungen" erfahren, sondern in einem solchen Maße gehemmt oder geradezu aufgehoben werden, daß es für die Minderjährigen selbst noch weniger erträglich wäre, als für die Arbeitgeber und Dienstherren. Mit Recht hat man daher erwidert,[1] daß Mengers Vorschlag nicht bloß den oft geforderten Tropfen sozialen Oels, sondern geradezu ein Uebermaß von solchem auf den Entwurf ausgießen würde.

Innerhalb der Rechtsgeschäfte bestehen auch nach dem Entwurf die dem bisherigen Recht geläufigen Klassifikationen von einseitigen und zweiseitigen Rechtsgeschäften, von Rechtsgeschäften unter Lebenden und von Todeswegen, und von Vermögensgeschäften, welche die Angabe des Bestimmungsgrundes der Zuwendung erfordern, und solchen, die unabhängig von diesem wirken (kausale — abstrakte Geschäfte); der letzteren Art sind nach dem Entwurf z. B. das selbständige Schuldversprechen (§ 764) und das dingliche Geschäft (§§ 857, 913). Eigenthümlich aber ist dem Entwurf die Eintheilung der Willenserklärungen, je nachdem sie einem Andern gegenüber abgegeben werden müssen (§ 126) oder nicht. Für eine Reihe von Willenserklärungen schreibt der Entwurf die Richtung derselben an eine bestimmte Person, die sie empfangen haben muß, damit sie wirksam werden, ausdrücklich vor, so für die Anfechtung § 139, die Bevollmächtigung § 163, die Wahl bei einem Wahlschuldverhältniß § 256, den Rücktritt vom Vertrage § 343, die Aufrechnung § 382, den Widerruf der Schenkung § 525 u. a. m. Für eine Anzahl anderer ergiebt sich das Gleiche aus der Natur der Sache, z. B. für die Kündigung, die Mahnung, das Leistungsangebot (§ 287), die Anzeige einer Forderungsabtretung (§ 403) u. dergl. m. Für die Geschäfte dieser Art hat Zitelmann[2] den bezeichnenden Ausdruck „empfangsbedürftige Willenserklärungen" aufgebracht. Die praktische Bedeutung dieses Begriffs liegt darin, daß eine solche Willenserklärung unwirksam ist, wenn sie

[1] Jecklin in Rassows und Küntzels Beiträgen. Bd. 36 S. 87.

[2] A. a. O. Theil I S. 23.

gegenüber einer anderen als der bestimmten Person abgegeben wird, oder wenn der bestimmten Person bei Empfang der Erklärung die erforderliche Geschäftsfähigkeit fehlt (§ 127). Den Gegensatz bilden die „nicht empfangsbedürftigen" Willenserklärungen, wie z. B. die Auslobung § 644, der Erwerb und die Aufgebung des Besitzes §§ 838, 840, das Testament §§ 1913, 2039, die Annahme einer Erbschaft § 1919 u. s. w., bei denen ein Erklärungsgegner fehlen kann. Ueber den Werth dieser ganzen Unterscheidung ist verschieden geurtheilt worden. Mit Recht sieht Zitelmann in ihr einen entschiedenen und anzuerkennenden Fortschritt.

Zum Theil neu ist auch die Lehre von der **Unwirksamkeit** der Rechtsgeschäfte im Entwurf gestaltet. Derselbe stellt zunächst, wie das bisherige Recht, den giltigen Rechtsgeschäften die nichtigen gegenüber. Die Nichtigkeit kann jeder geltend machen, dessen Interesse durch die Giltigkeit des Geschäfts berührt werden würde, der Richter muß sie von Amtswegen berücksichtigen, und auch eine Bestätigung des nichtigen Geschäfts durch den, der es vorgenommen hatte, macht es nicht giltig, sondern ist als erneute Vornahme zu beurtheilen, also ohne rückwirkende Kraft § 137, 1; nur soll die Bestätigung eines nichtigen Vertrages durch die Parteien sie unter einander im Zweifel zur Gewährung desjenigen verpflichten, was sie bei Giltigkeit des Vertrages haben würden § 137, 2.

Zwischen dem giltigen und dem nichtigen Geschäft steht in der Mitte das **anfechtbare**, das zwar zunächst wie ein giltiges wirkt, dem aber eine bestimmte Person durch Anfechtung seine Wirkung zu entziehen berechtigt ist; Beispiele in §§ 115, 119. Während nun dieses Anfechtungsrecht nach den neueren Gesetzen, besonders nach R. K. O. §§ 22—34, meist nur den obligatorischen Inhalt hat, daß es den Gegner zur Rückgängigmachung der eingetretenen Rechtsfolgen verpflichtet, verleiht der Entwurf in § 138, 1 der Anfechtung, und zwar der bloßen Erklärung derselben an den Anfechtungsgegner, die Kraft, das angefochtene Geschäft in ein von Anfang an nichtiges umzuwandeln, so daß die bereits eingetretenen Wirkungen desselben rückwärts wieder aufgehoben werden. Diese Aufhebung findet auch nicht bloß unter den Parteien, sondern auch Dritten gegenüber statt, die in der Zwischenzeit auf Grund des anfechtbaren Geschäfts rechtliche Vortheile erlangt haben. Einer Gefährdung redlicher Dritter wird jedoch, wenigstens für die Hauptfälle vorgebeugt durch die Regeln über den öffentlichen Glauben von Grundbucheintragungen und zum Schutz derer, welche Rechte von einem Nichtberechtigten herleiten, (vergl. für den Erwerb von beweglichen Sachen und von Rechten an solchen §§ 916, 920, 1015, 1190, 1191, 1227), oder welche sich mit einem Vertreter ohne Vertretungsmacht eingelassen haben (§§ 168, 175). Doch genießt diesen Schutz derjenige Dritte nicht, welcher die Anfechtbarkeit kannte oder kennen mußte: denn er wird nach § 138, 2, wenn die Anfechtung erfolgt, so behandelt, als hätte er die Nichtigkeit des Geschäfts gekannt oder kennen müssen[1]). Nur der Schuldner, dessen Gläubiger die Abtretung der Forderung ihm angezeigt oder eine Urkunde über die Abtretung ausgestellt hat, kann mit dem (angeblichen) neuen Gläubiger ganz allgemein wirksame Geschäfte schließen, auch wenn die Abtretung nicht erfolgt oder nicht wirksam ist, ohne eine Ausnahme für den Fall, daß dem Schuldner dies bekannt war oder bekannt sein mußte, § 403[2]).

Das anfechtbare Geschäft wird zwar ebenso wenig, wie das nichtige, durch eine ihm beigefügte Vertragsstrafe wirksam § 338. Dagegen wird es durch eine nachträgliche Bestätigung von Seiten des Anfechtungsberechtigten unanfechtbar, und diese kann in beliebiger Form, also auch stillschweigend, z. B. durch Erfüllung, erfolgen § 140. Die Anfechtungserklärung, die ebenfalls keiner Form bedarf, ist gegenüber dem Anfechtungsgegner abzugeben und zwar ist dies nach § 139, 2—4 bei einem Vertrage der andere Theil, (ausnahmsweise im Falle arglistiger Täuschung der Dritte, der aus dem Vertrage unmittelbar ein Recht erworben hat, z. B. der durch den anfechtbaren Erlaß der Hauptschuld befreite Bürge); bei einem einseitigen empfangsbedürftigen Rechtsgeschäft ist es der Erklärungsempfänger, endlich bei einem einseitigen Rechtsgeschäft anderer Art jeder, der auf Grund desselben unmittelbar einen rechtlichen

---

[1]) Der § 138, 2 ist im Gegensatz zu Entwurf I und Motiven Bd. 1 S. 220 unter Verallgemeinerung eines zuerst nur bei der Einlassung mit einem anfechtbar Bevollmächtigten durchgedrungenen Satzes (Entw. II § 147, Prot. S. 334) erst nachträglich (Prot. S. 3714) in den Entwurf II als § 113 Abs. 2 aufgenommen worden.

[2]) Diese Befugniß des Schuldners geht sehr weit. Darnach kann er, wenn in seiner Gegenwart ein Dritter dem Gläubiger eine Abtretungsurkunde durch Drohungen abgenöthigt hat, an jenen Dritten sofort mit befreiender Wirkung zahlen! Entwurf I § 306, 2, machte wenigstens für den Fall, daß die beurkundete Abtretung nichtig, und dem Schuldner dies bekannt war, eine Ausnahme. Die Kommission II hat aber auch diese gestrichen, offenbar um dem Schuldner die Einrede, daß die Abtretung ein Scheingeschäft sei, abzuschneiden. Andererseits hat sie doch nicht die gleiche Befugniß, wie bei der Abtretung, dem Schuldner auch bei einer ihm angezeigten oder beurkundeten Bevollmächtigung beigelegt; hier wird der Schuldner, der um die Anfechtbarkeit der Vollmacht weiß oder wissen muß, durch Zahlung an den Bevollmächtigten nach § 138, 2 nicht befreit; er wird also, statt zu zahlen, hinterlegen müssen.

Vortheil erlangt hat[1]). Hiernach kann gegenüber einem Sondernachfolger des bestimmten Gegners die Anfechtung zwar nicht, wie nach K. O. § 33, vorgenommen, wohl aber die Wirkung der vorgenommenen rechtlich verfolgt werden. Eine Frist, binnen deren die Anfechtung zu geschehen hat, ist nicht allgemein, sondern nur für die einzelnen Fälle in verschiedener Weise bestimmt, vergl. z. B. §§ 117, 120, 312, 2[2]).

In der so beschriebenen Gestalt stellt sich die Anfechtbarkeit als eine Erscheinung dar, welche in der bisherigen Theorie vielfach als relative Nichtigkeit bezeichnet wird. Doch kennt der Entwurf noch eine andere Anwendung dieses Begriffes, die er dahin bestimmt, daß ein Geschäft „nur gewissen Personen gegenüber" oder nur insoweit, als es eine gewisse Anwartschaft einer bestimmten Person beeinträchtigen würde, — also eben relativ — unwirksam ist (§§ 131, 132, 157).[3]) Diese Beschränkung der Unwirksamkeit ist im Entwurf nicht immer ausdrücklich festgesetzt, sondern stellenweise nur durch Auslegung zu ermitteln (§§ 313, 718). In allen derartigen Fällen bedarf es nicht, wie bei der Anfechtbarkeit, eines in gewisser Frist an einen bestimmten Gegner zu richtenden Einspruchs gegen die Geltung des Geschäfts, sondern die Wirkung des letzteren ist kraft Gesetzes von Anfang an nach einer bestimmten (subjektiven) Richtung, aber auch nur nach dieser hin, ausgeschlossen. Zur Bezeichnung dieser Erscheinung bietet sich der Ausdruck „relative Unwirksamkeit" dar.

Endlich aber braucht der Entwurf die Ausdrücke „unwirksam", „nicht wirksam" u. dergl. m. auch noch in solchen Fällen, wo ein Erforderniß der Giltigkeit des Geschäfts zwar einstweilen unerfüllt, aber noch nachträglich zu erfüllen ist, so daß dadurch das Geschäft giltig wird (vergl. z. B. §§ 104, 107, Satz 2, 170; 181, 2; 302; 313;

---

[1]) Wenn dies bei mehreren zutrifft, z. B. im Falle der erpreßten Vernichtung eines Wechsels, wird die Anfechtung nicht bloß, wie die Motive Bd. 1 S. 221 meinen, gegenüber einem mit Wirkung gegen alle, sondern gegenüber jedem besonders vorzunehmen sein. Rassow u. Küntzel Beitr. Bd. 36 S. 411.

[2]) Besonderes gilt vielfach für die Nichtigkeit und Anfechtbarkeit familienrechtlicher und erbrechtlicher Geschäfte, namentlich der Ehe, §§ 1306 ff. Darüber Leonhard im „Archiv f. bürgerl. Recht" Bd. 10 S. 8 ff.

[3]) Die K. O. § 6 nennt die nach der Eröffnung des Verfahrens vorgenommenen Rechtshandlungen des Gemeinschuldners „den Konkursgläubigern gegenüber nichtig." Gegen diese Bezeichnung, wie gegen die „relative Nichtigkeit" überhaupt neuestens wieder Regelsberger, Pand. I, § 174, S. 635. Doch benutzt er selbst diesen Begriff S. 525, 526.

452, 1; 1807). Die Unwirksamkeit solcher noch unvollendeten Geschäfte kann man als „einstweilige" oder „schwebende" bezeichnen.

Zur Zusammenfassung aller der Giltigkeit gegenüberstehenden Erscheinungen verwendet der Entwurf nicht mehr, wie der Entwurf I, das Wort „Ungiltigkeit" (wohl um deswillen, weil das anfechtbare Geschäft ja zunächst Geltung hat, und nur deren Fortdauer in Frage steht), sondern das Wort „Unwirksamkeit". Hiernach kann man diese als den Gattungsbegriff fassen und als Unterarten derselben unterscheiden die „völlige Unwirksamkeit" (d. h. die Nichtigkeit) und die „beschränkte", welche dann weiter zerfällt in die Anfechtbarkeit, die relative und die einstweilige (oder schwebende) Unwirksamkeit. Welche Art Unwirksamkeit im einzelnen Falle vom Entwurf gewollt ist, muß durch Auslegung gefunden werden.[1])

Die Unwirksamkeit der Geschäfte kommt besonders in Frage beim Vorhandensein von Willensmängeln. Hier bekämpfen sich auf dem Boden des gemeinen Rechts bekanntlich die Willenstheorie, die das Erklärte grundsätzlich nur gelten läßt, wenn und weil es wirklich gewollt ist, und die Erklärungs- (oder Vertrauens-) Theorie, welche die abgegebene Erklärung, sobald sie nur ihrem Urheber zuzurechnen ist, ohne Rücksicht auf den wirklichen Willen giltig und für den Inhalt des Geschäfts maßgebend sein lassen will. Bei einer Differenz zwischen Willen und Erklärung führt die erstere Theorie praktisch zu einer Begünstigung des Urhebers der Erklärung, die zweite zu einer Begünstigung des Erklärungsempfängers. Eben darum sind in neuerer Zeit Mittelmeinungen mit allerlei Unterscheidungen aufgestellt worden, und Bekker hat sich dahin ausgesprochen, daß wir uns einstweilen genügen lassen müssen, die ganze Lehre lediglich in das Gebiet der bona fides zu verweisen,[2]) was aber doch nur als Nothbehelf gebilligt werden könnte. Der Entwurf I beruhte noch ganz auf der Willenstheorie und milderte deren Härten nur durch einzelne künstlich ersonnene Sätze. Der Entwurf II dagegen hat das Problem mit Recht als ein rein praktisches erfaßt,[3]) daher keine Theorie einseitig durchgeführt und zwar den Willen des Erklärenden als das Hauptmoment berücksichtigt, aber doch auch dem

---

[1]) Wenn z. B. in § 107 das einseitige Rechtsgeschäft, das ein Minderjähriger ohne die erforderliche Einwilligung des gesetzlichen Vertreters vornimmt, für „unwirksam" erklärt wird, so kann dies nichts Anderes heißen, als „nichtig", wie Endemann S. 71 Anm. 13 mit Recht bemerkt.

[2]) Bekker Pandekten II S. 63.

[3]) Auf diese Behandlung hat schon Dernburg Pandekten I § 101 mit Recht hingewiesen; ebenso der ungenannte Verfasser der geistreichen Schrift „die Provisionsansprüche", Berlin 1895 S. 102.

deutschrechtlichen Gedanken, daß eine Erklärung über den Willen ihres Urhebers hinaus wirken könne, erhebliche Zugeständnisse gemacht. Uebrigens hat er neben den allgemeinen Regeln noch gewisse besondere Vorschriften über die Willensmängel bei der Eheschließung und bei letztwilligen Verfügungen aufgestellt.

I. Die erste, wenn auch minder wichtige Gruppe von Fällen bilden die der absichtlichen Nichtübereinstimmung von Wille und Erklärung. Hier bleibt die letztere grundsätzlich nichtig; so

a) wenn sie mit dem Einverständniß des anderen Theils, dem gegenüber sie abzugeben war, nur zum Schein abgegeben ist, § 113, 1 (sog. zweiseitige Simulation), z. B. bei der verabredeten Scheinveräußerung zu dem Zweck, um die Sache dem Zugriff der Gläubiger zu entziehen;

b) wenn der Urheber einer nicht ernstlich gemeinten Willenserklärung dabei auch nur seinerseits die Erwartung hegte, der Mangel der Ernstlichkeit werde nicht verkannt werden, § 114, z. B. beim Scherz, bei der Erklärung zu Lehrzwecken, bei der bloßen Redensart und der vermeintlich für den Gegner erkennbaren Simulation.

Dritten, die auf die Giltigkeit der Erklärung vertraut haben und durch die Nichtigkeit derselben mit Schaden bedroht sind, giebt der Entwurf im Allgemeinen und grundsätzlich einen Anspruch (sei es auf Aufrechthaltung des Geschäfts, sei es auf Schadensersatz) nicht. Doch greifen auch hier in den Hauptfällen die schon oben S. 39—40 bei der Anfechtung erwähnten Regeln helfend ein. Außerdem ist wenigstens in dem Falle zu b., wenn Jemand auf die Giltigkeit der (nicht ernstlich gemeinten) Erklärung vertraut und dadurch Schaden erlitten hat, nach § 118 der Erklärende zum Ersatz desselben (des sog. negativen Interesse) verpflichtet, und zwar bei empfangsbedürftigen Erklärungen dem Empfänger, bei anderen jedem Dritten gegenüber. Diese Ersatzpflicht ist durch ein Verschulden des Erklärenden (culpa in contrahendo) nicht bedingt, wohl aber ausgeschlossen demjenigen gegenüber, der seinerseits den Nichtigkeitsgrund kannte oder in Folge von Fahrlässigkeit nicht kannte (= kennen mußte), § 118, 2; auch umfaßt sie keinesfalls mehr als das (positive) Interesse, welches der Beschädigte an der Giltigkeit der Erklärung hatte,[1]) § 118, 1 a. E. Dagegen macht der Entwurf

[1]) Wenn z. B. A. auf die höfliche Redensart des B.: „Sie haben bei mir Kredit bis 1000 ℳ“ vertrauend den ihm von C. angebotenen Kredit bis 2000 ℳ abgelehnt hat, so kann er von B. keinesfalls mehr als Kredit bis 1000 ℳ verlangen. Uebrigens ist die Fassung des § 118, 1 gewählt, und der sonst übliche Ausdruck „Erfüllungsinteresse“ vermieden worden, um auch Rechtsgeschäfte ohne Leistungsversprechen mit zu umfassen, z. B. einen Erlaß.

c) für einen dritten Fall dieser Gruppe, wie auch schon die bisherigen Vertheidiger der Willenstheorie, eine Ausnahme von der Nichtigkeit: nämlich für den Fall, wo der Erklärende sich insgeheim vorbehält, das Erklärte nicht zu wollen, (sog. Mentalreservation). Die Ausnahme fällt aber wieder fort, und es bleibt bei der Nichtigkeit, wenn die Erklärung einem anderen gegenüber abzugeben, und diesem der Vorbehalt bekannt, also seine Täuschung ausgeschlossen war.

II. Die andere und praktisch bedeutsamste Gruppe umfaßt die Fälle, in denen die Erklärung wider die Absicht ihres Urhebers zufolge Irrthums, seinem Willen nicht entspricht. Dahin gehört es

a) wenn Gegenstand des Irrthums nur der Inhalt der abgegebenen Erklärung ist, der Handelnde also den Erklärungsakt, wie gewollt, vollzieht, aber Sinn und Bedeutung desselben (den Erklärungswerth) verkennt (error in iudicando), z. B. eine Urkunde unterschreibt oder eine Frage bejaht, die einen anderen Inhalt haben, als er meint; ferner

b) wenn Gegenstand des Irrthums das eigene Thun ist, also der Handelnde einen Erklärungsakt vollzieht, den er nicht wollte (error in faciendo), z. B. sich verspricht oder verschreibt, endlich

c) wenn eine Erklärung unrichtig übermittelt wird durch die dazu verwendete Person oder Anstalt.

Der Entwurf I §§ 98—101 behandelte nun ohne klare Begrenzung der Fälle jede Willenserklärung, bei welcher die Nichtübereinstimmung des wirklichen Willens mit dem erklärten auf einem Irrthum des Urhebers beruhe, als nichtig, vorausgesetzt, daß (nach dem subjektiven Standpunkt des Irrenden) anzunehmen sei, er würde bei Kenntniß der Sachlage die Erklärung nicht abgegeben haben; bloß bei grober Fahrlässigkeit des Irrenden sollte die Willenserklärung giltig sein, bei leichter Fahrlässigkeit aber derselbe dem Empfänger auf Schadensersatz (das negative Interesse) haften. Diese Regelung war in mehr als einer Beziehung unhaltbar. Es lag darin ein übertriebener Subjektivismus, insofern es bloß darauf ankommen sollte, ob für den Irrenden der Irrthum ein wesentlicher war; es war ferner die Unterscheidung von grober und leichter Fahrlässigkeit und Schuldlosigkeit praktisch schwer durchführbar[1]),

---

[1]) Treffend erläutert dies Bähr (Krit. Viertelj. Schr. Bd. 30 S. 336) an dem Falle aus Seuffert's Archiv Bd. 29 Nr. 215, wo jemand einen für einen Dritten bestimmten Bürgschaftsschein mit einer, wie er behauptete, falsch eingezeichneten Summe um deswillen unterschrieben hatte, weil er ihn ohne Brille nicht hatte lesen können. Soll hier, je nachdem er die Brille bei sich trug oder aus Versehen verlegt oder durch Unglücksfall verloren hatte, grobe, bezw. leichte, bezw. gar keine Fahrlässigkeit angenommen und also ganz verschieden geurtheilt werden?

und endlich auch die Nichtigkeit als Rechtsfolge des (nicht auf grober Fahrlässigkeit beruhenden) Irrthums allzu weitgreifend.

Unter Vermeidung dieser Fehler hat der Entwurf II die Lehre neu mittelst folgender drei Sätze geordnet:

1. Er faßt die obigen drei Fälle des Irrthums mit bestimmter Begrenzung derselben unter einer Regel zusammen, und zwar in § 115, 1 mit den Worten: „Wer bei der Abgabe einer Willenserklärung über deren Inhalt ein Irrthum war oder eine Erklärung dieses Inhalts überhaupt nicht abgeben wollte," — die Fälle zu a) und b), in § 116 den Fall zu c). Die Worte: „wer eine Erklärung dieses Inhalts überhaupt nicht abgeben wollte" würden freilich deutlicher sein[1]), wenn sie lauteten: „wer eine Erklärung in der Gestalt, in der er sie abgegeben hat, überhaupt nicht abgeben wollte", da dem gemeinten Falle das Mißverhältniß des Willens zur Erklärungshandlung selbst und nicht zu ihrem Inhalt eigenthümlich ist. Allein nach der Entstehungsgeschichte[2]) und dem Zusammenhang ist die Beziehung der Worte unzweifelhaft. Der Entwurf fügt aber zugleich in § 115, 2 hinzu, daß als Irrthum über den Inhalt der Erklärung auch der Irrthum über eine solche Eigenschaft der Person oder der Sache gelten soll, welche im Verkehr als wesentlich angesehen wird[3]), d. h. deren Nichtvorhandensein die Person oder Sache für den Verkehr zu einer anderen macht, als sie es mit jener Eigenschaft sein würde.

2. Ein Irrthum von einer der drei bezeichneten Arten soll ohne Rücksicht darauf, ob er entschuldbar ist oder nicht, jedoch nur dann Berücksichtigung finden, wenn anzunehmen ist, daß der Erklärende bei Kenntniß der Sachlage und bei verständiger Würdigung

---

[1]) Hölder a. a. O. S. 35 hält darum die beiden in § 115, 1 unterschiedenen Fälle für identisch.

[2]) Vergl. Jecklin in Rassow's und Küntzels Beitr. Bd. 36 S. 238. Der von der Kommission angenommene Antrag lautete ursprünglich: „Wer . . . die Erklärung überhaupt nicht abgeben wollte" (Prot. S. 214, 225—227). Denselben hat die Redaktionskommission nachträglich nach dem Muster eines anderen (Prot. S. 218—219) durch Veränderung in die Worte: „eine Erklärung dieses Inhalts" verundeutlicht.

[3]) Dieser nach Savigny System Bd. 4 S. 283 gebildete Ausdruck will offenbar der Lehre mancher entgegentreten, daß ein Irrthum über Eigenschaften der Person oder Sache höchstens ein Irrthum im Beweggrund und darum unerheblich sei; vergl. Prot. S. 278. Nach dem Entwurf kann eben der error in qualitate involvere errorem in persona vel in corpore, also dem Identitätsirrthum gleichstehen, so namentlich bei Waaren, wenn er Eigenschaften betrifft, die „Klassifikationsfaktoren" sind.

des Falles die Erklärung nicht abgegeben haben würde (§ 115, 1). Es soll also nicht bloß auf die subjektive Anschauung des Erklärenden und darauf ankommen, ob ihm der Punkt, in dem er irrte, als wesentlich erschien, aber andererseits auch nicht bloß auf die objektive Würdigung dieses Punktes durch die Verkehrsanschauung, sondern die Bedingtheit der Erklärung durch den Irrthum muß sowohl vom Standpunkt ihres Urhebers, als von dem eines verständigen Beurtheilers aus gesehen, vorliegen. Durch dieses Erforderniß ist der Kreis der geltend zu machenden Irrthümer erheblich enger gezogen, als nach den meisten Gesetzbüchern.[1])

3. Die Folge eines den angegebenen Voraussetzungen entsprechenden Irrthums ist nach § 115, 1 niemals ohne weiteres Nichtigkeit, sondern nur Befugniß des Irrenden zur Anfechtung, eine Abweichung von der Willenstheorie, wie sie sich auch schon im Preuß. und Franzöf. Recht findet.[2]) Daher kann nicht auch der Gegner des Irrenden sich auf dessen Irrthum berufen gegenüber einer Erklärung, die er selbst für giltig hielt, und bei welcher der Irrende stehen bleiben will. Andererseits muß der Irrende die Anfechtung unverzüglich, d. h. ohne schuldhaftes Zögern nach erlangter Kenntniß von dem Anfechtungsgrunde erklären (§ 117), widrigenfalls sein Anfechtungsrecht erlischt. Dadurch wird dem Irrenden verwehrt, unter Zurückhaltung seiner Entscheidung auf Gefahr des Gegners zu spekuliren. Außerdem haftet er im Falle der Anfechtung, ebenso wie der Urheber einer nicht ernstlich gemeinten Willenserklärung, bei empfangsbedürftigen Willenserklärungen dem Empfänger, bei anderen jedem Dritten, für den Schaden, den dieser dadurch erleidet, daß er auf die Giltigkeit der Erklärung vertraut hat, also für das negative Interesse, jedoch nicht über den Betrag des positiven hinaus (§ 118, 1). Auch hier wird zwischen entschuldbarem und unentschuldbarem Irrthum nicht unterschieden. Nur dann fällt diese Schadensersatzpflicht weg, wenn der auf die Erklärung Vertrauende den Anfechtungsgrund kannte oder kennen mußte, und in dem Falle einer unrichtig übermittelten Erklärung

---

[1]) Nach Endemann S. 83 soll im Gegensatz zu der Vereinigung des subjektiven und objektiven Maßstabes in so weit, als es sich um Eigenschaften einer Person oder Sache handelt, ausschließlich die objektive Verkehrsanschauung maßgebend sein. Dies ist unrichtig. Nach § 115, 2 gilt ein Irrthum über die Eigenschaft, die im Verkehr als wesentlich angesehen wird, als Irrthum über den Inhalt der Erklärung. Aber ein solcher bildet ja doch nur dann einen Anfechtungsgrund, wenn er sowohl vom subjektiven als vom objektiven Standpunkt aus als erheblich erscheint.

[2]) Für diese Behandlung des Irrthums ist namentlich Unger mit trefflicher Begründung eingetreten in Grünhut's Zeitschr. f. Priv. u. öff. R. Bd. 15 S. 673 ff.

(§ 116) auch dann, wenn der Grund der Irrung höhere Gewalt war (§ 118, 2). Endlich mit Ablauf von dreißig Jahren seit Abgabe der Willenserklärung ist die Anfechtung schlechthin ausgeschlossen (§ 117, 2).

Zur Erläuterung für die so gegebene Bestimmung der Anfechtbarkeit wegen Irrthums mögen einige Beispiele dienen.[1])

1. A. hat eine Sache für 1000 feil, die in Wahrheit viel weniger werth ist. Er findet einen kauflustigen X., der dafür noch mehr als 1000 zahlen will, beschließt, demselben 1500 abzufordern, schreibt ihm aber aus Versehen als Preis 1300, worauf X. zustimmend antwortet. Da inzwischen die Waare im Preise stark gestiegen ist, will A. den Verkauf anfechten, weil er eine Erklärung des Inhaltes, wie er sie abgegeben, nicht habe abgeben wollen. Dazu ist er nicht berechtigt. Denn es trifft zwar zu, daß er bei Kenntniß der Sachlage seine Preisforderung von 1300 nicht gestellt haben würde, aber nicht auch, daß er es bei verständiger Würdigung des Falles nicht gethan hätte, da der Preis von 1300 bereits über den damaligen Sachwerth und sein eigenes ursprüngliches Verlangen weit hinausging.

2. Ein fanatischer Antisemit kauft bei einem Juden, ohne ihn als solchen zu kennen, oder ein abergläubischer Mensch miethet in einem Hause, ohne zu wissen, daß dies die Nummer 13 hat.[2]) Hier liegt ein Irrthum über eine solche Eigenschaft des Gegners, beziehungsweise der Sache vor, bei deren Kenntniß der Irrende seine Vertragserklärung nicht abgegeben haben würde. Aber die Anfechtung ist ausgeschlossen, weil man nicht sagen kann, daß die Eigenschaft, über die er irrte, im Verkehr als wesentlich angesehen wird.

In beiden Fällen zu 1 und 2 fehlt also zwar nicht die subjektive, wohl aber die objektive Erheblichkeit des Irrthums. Umgekehrt steht es in den folgenden zwei Beispielen.

3. A., welcher Geld braucht, will 5000 Stück hochfeine Cigarren um jeden Preis losschlagen. X. bietet ihm nun brieflich für 5000 Stück den Preis von nur 100 Mark pro mille, und A., welcher in dem Offertbriefe statt 5000 aus Versehen 3000 Stück gelesen hat, erklärt sofort kurzweg die Annahme des ihm gemachten Gebots, zugleich bedauernd, daß X. ihm nicht noch weitere 2000 Stück, die er auf Lager habe, zum gleichen Preis abnehmen wolle. Demnächst ergiebt sich der Irrthum, und da inzwischen A.'s Geldbedürfniß gehoben ist, will er den Verkauf

[1]) Andere Beispiele zur Veranschaulichung der Unterschiede zwischen dem Preußischen Landrecht und dem künftigen Reichsrecht in der Irrthumslehre giebt Burchardt in Rassow's u. Küntzel's Beiträgen Bd. 39 S. 14—42.

[2]) Dies Beispiel entlehne ich von Hölder a. a. O. S. 38.

in Höhe von 2000 Stück Cigarren anfechten, weil er über den Inhalt seiner auf 5000 Stück lautenden Annahmeerklärung im Irrthum gewesen sei. Ist er dazu berechtigt? Nein. Denn obwohl eine verständige Würdigung des Falls dazu hätte führen müssen, die 2000 Stück Cigarren nicht für 200 Mark zu verschleudern, so trifft es doch nicht auch zu, daß A. seinerseits bei Kenntniß der Sachlage die Annahme des Kaufangebots über 5000 Stück nicht erklärt haben würde.

4. A. kauft ein silbernes, vermeintlich antikes Kunstwerk, aber nur als altes Silber zum Einschmelzen, indem er den Silberwerth überschätzt, für mehr, als dieser beträgt. Nachträglich entdeckt er, daß das Stück keine Antike, sondern eine moderne Nachbildung ist. Dann kann er den Kauf wegen Irrthums über diese Eigenschaft der Sache nicht anfechten. Denn zwar wird im Verkehr die Eigenschaft als Antike für wesentlich angesehen, aber es trifft nicht zu, daß A. bei Kenntniß der Sachlage als Preis den Silberwerth, wie er ihn schätzte, nicht bewilligt haben würde.

Beurtheilt man die vom Entwurf getroffene Regelung der Irrthumsfrage, so verdient es Beifall, daß er die Erheblichkeit des Irrthums nicht bloß vom subjektiven, sondern auch vom objektiven Standpunkt aus fordert, daß er das Recht zur Geltendmachung des Irrthums von der Entschuldbarkeit des Irrthums unabhängig macht, aber ebenso auch die Schadensersatzpflicht des Irrenden von der Unentschuldbarkeit seines Irrthums, endlich daß er die Rechtsfolge des Irrthums nicht als Nichtigkeit, sondern als Anfechtbarkeit bestimmt[1]).

Aber freilich bleiben auch gewisse Bedenken übrig. Das erste liegt, wie schon Strohal hervorgehoben hat[2]), in der Strenge, daß der Irrende sein Anfechtungsrecht nach dem Texte des Entwurfs ausnahmslos verliert, wenn er es nach erlangter Kenntniß von dem Anfechtungsgrunde nicht unverzüglich, d. h. ohne schuldhaftes Zögern, ausübt. Soll dies auch dann gelten, wenn er annehmen durfte, daß sein Irrthum als solcher vom Gegner erkannt sei, ja sogar dann, wenn letzteres thatsächlich der Fall war? Das kann zweifelhaft sein.

Ich habe z. B. eine Anzahl Bücher einem Kollegen für den Preis von 1600 Mark angeboten, er hat nur 1400 Mark geben wollen. Am dritten Tage will ich ihm schreiben, daß ich ihm die Bücher nun für 1400 Mark überlasse, schreibe aber aus Versehen „für 400" und füge hinzu, einer Annahmeerklärung an mich bedürfe es nicht. Beim Eintreffen des Briefs ist der Adressat verreist, sein Stellvertreter erklärt

---

1) Mit dieser prinzipiellen Grundlage erklärt sich einverstanden auch Strohal in den „Jahrb. f. Dogm." Bd. 34. S. 357. Gegen das Fallenlassen des Erfordernisses der Entschuldbarkeit des Irrthums Hölder a. a. O. S. 38.

2) In den „Jahrb. f. Dogm." Bd. 34 S. 359—360.

aber in Gegenwart von Zeugen die Annahme meines Angebots über 400. Nach Entdeckung meines Irrthums (etwa durch Einsicht meines Briefkopirbuchs) verzögere ich die Anfechtung eine Zeit lang, weil ich glaube annehmen zu dürfen, daß mein Kollege meinen nicht auf 400, sondern auf 1400 gerichteten Willen doch wohl richtig verstanden haben werde. Kann der Kollege dann meine Anfechtung als verspätet zurückweisen? Hier ist dem Irrenden allenfalls noch damit zu helfen, daß sein Zögern kein schuldhaftes gewesen, und darum die Bedingung für das Erlöschen seines Anfechtungsrechts noch nicht eingetreten sei.

Aber wie, wenn der Gegner den Irrthum thatsächlich erkannt hatte, und der Irrende, ohne dies zu wissen, also schuldhaft, die Anfechtung verzögert? z. B. in folgendem Fall. Ich habe meine Bücher zwei Antiquaren zu 1600 Mark angeboten, Jeder hat nur 1400 geben wollen. Jetzt biete ich sie einem Dritten an, und zwar statt wieder, wie ich wollte, für 1600, durch Schreibfehler für 600, und der Dritte, der um meine früheren Angebote zu 1600 zufällig wußte, nimmt mein jetziges zu 600 ausdrücklich an. Erst am dritten Tage nach Empfang seiner Annahmeerklärung gehe ich zu ihm, um den Irrthum aufzuklären, er aber will mich bei dem Preise von 600 festhalten, obwohl er gesteht, meinen Irrthum sofort erkannt zu haben. Hier war mein Zögern allerdings schuldhaft; andererseits handelt der Gegner doch geradezu arglistig, indem er meine Worte wider besseres Wissen buchstäblich auslegen will. Daher muß hier gegen ihn die Einrede eines Verstoßes wider Treu und Glauben (exceptio doli) durchgreifen. Freilich stellt der Entwurf eine allgemeine exceptio doli nirgend auf; aber diese muß auch ohne positive Anerkennung, gleichsam von Gottes Gnaden, gelten, und außerdem gebietet doch auch der Entwurf im § 129, bei Auslegung einer Willenserklärung den wirklichen Willen zu erforschen und nicht an dem buchstäblichen Sinne des Ausdrucks zu haften, und in § 153 Verträge so auszulegen, wie Treu und Glauben es erfordern. Darnach kann der Gegner, welcher den Irrthum erkannt hatte, auch die verspätete Anfechtung nicht zurückweisen.

Aber freilich, in Bezug auf die beiden hier besprochenen Fälle ist einer der ersten Kenner des Entwurfs, Strohal, anderer Meinung, weil der Entwurf eine Ausnahme von der Verwirkung des Anfechtungsrechts durch Unterlassen einer unverzüglichen Anfechtung nicht kenne.[1]) Bei

[1]) Müßte Strohal nicht folgerichtig auch dann die Anfechtung wegfallen lassen, wenn Jemand eine Waare statt für 400 Mark aus Versehen für 400 Pfennig angeboten, der Gegner, den Irrthum durchschauend, kurzweg „Einverstanden" geantwortet, und dann der Irrende nach Entdeckung seines Irrthums nicht unverzüglich die Anfechtung erklärt hat?

dieser Zweifelhaftigkeit wäre es vielleicht rathsam gewesen, wenigstens für den Fall des vom Gegner durchschauten Irrthums ausdrücklich eine Ausnahme aufzustellen, etwa folgenden Inhalts:

> „Wenn der Gegner den Anfechtungsgrund kannte oder kennen mußte, so kann er eine Anfechtung nicht aus dem Grunde zurückweisen, weil sie nicht unverzüglich erfolgt ist. Er kann jedoch den Anfechtungsberechtigten zu einer Erklärung darüber auffordern, ob er sein Anfechtungsrecht ausüben wolle oder nicht, und wenn eine solche Erklärung nicht sofort erfolgt, so ist das Anfechtungsrecht erloschen."

Diese Hinzufügung wäre um so natürlicher, da der Gegner des Irrenden ja auch keinen Schadensersatzanspruch hat, wenn er den Grund der Anfechtbarkeit kannte oder kennen mußte § 118,2 Satz 1.

Ein zweites Bedenken gegen die Behandlung des Irrthums im Entwurf erwächst daraus, daß andererseits eine große Begünstigung des Irrenden in der bei Unkenntniß des Anfechtungsgrundes auf dreißig Jahre bemessenen Dauer seines Rechts auf Anfechtung enthalten ist. Hölder a. a. O. S. 35 setzt den Fall, daß Jemand ein versilbertes Objekt in der Meinung, es sei ein silbernes, obwohl der Verkäufer es nicht dafür ausgegeben hatte, gekauft hat, und zwar um einen Preis, der für ein versilbertes hoch, für ein silbernes aber außerordentlich niedrig ist, in der Absicht, den Verkäufer zu übervortheilen; er fragt, ob ein solcher Käufer dann noch nach Jahren, wenn er seinen Irrthum entdeckt, den Kauf solle anfechten dürfen? In einem solchen Falle, wo der Käufer geradezu einen (vermeintlichen) Irrthum des Verkäufers zu benutzen und zu dessen Schaden Gewinn zu ziehen versucht hat, würde nun seiner Anfechtung wohl wieder die Einrede, daß sie gegen Treu und Glauben verstoße (exceptio doli) entgegen zu setzen sein. Aber richtig ist, daß die erst nach zwei Jahrzehnten und mehr erklärte Anfechtung wegen Irrthums, zumal wenn dessen Vorhandensein beim Geschäftsabschluß oder seine spätere Nichtentdeckung vom Anfechtenden selbst verschuldet war, leicht anstößig sein kann. Daher würde eine Herabsetzung der Frist etwa auf zehn Jahre wohl angemessen gewesen sein.

Drittens: bereits mehrfach[1]) und mit Recht getadelt worden ist auch die vom Entwurf § 118,2 beliebte Hereinziehung des unklaren Begriffs der höheren Gewalt im Falle unrichtiger Uebermittelung einer Erklärung. Hierdurch wird neuer Streit darüber heraufbeschworen, ob

---

[1]) Unger: „Handeln auf eigene Gefahr", 2. Aufl. S. 33. Strohal: „Jahrb. f. Dogm." Bd. 34 S. 357. R. Merkel: „Die Kollision rechtmäßiger Interessen" S. 141.

höhere Gewalt vorliege nicht bloß, wenn durch Naturkräfte eine Telegraphen- oder Telephonleitung gestört worden ist, sondern auch, wenn ein Beamter der Anstalt aus Versehen eine Irrung der Verhandlungen herbeigeführt hat. Eine innere Rechtfertigung dafür, daß die Schadensersatzpflicht des Anfechtenden, die doch durch ein Verschulden überhaupt nicht bedingt ist, gleichwohl in einzelnen Fällen der Schuldlosigkeit wieder wegfallen soll, ist nicht abzusehen.

Strohal a. a. O. S. 358 hat noch auf ein Viertes hingewiesen, nämlich daß für den Anfechtungsgegner der rein obligatorische Anspruch auf Schadensersatz unter Umständen unzureichend wird, insbesondere, wenn es ein dingliches Geschäft war, welches durch die Anfechtung aufgelöst ist. A. hat z. B. dem B. Geld geliehen, weil dieser ihm zur Sicherheit eine Hypothek bestellt hatte; B. ficht die Hypothekbestellung wegen Irrthums an, macht sie dadurch nichtig und verweist den A. auf Liquidation seines negativen Interesses, das dieser aber nur zu einem kleinen Theil erhält, weil B. inzwischen in Konkurs verfallen ist. Strohal will deshalb dem Richter die Möglichkeit eröffnet wissen, unter Umständen eine auf wesentlichem Irrthum beruhende oder unrichtig übermittelte Willenserklärung auch als wirksam aufrecht zu erhalten. Aber es ist nicht zu verkennen, daß eine solche Aufrechthaltung, wenn sie auch Dritten gegenüber wirken sollte, das ganze Institut der Anfechtung, wie der Entwurf es gebildet hat, erschüttern würde, und daß, wenn das Geschäft durch die Anfechtungserklärung einmal in ein von Anfang an nichtiges umgewandelt worden ist, eine nachträgliche Wiederherstellung desselben durch den Richter mit abermals rückwirkender Kraft zu großer Verwirrung führen könnte. Die Möglichkeit, daß der an Stelle eines dinglichen Rechts tretende Ersatzanspruch durch Konkurs des Schuldners unzulänglich werde, ist eben von der Annahme einer relativen Nichtigkeit oder dinglich wirkenden Anfechtbarkeit unzertrennlich.

Faßt man die hier angestellten Erwägungen über die Regelung der Irrthumslehre im Entwurf zusammen, so dürfte das Urtheil gerechtfertigt sein, daß dieselbe den Vorzug verdient vor jeder in einem der bisherigen Gesetzbücher enthaltenen.

Zu den Willensmängeln gehört auch die Bestimmtheit des Willens durch arglistige Täuschung oder durch Drohung, § 119. Während der Entwurf diese beiden Fälle (des dolus und des metus) aus dem Röm. Recht übernimmt, gestaltet er den Anspruch des Verletzten nicht bloß als einen obligatorischen auf Rückgängigmachung der Wirkungen des Geschäfts, sondern nach dem Vorbild neuerer Gesetzbücher als ein Recht, die Willenserklärung durch Anfechtung nichtig zu machen: eine Folge, die namentlich bei den Geschäften des Familien- und des Erbrechts praktisch unentbehrlich ist.[1]) Im Falle der Drohung macht es auch keinen Unterschied, ob dieselbe von dem Anfechtungsgegner selbst oder von einem Dritten ausgegangen war. Der Grund des Anfechtungsrechts ist hier eben, wie derjenige der römischen actio metus in rem scripta, nicht ein Delikt des Gegners, sondern der Seelenzustand, d. h. die Willensunfreiheit des Bedrohten[2]); der zur Eingehung einer Bürgschaft vom Hauptschuldner Gezwungene ist also dem Gläubiger gegenüber anfechtungsberechtigt, auch wenn dieser um den Zwang nicht wußte. Dagegen ist im Falle der arglistigen Täuschung, die von einem Dritten verübt war, das Anfechtungsrecht, wie die römische actio doli, enger begrenzt. Hier kann der Getäuschte eine empfangsbedürftige Erklärung nur dann anfechten, wenn der Empfänger die Täuschung kannte oder kennen mußte (§ 119, 1 Satz 1), also z. B. der vom Hauptschuldner getäuschte Bürge nicht seine dem redlichen Gläubiger gegenüber erklärte Bürgschaft. Hat aber ein Anderer, als derjenige, dem gegenüber die Erklärung abzugeben war, aus derselben unmittelbar ein Recht erworben, so findet auch gegen ihn die Anfechtung statt, wenn er die Täuschung kannte oder kennen mußte, und insoweit als sein Recht durch die Erklärung begründet worden ist (§ 119, 2 Satz 2, § 139, 2). Dies trifft namentlich beim Vertrage zu Gunsten eines Dritten zu, wenn dieser durch arglistige Täuschung das Versprechen hervorgerufen hatte[3]). Hiernach liegt der Grund für die Anfechtung wegen Täuschung nicht in der Willensunfreiheit des Getäuschten, sondern in dem rechtswidrigen Verhalten des Anfechtungsgegners. Diese Beschränkung der Anfechtung auf die Fälle, daß der Gegner die Täuschung kannte oder kennen mußte, fällt aber weg für eine nicht empfangsbedürftige Erklärung; eine solche, z. B. die Annahme oder Ausschlagung einer Erbschaft, ist nach § 139, 4 auch gegenüber dem redlichen Dritten, der dadurch unmittelbar einen rechtlichen Vortheil erlangt hat, anfechtbar.

Eine besondere Beschaffenheit der Drohung, wie das Röm. Recht sie voraussetzt, verlangt der Entwurf nicht; es genügt, daß sie den Willen wirksam, aber widerrechtlich bestimmt hat. Bei der Täuschung, wie bei der Drohung, ist die Anfechtung, damit der Berechtigte die Lage nicht nach Belieben in der Schwebe lassen könne, an eine doppelte Ausschlußfrist gebunden (§ 120). Die Anfechtung muß innerhalb eines

---

[1]) Im einzelnen gilt für dieselben auch hier wieder Besonderes.

[2]) Mit Recht betont dies Gradenwitz: „Ungültigkeit der obl. Verträge" S. 10, 50.

[3]) Diese Bestimmung ist durch die Erinnerungen von Strohal a. a. O. S. 347, 376 veranlaßt worden.

Jahres vom Wegfall der Willensunfreiheit ab (seit Entdeckung der Täuschung, bezw. Aufhören der Zwangslage) erfolgen. Doch wird der Lauf der Frist, wie eine Verjährung, wenn die Rechtsverfolgung durch höhere Gewalt verhindert ist, gehemmt, und wenn der Berechtigte geschäftsunfähig oder nur beschränkt geschäftsfähig, aber ohne gesetzlichen Vertreter ist, nicht vor Ablauf von sechs Monaten nach Eintritt der unbeschränkten Geschäftsfähigkeit oder Wegfall des Mangels der Vertretung vollendet. Ist die Anfechtung noch nicht kraft der einjährigen Frist ausgeschlossen, so fällt sie mit Ablauf von dreißig Jahren seit Abgabe der Willenserklärung unbedingt weg. Durch das Erlöschen des Anfechtungsrechts werden jedoch nicht auch die Rechte des Verletzten aus der unerlaubten Handlung des Urhebers der Drohung oder Täuschung aufgehoben, was besonders nach Ablauf der einjährigen Frist und gegenüber einer in Folge der Drohung oder Täuschung eingegangenen Schuldverpflichtung (§ 837) von Wichtigkeit sein kann.

In Bezug auf die Form der Rechtsgeschäfte stellt der Entwurf einen allgemeinen Grundsatz über die Nothwendigkeit einer solchen nicht auf. Indessen ist im Sachen-, Familien- und Erbrecht für die Mehrzahl der Geschäfte eine bestimmte Form vorgeschrieben. In soweit aber, als eine solche Vorschrift nicht besteht, und namentlich im Recht der Schuldverhältnisse gilt die Regel der Formfreiheit,[1] der zufolge auch eine stillschweigende Erklärung einer ausdrücklichen gleichwerthig ist. Natürlich bleibt auch, wenn das Gesetz eine Form nicht erfordert, den Parteien freigestellt, durch Rechtsgeschäft eine solche festzusetzen. Die Gründe, mit welchen die Regel der Formfreiheit von den Motiven[2] gerechtfertigt wird, sind freilich nicht durchweg zutreffend. Doch ist es richtig, daß dieselbe nicht wohl zu umgehen war. Denn die alten deutschen Formen sind nun einmal aus dem Verkehr fast ganz verschwunden, neue haben sich nur für einzelne Geschäfte gebildet, und die vom Preuß. A. L. R. unternommene Einführung der Schriftform für alle Geschäfte, deren Gegenstand die Werthhöhe von 150 Mark erreicht, hat nach den gemachten Erfahrungen doch mehr gegen sich, als für sich.[3] Freilich haben namhafte Stimmen dem Prinzip des A. L. R. den Vorzug zugesprochen.[4]

---

[1]) Entwurf I § 94 und Entwurf II § 104 stellten diese Regel sogar ausdrücklich auf.

[2]) Bd. 1 S. 178—181. Vergl. jedoch dazu die kritischen Bemerkungen von Brunner in den Verh. des 22. Juristentages Bd. 4 S. 58—61.

[3]) Vergl. die Kritik der landrechtlichen Bestimmungen bei Ihering Geist des Röm. Rechts II § 45 (3. Aufl. S. 483).

[4]) So Eccius Theorie und Praxis (6. Aufl.) I § 79 und N. N. die Provisionsansprüche. Berl. 1895, S. 87, 88.

Aber der Grundsatz der Formfreiheit gilt ja bereits im gemeinen, im Sächsischen und im Handelsrecht, und der deutsche Juristentag hat ihn übereinstimmend mit der Mehrzahl der Theoretiker, zweimal auch zur Annahme fürs deutsche Gesetzbuch empfohlen.[1] Daher ist dem Verfahren des Entwurfs im Allgemeinen zuzustimmen, und nur soviel daran auszusetzen, daß er die Ausnahmen von der Regel im Obligationenrecht nicht etwas reichlicher bemessen hat. Selbst Bürgschaft (§ 750), Kreditauftrag (§ 762), Schuldübernahme (§ 408) und Leibrentenvertrag (§ 746) sollen formfrei bleiben, was in der That gewagt erscheint.

Die einzelnen Arten von Formen, die der Entwurf kennt, und die wichtigsten Geschäfte, für die er sie vorschreibt, sind nun die folgenden:

I. Einfache Schriftlichkeit (§ 122) ist erfordert:

1. für Mieth- und Pachtverträge über Grundstücke auf längere Zeit als ein Jahr (§§ 559, 574, 2);

2. für das selbständige Schuldversprechen (§ 764) und das Schuldanerkenntniß (§ 765);

3. für die Anweisung, deren Annahme und Uebertragung (§§ 767, 768, 2, 776);

4. für die Abtretung einer Briefhypothek und einer Grundschuld (§§ 1137, 1175);

5. für die vom Gläubiger gegen Empfang der Leistung auf Verlangen zu ertheilende Quittung (§ 362);

6. für die vom Zessionar vorzulegende Erklärung des Gläubigers über Abtretung der Forderung (§ 404).

II. Oeffentliche Beglaubigung der Unterschrift des Erklärenden durch die zuständige Behörde oder einen zuständigen Beamten oder Notar (§ 125):

1. für das vom Gläubiger, welcher zur Rückgabe des Schuldscheins außer Stande ist, auf Verlangen auszustellende Anerkenntniß, daß die Schuld erloschen sei (§ 365);

2. für die vom Zedenten auf Verlangen des Zessionars auszustellende Erklärung über die Abtretung der Forderung (§ 397);

3. für den Verzicht eines antheilsberechtigten Abkömmlings auf seinen Antheil am Gesammtgut (§ 1474), oder des Vaters auf die Nutznießung am Kindesvermögen (§ 1693);

---

[1]) So der 10. Juristentag (1872) Verh. Bd. 2 S. 50 und der 22. Verh. Bd. 4 S. 84, der nur Ausdehnung der schriftlichen Form für Eingehung von Verbindlichkeiten über die vom Entwurf gezogenen Grenzen hinaus empfohlen hat. Für den Grundsatz der Formfreiheit auch Zitelmann a. a. O. I S. 152, Gierke, der Entwurf (1889) S. 165.

4. für die Ausschlagung einer Erbschaft und die Vollmacht dazu (§ 1921), u. a. m.

III. Gerichtliche oder notarielle Beurkundung, welche bei einem Vertrage für den Antrag und sodann für die Annahme desselben getrennt erfolgen kann (§ 124):

1. für das Stiftungsgeschäft unter Lebenden (§ 78, 1);

2. für den Vertrag, durch den Jemand sich verpflichtet, sein gegenwärtiges Vermögen oder einen Bruchtheil desselben zu übertragen oder mit einem Nießbrauch zu belasten (§ 305);

3. für den Vertrag der künftigen gesetzlichen Erben über den gesetzlichen Erbtheil oder den Pflichttheil eines von ihnen, bei Lebzeiten des Erblassers (§ 306, 2);

4. für den Vertrag, durch den Jemand sich verpflichtet, das Eigenthum an einem Grundstück zu übertragen (§ 307); ja für alle Einigungen betreffend die (in das Grundbuch einzutragende) Bestellung, Uebertragung, Belastung und Veränderung dinglicher Rechte an einem Grundstück, wenn die Einigung für die Betheiligten schon vor der Eintragung bindend sein soll (§§ 857, 861).[1]

5. für das Schenkungsversprechen, das schenkweise ertheilte selbstständige Schuldversprechen und Schuldanerkenntniß (§ 513);

6. für die Zustimmung eines Ehegatten zu Verfügungen des andern über den Antheil eines Abkömmlings an der fortgesetzten Gütergemeinschaft (§ 1499, 2), oder zu Verzichten eines Abkömmlings auf solchen Antheil (§ 1500) und für Vereinbarungen zwischen dem überlebenden Ehegatten und einem Abkömmling über Einrechnung der ihm gewährten Abfindung in das Gesammtgut (§ 1484);

7. für den Antrag auf Ehelichkeitserklärung und die dazu nöthigen Einwilligungserklärungen (§ 1706);

8. für die zur Annahme an Kindesstatt nöthigen Einwilligungserklärungen (§ 1724, 3);

9. für den Erbverzichtsvertrag und den Verzicht auf eine letztwillige oder im Erbvertrag einem Dritten gemachte Zuwendung (§§ 2321, 2325).

10. für den Erbschaftskauf (§ 2344).

IV. Errichtung eines Geschäfts vor Gericht oder Notar, bezw. Grundbuchamt, und zwar:

---

[1]) Wie M. Levy, das Bürgerliche Gesetzbuch, Berlin, 1875, S. 24, mit Recht hervorhebt, ist die gerichtliche oder notarielle Form für Kauf- und Tauschverträge über Grundstücke zur Verhütung von Uebervortheilungen kleiner ländlicher Grundbesitzer gewählt und dafür gewiß rathsam und zweckentsprechend; aber für den Verkehr mit städtischen Grundstücken, namentlich in größeren Städten, wird sie als eine höchst lästige Fessel empfunden werden.

A. bei gleichzeitiger Anwesenheit beider Vertragstheile

1. für die Auflassung (§ 909) und die Bestellung eines Erbbaurechts (§ 999);

2. für den Ehevertrag über Regelung des güterrechtlichen Verhältnisses (§ 1415, vergl. § 2249, 2);

3. für den Vertrag über Annahme an Kindesstatt (§ 1726), und deren Aufhebung (§ 1746);

4. für den Erbvertrag (§ 2249) und dessen Aufhebung (§ 2263, 4).

B. bei persönlicher Anwesenheit einer einzelnen Partei

1. für Errichtung und Widerruf einer letztwilligen Verfügung (§§ 2039, 2205, 2227);

2. für das Schenkungsversprechen von Todes wegen und das selbstständige Schuldversprechen und Schuldanerkenntniß der gleichen Art (§ 2274).

V. Sonstige Mitwirkung von Behörden: für die Eheschließung (§ 1300), für die Annahme an Kindesstatt (§ 1717) u. a. m.

Die Wirkung eines gesetzlichen Formgebots ist die stärkste: Nichtigkeit des der Form ermangelnden Geschäfts (§ 121). Selbst freiwillige Erfüllung heilt den Mangel nur in einigen Ausnahmefällen, z. B. bei dem schenkweise abgegebenen Versprechen (§§ 513, 2; 2274, 2); auch der Vertrag, durch welchen sich Jemand zur Uebereignung eines Grundstücks verpflichtet, wird, wenn er der gebotenen Form entbehrt, durch Auflassung und Eintragung seinem ganzen Inhalt nach giltig (§ 307). Diese Ausnahmen sind aber gewiß zu knapp bemessen; denn es ist auch in manchen anderen Fällen mißlich, die vollendete Thatsache unberücksichtigt zu lassen. Die gleiche Wirkung, wie das gesetzliche Formgebot, hat aber im Zweifel auch das auf Rechtsgeschäft beruhende (§ 121 Satz 2). Und zwar gilt dies sowohl bei Verträgen, für deren Errichtung die Parteien eine Beurkundung vorbehalten haben (§ 150, 2), als auch dann, wenn in einem giltig errichteten Rechtsgeschäft (Vertrag, Testament od. dergl.) für weitere, daran anknüpfende Willenserklärungen Formvorschriften getroffen sind, z. B. für die Kündigung oder Verlängerung eines Vertrages. Bestimmungen, welche nicht mit dem übrigen Geschäftsinhalt zusammen in die gebotene Form gebracht sind, müssen nach Maßgabe des § 121 der Nichtigkeit unterliegen und können den formell giltigen Geschäftsinhalt höchstens aus den Gesichtspunkten der Simulation, des Irrthums u. s. w. beeinflussen.

Zur Erfüllung der gesetzlich gebotenen Schriftform gehört, daß die Urkunde vom Aussteller unterzeichnet wird, und zwar: a) eigenhändig und b) durch Namensschrift oder mittelst Handzeichens, das aber gerichtlich oder notariell beglaubigt sein muß (§ 122, 1). Weiterer

Schutzmaßregeln als dieser Beglaubigung bedarf es auch bei Analphabeten, Blinden und Taubstummen nicht. Zeitlich braucht die Unterzeichnung der Herstellung des Textes nicht nachzufolgen; sie kann vielmehr (beim Blankett) auch voraufgehen.

Bei einem schriftlichen Vertrage[1]) muß eine und dieselbe Vertragsurkunde von den Parteien unterzeichnet sein. Nur so viel ist mit Rücksicht auf die Vertragsschließung unter Abwesenden nachgelassen, daß, wenn mehrere gleichlautende Vertragsurkunden aufgenommen sind, jede Partei nur die für die andere bestimmte Urkunde zu unterzeichnen braucht (§ 122, 2). Das Wesen dieser schriftlichen Vertragsform ist also zweiseitige Schriftlichkeit. Daraus folgt zweierlei:

1. Auch bei solchen Verträgen, durch welche die eine Partei der anderen lediglich Vortheile einräumt, genügt nicht die Unterschrift der ersteren allein, sondern es ist auch die der anderen erforderlich, z. B. bei einer Bürgschaft auch die des Gläubigers, beim Erlaß auch die des befreiten Schuldners. Dies entspricht zwar einer verbreiteten Lehre des gemeinen Rechts, ist aber in dieses nur durch ein Mißverständniß römischer Sätze eingedrungen[2]) und aus inneren Gründen schwerlich zu rechtfertigen. Andererseits ist

2. ein Erforderniß der Schriftform, das im Römischen Recht galt und auch noch im Entwurf I § 94 aufgestellt war, vom Entwurf II gestrichen worden, nämlich die Hingabe der den Aussteller bindenden Urkunde an den Vertragsgegner. Hiernach ist es also bei schriftlicher Vertragsschließung unter Anwesenden gleichgiltig, ob die von sämmtlichen Vertragstheilen unterzeichnete Urkunde in die Hände der einen oder anderen Partei oder eines Dritten kommt, und ebenso ob die mehreren gleichlautenden Urkunden, nachdem jede Partei die für den Gegner bestimmte unterzeichnet hat, ausgetauscht werden oder nicht. Der einmal erfolgte schriftliche Abschluß bleibt auch dann bindend, wenn der Aussteller seine Unterschrift, ohne sie aus der Hand gegeben zu haben, sofort wieder vernichtet.[3]) Dagegen muß bei einer Vertragsschließung unter

---

[1]) Darüber Brunner Verh. d. 22. Jur. T. Bd. 4 S. 61 ff.

[2]) Dies hat Brunner „Zur Rechtsgeschichte der Urkunde" S. 59 dargethan. Gegen das Erforderniß der Unterschrift beider Vertragstheile auch Regelsberger Pand. I § 137 S. 497 und die daselbst Angeführten. Auch das Schweizer Obl. R. Art. 12 verlangt die Unterschriften nur derjenigen Personen, welche durch den Vertrag verpflichtet werden sollen. Die Kommission wollte aber von ihrer Regel nur „durch Spezialvorschriften" abweichen. Jecklin in Rassow's und Küntzel's Beitr. Bd. 36 S. 393.

[3]) Vergl. Jecklin a. a. O. Bd. 36 S. 393/4.

Abwesenden zur Unterzeichnung noch hinzukommen, daß die schriftliche Willenserklärung dem Gegner „zugeht" (§ 126,1).

Indessen hält der Entwurf die zweiseitige Schriftlichkeit keineswegs überall fest, sondern er läßt bei gewissen Verträgen auch eine einseitige ausreichen, so beim selbstständigen Schuldversprechen und beim Schuldanerkenntniß die schriftliche Ertheilung des Versprechens- bezw. der Anerkennungserklärung (§§ 764, 765). Dementsprechend genügt auch eine einseitige gerichtliche oder notarielle Beurkundung des Versprechens z. B. bei der Schenkung (§§ 513,1; 2274,1). Die Annahme wird hier überall im Nehmen der Urkunde zu finden sein. Mithin ergiebt sich als Kern dieser einseitigen Schriftform die Begebung der unterschriebenen Verpflichtungsurkunde, analog der handelsrechtlichen Begebung des Frachtbriefs, des Bodmereibriefs und der Versicherungspolice.[1])

Ersetzt wird die schriftliche Form durch die gerichtliche oder notarielle Beurkundung (§ 122,3). Dagegen genügen Briefe oder Telegramme dem gesetzlichen Gebot der Schriftform nicht [2])

Dieselben Regeln, wie für die gesetzliche Schriftform, gelten im Zweifel auch für die rechtsgeschäftlich bestimmte (§ 123). Nur für telegraphische Uebermittelung ist nachgelassen, daß dieselbe, soweit sich nicht ein anderer Wille ergiebt, zur Wahrung der letzterwähnten Form ausreicht (§ 123 Satz 2). Dazu ist auch nach dem Entwurf nicht mehr erforderlich, wie nach Entwurf I § 92,2 und § 93, daß die Aufgabeschrift unterzeichnet sei, sondern nur, daß sie von dem angeblichen Absender wirklich herrühre, und ebenso bei Verträgen nicht mehr, wie nach Entwurf I § 94, gleichlautende Fassung der ausgetauschten Telegramme, sondern nur noch deren inhaltliche Uebereinstimmung.[3]) Wegen der Unzulänglichkeit der Telegramme für den Beweiszweck ist jedoch hinzugefügt, daß der Empfänger berechtigt bleibt, die rechtsgeschäftlich vorgeschriebene Beurkundung nachträglich in der Form des § 122 zu verlangen (§ 123 Satz 3). Dagegen sollen Briefe nicht bloß nicht für die gesetzliche, sondern im Zweifel auch nicht einmal für die gewillkürte Schriftform ausreichen. Der entscheidende Grund war, daß Briefe wohl eine objektive Beweisgrundlage, wie das Preußische Recht durch seinen Schriftzwang sie erstrebe, schaffen, aber nicht den legislatorischen Zwecken,

---

[1]) Vergl. Brunner, „Verh. des 22. Jur. T." Bd. 4 S. 63.

[2]) Vergl. Jecklin a. a. O. Bd. 36 S. 391.

[3]) Nach Brunner a. a. O. S. 63 würde bei allen einseitig verpflichtenden Verträgen die gewillkürte Schriftform auch schon durch das vom Schuldner unterschriebene und aufgegebene Telegramm gewahrt werden. Allein von der Regel des § 122, daß beide Parteien sich schriftlich erklären müssen, hat doch wohl der § 123 keine Ausnahme machen wollen.

welchen die vom Entwurf ausnahmsweise verlangte Schriftlichkeit dienen solle, genügen könnten, und daß im Zweifel auch die Parteiabsicht durch den Vorbehalt der Schriftform eine dem Gesetz entsprechende Beurkundung herbeiführen wolle (Prot. S. 194). Indessen wird damit zum mindesten die Zurücksetzung der Briefe gegenüber den Telegrammen nicht genügend gerechtfertigt.[1])

Besondere Bestimmungen trifft der Entwurf noch für die Fälle, wo eine Willenserklärung einem anderen gegenüber abzugeben, und dieser abwesend ist (§ 126). Hier erhebt der Entwurf zum maßgebenden Zeitpunkt denjenigen, in welchem die abgesandte Erklärung dem anderen Theile zugeht. Er nimmt damit die sog. Empfangstheorie an, welche den meisten neueren Gesetzbüchern, insbesondere nach richtiger Ansicht auch dem H. G. B. zu Grunde liegt. Hiernach bleibt die Erklärung unwirksam, wenn sie vor der Zustellung verloren geht; dagegen wird ihre Wirksamkeit nicht dadurch gehindert, daß der andere Theil vom Inhalt der zugestellten Erklärung keine Kenntniß erhält, z. B. weil er verreist ist, in Haft sitzt oder den Brief nicht öffnet, oder weil ein Dritter diesen unterdrückt.

Wohl aber können trotz der Zustellung außerordentliche Umstände auf Seiten des Absenders oder des Empfängers die Erklärung unwirksam machen, und zwar:

1. von Seiten des Absenders ein Widerruf, der vor oder gleichzeitig mit der Erklärung eingeht (§ 126,1 S. 2). Dies folgt aus der Empfangstheorie und entspricht dem H. G. B. Art. 320,1. Dagegen bilden, anders als nach gemeinem Recht, aber in Uebereinstimmung mit den neueren Gesetzbüchern und dem praktischen Bedürfniß weder der Tod, noch der Verlust (oder die Beschränkung) der Geschäftsfähigkeit des Absenders, die nach Abgabe der Erklärung eintreten, an sich ein Hinderniß für deren Wirksamkeit (§ 126,2); nur der besondere Sinn der Erklärung kann diese mit jenen Ereignissen hinfällig werden lassen, was man als selbstverständlich hier nicht, wie bezüglich des Vertragsantrags in § 149, noch besonders hervorgehoben hat.[2])

2. Auf Seiten des Empfängers macht Geschäftsunfähigkeit desselben zur Zeit des Empfangs die Erklärung unwirksam (§ 127, 1). Die Zustellung muß also an seinen gesetzlichen Vertreter erfolgen. Ist der Empfänger beschränkt geschäftsfähig, so wird die Erklärung nur dann

[1]) Nach den Mittheilungen der öffentlichen Blätter hat neuerdings auch die mit der Berathung des Entwurfs beschäftigte Reichstagskommission beschlossen, den Briefwechsel als Schriftform wieder zuzulassen.

[2]) Mot. Bd. 1 S. 159. Jecklin a. a. O. Bd. 36 S. 94.

wirksam, wenn sie ihm lediglich Vortheil bringt oder sein gesetzlicher Vertreter eingewilligt hat (§ 127,2); eine Ausnahme bildet die Erklärung des Rücktritts von dem mit einem Minderjährigen geschlossenen Vertrage nach § 105,1.[1]) Dagegen hindert eine bloß vorübergehende Bewußtlosigkeit des Empfängers, z. B. in Folge von Schlaf oder Trunkenheit, die Wirksamkeit der ihm zugegangenen Erklärung nicht.[2]) Auch der vor dem Empfang eingetretene Tod des Adressaten bildet an sich keinen Grund für die Unwirksamkeit der Erklärung, vorausgesetzt natürlich, daß die letztere nunmehr dem Erben oder einem Vertreter desselben zugeht; nur der besondere Sinn der Erklärung, die z. B. auf eine rein persönliche Begünstigung des Adressaten gerichtet war, kann auch hier ihre Unwirksamkeit begründen[3]) (vergl. § 149). Die Sätze, daß eine Erklärung unter Abwesenden mit dem Empfang wirksam wird, und Tod oder Verlust der Geschäftsfähigkeit des Erklärenden nach der Abgabe ohne Einfluß sind, finden auch bei solchen Willenserklärungen Anwendung, die einer Behörde gegenüber abzugeben sind (§ 126,3).

Um für die Mittheilung von Willenserklärungen einen sicheren und mit öffentlicher Beurkundung verbundenen Weg zu eröffnen, ist auch amtliche Vermittlung zugelassen, wie dies in beschränktem Maße schon das preußische Ausf.=Ges. zur C. P. O. vom 24. März 1879 § 1 Abs. 3 eingeführt hatte. Nach § 128 kann man jede Willenserklärung auch durch den Gerichtsvollzieher nach den Vorschriften der C. P. O. zustellen lassen mit der Wirkung, daß sie als zugegangen gilt. Im Falle entschuldbarer Unkenntniß einer Partei über die Person Desjenigen, welchem gegenüber die Erklärung abzugeben ist, und im Falle der Unbekanntheit seines Aufenthalts kann das Gericht die Zustellung sogar nach den Vorschriften über die öffentliche Zustellung von Ladungen (C. P. O. § 186 ff.) bewilligen und bewirken; das zuständige Amtsgericht bestimmt § 128,2, Satz 2.

---

[1]) Strohal: „Jahrb. f. Dogm." Bd. 34 S. 343/4 will die Bestimmungen über die Folgen der Geschäftsunfähigkeit des Empfängers (früher § 107,3, jetzt § 127) lediglich streichen, weil es immer und überall genügen müsse, wenn die bona fide abgegebene Erklärung an die maßgebende Adresse gelange, gleichviel in welcher geistigen und körperlichen Verfassung der Adressat sich dabei befinde. Aber diese Streichung würde doch eine bedenkliche Lücke lassen und leicht zu Erklärungen an Geschäftsunfähige gemißbraucht werden.

[2]) Dies ergiebt sich durch arg. a. contr. aus § 127, nachdem die Bewußtlosigkeit nicht mehr, wie im Entw. I, § 64, 66 als Grund der Geschäftsunfähigkeit anerkannt ist (§§ 100, 101). Anders ist bei einer Erklärung unter Anwesenden zu entscheiden. Jecklin a. a. O. Bd. 36, S. 79, 95.

[3]) Jecklin a. a. O. Bd. 36 S. 94, 387.

§ 6. Verträge.

Den **Vertrag** definirt der Entwurf ebenso wenig, wie das Rechtsgeschäft. Er setzt nur stillschweigend das Wesen desselben in die Willenseinigung zweier Parteien, welche regelmäßig durch Antrag der einen Partei an die andere und Annahme-Erklärung der letzteren gegenüber dem Antragsteller zu Stande kommt.[1])

Doch sind eine Anzahl allgemeiner Bestimmungen für den Vertrag aufgestellt. So vor Allem folgende Auslegungsregeln:

Der Vertragsschluß ist im Zweifel **nicht** vollendet:

1. so lange noch die Einigung über einen Punkt — sei es auch nur von der einen Partei — **vorbehalten** ist (der Fall des sogenannten offenen Mangels am Konsense; daneben bleibt die über andere Punkte erfolgte Einigung (Traktat) unverbindlich, selbst wenn sie aufgezeichnet worden ist (§ 150,1);

2. so lange trotz erzielter Einigung über den Inhalt des Vertrages eine Beurkundung desselben von den Parteien vorbehalten, aber nicht erfolgt ist (§ 150,2); dies folgt ohnehin aus § 121 Satz 2 und entspricht dem Römischen Recht (l. 17 pr. C. de fid. instr. 4,21).

Durch diese zwei Sätze ist einer sogenannten **Punktation** ebensowohl in dem Sinne der Aufzeichnung eines noch materiell unfertigen, als in dem der Aufzeichnung eines nur noch formell zu vollziehenden Vertrages die bindende Kraft abgesprochen. Anders steht es in dem Falle des sogenannten verdeckten Dissenses, wo die Parteien sich zwar über einen Punkt noch **nicht** geeinigt haben, aber irrthümlich (mißverständlich) die Einigung als vollendet ansehen, indem z. B. jeder Theil die Willenserklärung des Gegners in einem Sinne mißversteht, demzufolge sie mit der seinigen übereinstimmen würde (etwa bei Differenz der ausgetauschten Vertragsurkunde in einem Nebenpunkte); hier soll der Vertrag mit dem wirklich vereinbarten Inhalt gelten, wenn sein Abschluß auch ohne Bestimmung jenes Punktes der Parteiabsicht entsprach (§ 151, vergl. § 135).

Für die Fälle, wo ein Vertragsantrag und die Annahme desselben nicht unmittelbar aufeinander folgen, ist das Verhältniß der **Zwischenzeit** im Entwurf hauptsächlich nach dem bewährten Vorbild des H. G. B. geregelt. Vor Allem ist der Antrag **nicht**, wie nach gemeinem und französischem Recht, frei widerruflich, sondern im Zweifel bindend (vergl. § 141). Er verliert jedoch nicht bloß seine bindende Kraft, sondern seinen Bestand sowohl durch eine Ablehnung gegenüber dem Antrag-

---

[1]) Gegen die herrschende und und im Entwurf angenommene Lehre vom Vertrage L. Jacobi in d. „Jahrb. f. Dogm." Bd. 35 S. 1—77.

steller, als auch schon durch das Ausbleiben rechtzeitiger Annahme (§ 142). Die letztere muß:

a) wenn der Antragsteller eine Frist dafür bestimmt hat, innerhalb derselben „erfolgen" (d. h. ihm, wenn er abwesend ist, zugegangen sein) § 144,

b) in Ermangelung einer Fristbestimmung unter Anwesenden und bei Verhandlung durch den Fernsprecher sofort geschehen (§ 143, 1), unter Abwesenden bis zu dem Zeitpunkt, in dem der Antragsteller die Antwort unter regelmäßigen Umständen erwarten durfte (§ 143, 2). Als regelmäßig kann der Antragsteller voraussetzen[1]) a) die ordentliche (nicht durch ungewöhnliche Hemmungen gestörte) Dienstleistung der Verkehrsmittel und b) die Wahl der geeigneten Erklärungsweise durch den Annehmenden. Auf dieser Grundlage setzt sich seine Wartefrist zusammen aus der Dauer a) der Beförderung seines Antrags, b) einer angemessenen Erledigungszeit für den Empfänger und c) der Beförderung der Annahme-Erklärung.

Erfolgt die Annahme rechtzeitig, so bestimmt ihr Empfang durch den Antragsteller den Zeitpunkt der Vertragsvollendung; eine Rückziehung derselben auf den Zeitpunkt der Absendung (H. G. B. Art. 321) ist mit Recht nicht angenommen.

Erfolgt die Annahme verspätet, so gilt sie als neuer Antrag (§ 146, 1), während der ursprüngliche erloschen ist. Erfolgt sie unter Abweichungen vom Antrag, so gilt sie als Ablehnung und zugleich als neuer Antrag (§ 146, 2). Jedoch besteht für die verspätet eingegangene Annahme-Erklärung eine Ausnahme in dem Falle, wenn sie gehörig abgesendet war (daher bei regelmäßiger Beförderung auch rechtzeitig eingegangen sein würde) und der Antragsteller dies erkennen mußte: dann ist der letztere zu unverzüglicher Anzeige der Verspätung an den Annehmenden verpflichtet, und wenn er diese Anzeige verzögert, die Annahme als nicht verspätet anzusehen (§ 145).

Endlich kann in zwei Ausnahmefällen die Annahme eines Antrags auch anders als durch Erklärung derselben an den Antragsteller erfolgen: wenn entweder a) ein Verzicht des letzteren oder b) die Verkehrssitte den Annehmenden von einer solchen Erklärung entbindet (§ 147 Satz 1). Außerdem kann natürlich auch das Gesetz ein gewisses Verhalten des Antragsempfängers (auch bloßes Schweigen) der Annahmeerklärung gleichstellen (§§ 511, 2; 650; 687, 1 S. 2). Ein Verzicht liegt z. B. in der Aeußerung eines Absenders: „Ihr Schweigen über Telegrammfrist betrachte ich als Annahme". Nach der Verkehrssitte

[1]) Vergl. Jecklin in Rassow's und Küntzels Beitr. Bd. 36 S. 382.

bedarf es keiner Annahme-Erklärung an den Antragsteller bei Uebersendung von Börsenaufträgen und Waarenbestellungen, welche umgehende Ausführung erheischen und finden[1]), oder bei telegraphischer Vorausbestellung eines Zimmers im Hotel u. dgl. m. Welche Annahmehandlung in solchen Fällen den Vertragsschluß vollendet, und mit welchem Zeitpunkt in Ermangelung einer Annahmehandlung der Antrag erlischt, bestimmt sich — wenn keine gesetzliche Vorschrift eingreift — nach dem Willen des Antragstellers, und dieser Wille ist aus dem Antrage selbst oder aus den Umständen des Falles zu entnehmen (§ 147, Satz 2).[2])

Erfolgt die gerichtliche oder notarielle Beurkundung des Vertrages für Antrag und Annahme getrennt, so tritt die Vollendung grundsätzlich mit der Beurkundung der letzteren ein (§ 148).

Tod und Geschäftsunfähigkeit des Antragstellers, die vor der Annahme eintreten, bleiben, wie auf abgegebene Willenserklärungen überhaupt (§ 126, 2), so auch auf den Antrag ohne Einfluß, ausgenommen, wenn der Wille des Antragstellers erkennbar dahin ging, das Zustandekommen des Vertrags (z. B. einer Gesellschaft, § 714) an seine Person zu binden (§ 149 a. E.). Doch muß die Annahme-Erklärung statt dem Antragsteller nunmehr seinem Erben, bezw. Vertreter rechtzeitig zugehen; da dies aber unter Umständen, wenn z. B. ein Vertreter für den geisteskrank gewordenen noch nicht vorhanden ist, unausführbar sein kann, ist die Fassung des § 149: „Das Zustandekommen des Vertrages wird nicht dadurch gehindert, daß u. s. w."[3]) thatsächlich nicht immer zutreffend.

Ob auch dann, wenn auf Seiten des Antragsempfängers zwischen Empfang und Annahme Tod oder Verlust der Geschäftsfähigkeit eintritt, der Antrag unberührt bleibe, ist im Entwurf (anders als im Entwurf I § 89) nicht allgemein entschieden, also nach der Willensauslegung im einzelnen Falle zu beurtheilen.[4])

Durch eine besondere Bestimmung ist die Streitfrage gelöst, wann und wodurch bei der Versteigerung der Vertragsschluß vollendet wird. Und zwar faßt der Entwurf in § 152 das dem Versteigerer gemachte Gebot als Antrag und den Zuschlag als Annahme auf. Das Feilbieten bildet darnach eine (unverbindliche) Aufforderung, Anträge zu machen, und

---

[1]) R. G. Entsch. in Civ. S. Bd. 2 S. 43.

[2]) Vergl. Jecklin a. a. O. Bd. 36 S. 384.

[3]) Diese Fassung hat die Redaktionskommission an Stelle der andern und vorsichtigeren gesetzt: „Der Antrag wird durch den Tod des Antragenden nicht aufgehoben". Prot. S. 182.

[4]) Jecklin a. a. O. Bd. 36 S. 387. Ueber den Eintritt dieser Ereignisse vor dem Empfang vgl. § 127.

der Versteigerer ist berechtigt, unter zwei ihm gemachten gleich guten Geboten nach seiner Wahl das eine oder das andere anzunehmen, sowie das Bestgebot durch Verweigerung des Zuschlags abzulehnen. Letzteres geschieht auch durch Schluß der Versteigerung ohne Zuschlag. Jedes Gebot erlischt aber von selbst, wenn ein Uebergebot erfolgt; es war also von vornherein auflösend bedingt durch die Abgabe eines solchen (si melior condicio tibi allata erit). Diese Sätze sind zwar nicht als bloße Auslegungsregeln aufgestellt (wie es im Entwurf I § 90 durch die Worte „im Zweifel" geschehen war), aber doch nur dispositiver Natur, also durch Parteiabreden zu ändern. So kann sich insbesondere der Versteigerer das Recht vorbehalten, trotz eines Uebergebots ein voraufgegangenes geringeres anzunehmen.

Für jeden abgeschlossenen Vertrag (nicht bloß, wie Entwurf I § 359 es wollte, für den Schuldvertrag) schreibt § 153 vor, daß er nach Treu und Glauben mit Rücksicht auf die Verkehrssitte auszulegen ist. Dabei ist unter Auslegung nicht bloß die Ermittelung des Parteiwillens, sondern auch die Ergänzung etwaiger Lücken desselben verstanden. Die Verkehrssitte aber ist nicht als ein zweiter Maßstab neben Treu und Glauben gedacht, sondern als ein Hilfsmittel zur Bestimmung dessen, was Treu und Glauben erfordern. Denselben Maßstab wendet § 236 auch auf die Schulderfüllung an.

§ 7. Vertretung und Vollmacht.

Die Vertretung ist im Entwurf zum ersten Male unter Zusammenfassung ihrer verschiedenen Arten, der gesetzlichen und der gewillkürten, und unter völliger Loslösung der Vollmacht vom Auftrags- (Mandats)-Verhältniß bis ins Einzelne eingehend geregelt. Doch sind die aufgestellten Regeln in ihrem Zusammenhang und ihrer Tragweite vielfach schwer zu übersehen und daher einer genaueren Behandlung bedürftig.

I. Vertretung im Allgemeinen. §§ 160—162.

Der Entwurf versteht unter Vertretung nur die sog. unmittelbare (direkte), bei welcher der Vertreter eine Willenserklärung im Namen des Vertretenen abgiebt oder empfängt, die rechtliche Wirkung aber, vorausgesetzt, daß er sich in den Grenzen seiner Vertretungsmacht bewegte, „unmittelbar für und gegen den Vertretenen" eintritt, § 160, 1. Dagegen ist das Handeln im eigenen Namen und nur für fremde Rechnung im Sinne des Entwurfs keine Vertretung (auch nicht eine sog. stille oder mittelbare, wie noch die Motive Bd. 1 S. 226 sie nennen), sondern Dritten gegenüber nichts anderes, als ein Eigenschäft des Handelnden und nur im Verhältniß zwischen diesem und dem, welchen es anging, ein dem ersteren fremdes Geschäft. Ebenso ist keine Vertretung die bloße Uebermittelung einer fremden Willenserklärung (§ 116) durch einen Boten (Gehilfen), dessen Wissen und Wollen rechtlich nicht in Betracht kommt.[1])

Die grundsätzliche Zulässigkeit der Vertretung bei Rechtsgeschäften ist im Entwurf nicht besonders ausgesprochen (wie im Entw. I § 115), sondern als selbstverständlich vorausgesetzt. Ausnahmen finden sich namentlich im Familien- und Erbrecht. Die Vertretungsmacht ist in Fällen, wo ein allgemeines Bedürfniß sie erfordert, durch Gesetz verliehen, und der Inhaber einer solchen (z. B. der Vormund, der Konkursverwalter) „gesetzlicher Vertreter". Ist sie dagegen von einer Partei durch Rechtsgeschäft einem selbstgewählten und freiwilligen Vertreter ertheilt, so heißt sie „Vollmacht", § 162, 2. Die Streitfrage, ob der Vertreter das Geschäft durch seinen Willen zu Stande bringe, und nur die Wirkung den Vertretenen treffe (sog. Repräsentationstheorie), oder ob — wenigstens bei der gewillkürten Vertretung — der Vollmachtgeber selbst als durch Vermittelung des Vertreters handelnd zu denken sei, ist vom Entwurf nicht ausdrücklich entschieden; doch entsprechen seine Bestimmungen der ersteren Auffassung.

Voraussetzung einer Vertretung ist in allen Fällen Geschäftsfähigkeit des Vertreters; jedoch schadet gesetzliche Beschränktheit derselben, z. B. beim Minderjährigen, nicht, weil sie nur die eigenen Angelegenheiten der Person betrifft.

Voraussetzung ist ferner der Wille des Vertreters, im Namen des Vertretenen zu handeln, und die Kundgebung dieses Willens. Doch braucht derselbe nicht ausdrücklich erklärt zu sein, sondern es genügt, wenn die Umstände ihn erkennen lassen (§ 160, 1 Satz 2, vergl. H.G.B. Art. 52). Wie aber, wenn umgekehrt der Wille, nur in fremdem Namen zu handeln, obwohl vorhanden, für den Gegner nicht erkennbar war? Für diesen Fall bestimmt der Entwurf § 160, 2, daß der „Mangel des Willens, im eigenen Namen zu handeln, nicht in Betracht kommt." Damit ist zunächst ausgesprochen, daß der Geschäftsgegner des Handelnden es nicht gelten zu lassen braucht, wenn dieser nachträglich behauptet, er habe die Absicht gehabt, nicht im eigenen, sondern in fremdem Namen zu handeln. Dies ist auch schon bisher in der Praxis angenommen worden[2]) und kann nur gebilligt werden als eine neue Anwendung des

[1]) Vergl. Entsch. d. R.G. in Civ.S. Bd. 9 S. 348.

[2]) Entsch. d. R.G. in Civ.S. Bd. 2 Nr. 53. Hier hatte jemand in einem Hotel für seinen kranken, selbständigen Neffen Zimmer und Verpflegung bestellt; der Neffe starb im Hotel, der Besteller berief sich darauf, daß er nur Vertreter gewesen sei, wurde aber zur Zahlung verurtheilt.

Gedankens, daß die Haftung aus einem Geschäft auch über den Willen des Handelnden hinausgehen kann. Aber die Fassung des § 160, 2 reicht noch weiter; denn sie besagt absolut, daß der Mangel des Willens, im eigenen Namen zu handeln, „nicht in Betracht kommen" soll, also auch nicht außerhalb des Verhältnisses zwischen dem Handelnden und dem Geschäftsgegner. Ist dies in der That beabsichtigt? Wenn z. B. meine Hausdame mit meiner Vollmacht, aber ohne diese zu erwähnen, ein Dutzend silberne Löffel für mich kauft und mit meinem Gelde bezahlt, dann aber die Löffel vor der Ablieferung an mich bei ihr gepfändet werden, kann ich dann keine Widerspruchsklage (nach C. P. O. § 690) erheben? Wenn mein Diener, den ich bevollmächtigt habe, für mich eine Uhr kauft, wieder ohne mich zu nennen, und auf dem Heimweg stirbt, soll die Uhr dann zu seinem Nachlaß und beim Konkurse über diesen zur Konkursmasse gehören? Falls in der That der Wille des Vertreters, in fremdem Namen zu handeln, weil unerkennbar geblieben, nicht in Betracht kommt, so müssen beide Fragen bejaht werden. Und doch hatten die Verkäufer in beiden Fällen bei Uebergabe der Sache gar nicht die Absicht, das Eigenthum dem Geschäftsgegner selbst und nur ihm zu übertragen, sondern ihr Wille war in Bezug auf die Richtung des Eigenthumsüberganges indifferent, dem Willen des Käufers untergeordnet; warum sollte also das Eigenthum hier nicht nach dem Willen des Vertreters dem Vertretenen erworben sein? Man wird die Worte des § 160, 2 einengend dahin auslegen müssen, daß der Handelnde nur dem anderen Theil gegenüber sich auf den Mangel des Willens, im eigenen Namen zu handeln, nicht berufen kann.

Eine Hauptfrage ist es bei der Vertretung, aus wessen Person der Geschäftswille, Mängel des Willens (Irrthum, Zwang), und die Kenntniß gewisser Umstände und Eigenschaften (z. B. eines Fehlers der Kaufsache nach § 454, oder eines fremden Rechts an der Sache nach § 916, 2) zu prüfen und zu beurtheilen sei, ob aus der des Vertreters oder der des Vertretenen? Mit Recht entscheidet der Entwurf § 162, 1 im ersteren Sinne; er spricht zwar nur von Willensmängeln und von der Kenntniß gewisser Umstände, aber seine Entscheidung enthält einen Ausdruck des Prinzips, daß der Vertreter die wollende und handelnde Person ist; daher müssen z. B. auch bei der Auslegung der vom Vertreter abgegebenen Willenserklärung dessen Wille und Worte, nicht die des Vertretenen maßgebend sein. Die praktischen Konsequenzen dieses Prinzips sind einleuchtend. Wenn die Köchin auf dem Markt für ihre Hausfrau einen Hasen kauft, der einen Fehler hat, den sie aber eben darum billiger erhandelt, so kann die Hausfrau nicht Wandlung oder Minderung (§ 456) verlangen; denn ihre Vertreterin hat den Fehler gekannt. Wenn mein Bevollmächtigter für eine Sache als Kaufpreis statt, wie er wollte 100, aus Irrthum 110 verspricht, so kann ich wegen seines Irrthums den Kauf anfechten, obwohl meine Vollmacht bis auf 110 ging. Wenn ein Rechtsanwalt den Schriftsatz, durch den er Berufung einlegt, dem erstinstanzlichen Bevollmächtigten der Gegenpartei zustellt, weil er nicht weiß, daß diese für die zweite Instanz schon einen neuen Bevollmächtigten bestellt hat, so ist die Zustellung nach C. P. O. § 164 giltig, auch wenn der Vertretene um die Bestellung des neuen gegnerischen Anwalts bereits weiß.[1])

Eine wichtige Ausnahme gilt aber in dem Falle, wo ein Bevollmächtigter nach bestimmten Weisungen des Vollmachtgebers gehandelt, und der Letztere somit den Willensentschluß seines Bevollmächtigten mit hervorgebracht hat; hier kommt die Thatsache, daß der Bevollmächtigte gewisse Umstände weder kannte noch kennen mußte, dem Vollmachtgeber nur dann zu gute, wenn in seiner Person nicht das Gegentheil zutraf (§ 162,2). Habe ich also z. B. ein bestimmtes Buch im Laden eines Antiquars besichtigt und dann durch einen Bevollmächtigten in meinem Namen kaufen lassen, demnächst aber Flecke, die ich bei der Besichtigung übersehen hatte, darin gefunden, so kann ich nicht geltend machen, daß mein Vertreter dieselben nicht gekannt habe, weil ich selbst sie kannte oder doch kennen mußte. Dieser schon in der gemeinrechtlichen Theorie vertretene Satz[2]) bildet in der That eine nothwendige Beschränkung der Repräsentationstheorie. Dagegen bleibt es in Bezug auf Willensmängel auch im Falle einer Vollmacht mit bestimmten Weisungen bei der Regel, wonach jene lediglich aus der Person des Bevollmächtigten beurtheilt werden; wenn derselbe also durch Drohung oder arglistige Täuschung zu seiner Willenserklärung bestimmt war, kann dieselbe trotz ihrer Uebereinstimmung mit den ihm ertheilten Weisungen vom Vertretenen angefochten werden.

Für Verschulden eines gesetzlichen Vertreters haftet der Vertretene zwar keineswegs allgemein, aber doch insoweit, als dasselbe in Erfüllung einer Verbindlichkeit des Vertretenen begangen ist (§ 272). Darüber hinaus kann der Vertretene für unerlaubte Handlungen des Vertreters nur nach der Regel des § 815 haftbar werden, wonach

[1]) So erkannt vom R.G. Entsch. in Civ.S. Bd. 9 S. 348.

[2]) Vergl. besonders Mitteis: „Stellvertretung" S. 119, Dernburg: „Pand." I, § 117, Anm. 10. Darnach ist denn auch das von Dernburg gebildete Beispiel zu entscheiden. Jemand weiß, daß eine Sache dem, welcher sie zum Verkauf ausbietet, nicht gehört, und beauftragt seinen Handlungsgehilfen, der dies nicht weiß, mit dem Ankauf; wird er dann gutgläubiger Erwerber? Nein.

Jeder, der einen Anderen zu einer Verrichtung bestellt, den Schaden ersetzen muß, den der Andere in Ausführung der Verrichtung einem Dritten widerrechtlich zufügt.

Der Entwurf löst auch die neuerdings viel erörterte Frage, ob ein Vertreter im Namen des Vertretenen auch mit sich selbst — sei es in seinem eigenen Namen, sei es im Namen eines Dritten, gleichfalls von ihm Vertretenen — ein Rechtsgeschäft vornehmen könne.[1]) Der Entwurf I hatte diese Frage nicht ausdrücklich entschieden, aber laut der Motive stillschweigend dadurch bejahen wollen, daß er solche Geschäftsvornahme in verschiedenen Einzelanwendungen als zulässig anerkannte (§§ 805,2; 1168; 1326,2; 1370; 1417) und nur für Ausnahmefälle verbot (§§ 45,1; 50,4; 61; 1651; 1503,1). Der Entwurf II stellt umgekehrt als Regel die Unzulässigkeit der Vornahme von Rechtsgeschäften mit sich selber auf (§ 177 und Zusatz zur C. P. O. § 53a) und hat in Folge dessen jene einzelnen Anwendungen gestrichen und die Verbote in der neuen Regel aufgehen lassen. Der Grund für diese Regel ist aber lediglich ein praktischer, nämlich die Rücksicht darauf, daß bei der Vornahme von Rechtsgeschäften die Interessen der Betheiligten meist einander entgegengesetzt sind, und daher die Uebernahme beider Parteirollen durch eine Person die Gefahr einer Uebervortheilung der einen oder anderen Partei heraufbeschwört. Dagegen erachtet im Prinzip auch der Entwurf II die Vornahme eines Rechtsgeschäfts durch einen Vertreter mit sich selbst in eigener Person oder in Vertretung eines Dritten für möglich, und darum läßt er sie in zwei Ausnahmefällen auch rechtlich zu (§ 177): nämlich, wenn dem Vertreter ein anderes, d. h. eben die Vornahme von Rechtsgeschäften mit sich selbst (durch Gesetz oder Vollmacht) gestattet ist, und wenn das Rechtsgeschäft ausschließlich in der Erfüllung einer Verbindlichkeit besteht. Diese Sätze gelten auch für Vertreter juristischer Personen (Entw. I, § 45 u. Mot.). Es versteht sich von selbst, daß in diesen Ausnahmefällen der Willensentschluß für die beiden betheiligten Personen von dem Geschäftsurheber nicht bloß innerlich gefaßt, sondern auch erkennbar geäußert worden sein muß, z. B. vor einer Behörde zu Protokoll, oder durch Eintragung in Bücher, oder durch Ueberführung von Geld aus einer Kasse in eine andere u. dergl. m. In den angegebenen Grenzen aber ist die Zulassung von Geschäften mit sich selbst in der That praktisch nicht zu entbehren. Ja,

[1]) Vergl. Mot. Bd. 1 S. 224. Neuestens (1892) Kößler in Rassow's und Küntzel's Beitr. Bd. 36 S. 565. Außer der dort zusammengestellten Litteratur vergl. insbesondere über die wichtige l. 9. §§ 5. 7 D. de adm. et peric. 26,7: Eck in Goldschmidt's „Ztschr. f. H. R." Bd. 39 S. 265 und Dernburg: „Pand." I, § 119, Anm. 15.

man darf sagen, daß die vom Entwurf gezogenen Grenzen nur darum als nicht zu eng erscheinen, weil in unzähligen Fällen, wo Jemand neben seinen Geldern diejenigen eines Anderen oder mehrerer Anderer zugleich verwaltet, ihm nach dem Sinne der Vollmacht auch der Abschluß von Rechtsgeschäften, wie sie zur Verwaltung gehören, mit sich selbst gestattet sein wird.[1])

II. Vertretung kraft Vollmacht §§ 163—172.

Die Bevollmächtigung ist im Entwurf vom Auftrag (§§ 649—663), mit welchem andere Gesetzbücher sie vermischen, mit Recht scharf geschieden (Mot. Bd. 1 S. 228—229). Sie ist ein einseitiges Rechtsgeschäft, durch welches der Erklärende einem Anderen die Befugniß ertheilt, ihn zu vertreten. Ein Auftrag **kann** ihr zu Grunde liegen, in welchem Falle der bevollmächtigte Auftragnehmer außer der **Befugniß** auch die **Pflicht** hat, im Namen des Vollmacht- und Auftraggebers zu handeln. Es kann aber, wie ein Auftrag ohne Bevollmächtigung, so auch eine Bevollmächtigung ohne Auftrag ertheilt sein, letzteres z. B. auf Grund eines Gesellschaftsverhältnisses (§§ 701, 702) oder lediglich im Interesse des Bevollmächtigten selbst, der z. B. befugt sein soll, von einem Dritten eine Leistung im Namen des Vollmachtgebers, jedoch für eigene Rechnung (in rem suam) zu erheben[2]). Die Bevollmächtigung bedarf nicht, wie der Auftrag, einer Annahme; wohl aber muß sie einem anderen gegenüber erklärt werden, und zwar entweder a) gegenüber dem zu Bevollmächtigenden oder b) gegenüber dem Dritten, bei dem der Vollmachtgeber vertreten werden soll (§ 163). Einer **Form** bedarf die Bevollmächtigung nicht, selbst dann nicht, wenn für das Rechtsgeschäft, auf das die Vollmacht sich bezieht, eine Form vorgeschrieben ist, § 163[3]);

[1]) So wird z. B. der Verwalter zweier Vermögensmassen Werthpapiere zum Tageskurse aus der einen in die andere verkaufen dürfen. Der Bevollmächtigte darf das ihm übergebene Papiergeld in Gold umwechseln, von eingezogenen Geldern seine Provision entnehmen u. s. w. Ja, der Vertreter kann auch, um für den Vertretenen eine Kompensation zu ermöglichen, eine Forderung, die er selbst gegen einen Dritten hat, an den Vertretenen, oder eine Forderung, die dieser gegen einen Dritten hat, an sich selbst abtreten, wie dies eine freiere Praxis schon bisher annahm. (Dernburg: „Kompensation", 2. Aufl. S. 387, 457.)

[2]) Endemann S. 91 führt auch den Fall an, daß ein Hypothekengläubiger Vollmacht erhält, die Miethszinsen zu erheben und sich auf die Hypothekenzinsen anzurechnen.

[3]) Dadurch tritt der Entwurf in Gegensatz zu §§ 7, 8 A. L. R. I, 13, wonach der Dritte gegen den Machtgeber immer nur dann ein Klagerecht erwirbt, wenn dieser eine schriftliche Vollmacht ertheilt hatte.

sie kann also auch stillschweigend erfolgen (§ 701). Ausnahmsweise ist zur Ausschlagung einer Erbschaft eine öffentlich beglaubigte Vollmacht erforderlich (§ 1921, 2). In zwei Fällen wird aber die Bevollmächtigung durch einen anderweitigen Thatbestand ersetzt. Und zwar

1. wenn Jemand durch besondere Mittheilung an einen Dritten oder durch öffentliche Bekanntmachung (und somit an Dritte überhaupt) kundgegeben hat, daß er einen anderen bevollmächtigt habe § 167, 1[1]). Solche Kundgebung, mag sie auch in der Form einer bloßen thatsächlichen Mittheilung auftreten, sieht der Entwurf nicht nur als eine obligatorische Garantie-Erklärung (für das Vorhandensein einer Vollmacht), sondern geradezu als Ersatz einer Vollmacht an. Deshalb erlangt kraft solcher Kundgebung der in ihr als Vollmachtsträger Bezeichnete gegenüber dem Dritten, an den sie gerichtet war, und bei öffentlicher Bekanntmachung sogar gegenüber jedem Dritten die Vertretungsmacht eines Bevollmächtigten. Einreden daraus, daß die Bevollmächtigung in Wahrheit nicht oder nicht wirksam erfolgt sei, kann der Vertretene nicht vorschützen.

2. Wenn Jemand einem Anderen eine Vollmachtsurkunde ausgehändigt, und dieser sie dem Dritten vorgelegt hat. Zwar wird in jener Aushändigung regelmäßig eine wirkliche Bevollmächtigung liegen. Aber dieselbe kann auch fehlen oder, z. B. wegen eines Willensmangels, unwirksam sein; dann gilt gleichwohl jene Aushändigung noch als eine Kundgebung, welche in Verbindung mit der Vorlegung der Urkunde die Vollmacht ebenso ersetzt, wie die zu 1. erwähnte besondere Mittheilung an einen Dritten (§ 168).

Dagegen ist das Institut der vermutheten Vollmacht (§ 119 ff. A. L. R. I, 13) in den Entwurf nicht aufgenommen, vielmehr mit Rücksicht auf die Regeln über Vertretung ohne Vertretungsmacht (§§ 173—176) für entbehrlich erachtet.

Der Umfang der Vollmacht bestimmt sich durch Auslegung der sie begründenden Erklärung. Darnach kann sie auf ein einzelnes Geschäft oder auf einen ganzen Kreis von solchen (Generalvollmacht) gerichtet sein. Der Satz neuerer Gesetzbücher, daß die Vollmacht zu gewissen Geschäften nur unter besonderer Namhaftmachung derselben (als sog. Spezialvollmacht) erklärt werden könne, ist wegen seines erfahrungsmäßig höchst geringen praktischen Werthes (Mot. Bd. 1, S. 231) vom

---

[1]) Aehnlich schon § 147 A. L. R. I, 13. Beispiele bilden die Mittheilungen eines Geschäftsmannes an seine Kunden, daß er seinem Reisenden zur Empfangnahme von Aufträgen, — oder eines Hauswirths, daß er seinem Portier zur Erhebung der Miethen Vollmacht gegeben habe.

Entwurf nicht beibehalten. Doch ist eine einzelne Vorschrift derartigen Inhalts als Zusatz zur C. P. O. § 573b aufgenommen.

Mittelst Willensauslegung ist es auch zu entscheiden, ob der Bevollmächtigte Substitutionsbefugniß hat, und ob bei Bestellung mehrerer Bevollmächtigter für dasselbe Geschäft jeder für sich oder nur alle zusammen die Vertretungsbefugniß haben.

Da die Vertretungsmacht des Bevollmächtigten nicht durch Vorlegung einer Vollmachtsurkunde bedingt ist, so kann ihr Vorhandensein für den Geschäftsgegner zweifelhaft sein. Bei einem Vertrag mag er, um sicher zu gehn, seine Einwilligung verweigern. Für den Fall aber, daß ein einseitiges Geschäft (z. B. eine Kündigung, Mahnung od. dgl.) von einem Bevollmächtigten ohne Vollmachtsurkunde einem anderen gegenüber vorgenommen wird, giebt der Entwurf (§ 170) diesem dasselbe Recht, wie den Geschäftsgegnern anderer Personen, deren Berechtigung von einer fremden Willenserklärung abhängt, und welche diese nicht urkundlich darthun (§§ 107, 404, 1143, 2, 1807, 1808): er darf das Geschäft unverzüglich zurückweisen und dadurch unwirksam machen. Doch fällt dieses Recht weg, wenn der andere Theil durch den Vollmachtgeber selbst von der Bevollmächtigung Kenntniß hatte (§ 170 Satz 2)[1]. (Dieselbe Regelung ist für gesetzliche Vertreter nicht allgemein ausgesprochen, so daß z. B. das von einem Vormund ohne Vorlegung seiner Bestallung vorgenommene einseitige Rechtsgeschäft von dem Dritten nicht zurückgewiesen werden kann; ein Grund für diese Verschiedenheit ist nicht ersichtlich.)

Das Erlöschen einer Vollmacht erfolgt

a) nach Maßgabe des ihr zu Grunde liegenden Verhältnisses (§ 164 Satz 1), also mit dem Erlöschen desselben oder einer derartigen Abänderung, welche den Fortbestand der Vollmacht ausschließt. Hiernach erlischt z. B. die Vollmacht, die auf einem Auftrage beruht, im Zweifel zwar nicht durch den Tod des Auftraggebers, wohl aber durch den des Beauftragten (§§ 659, 660). Desgleichen erlischt die einem Gesellschafter mit der Befugniß zur Geschäftsführung ertheilte Vertretungsmacht durch die Entziehung jener Befugniß (§§ 701, 702).

---

[1]) Aehnlich schon §§ 91, 140, 141 A. L. R. I, 13. Dernburg, Persönl. Rechtsstellung S. 27 fürchtet, daß die Vorschriften des Entwurfs dem Verkehr schwere Hindernisse bereiten und zur Chikane dienen werden. Aber wenn der Dritte, dem durch einen Stellvertreter gekündigt wird, nicht berechtigt ist, sofortige Klarstellung der Vollmacht zu fordern, so kann er seinerseits schwer geschädigt werden, und er verdient doch wohl mehr Rücksicht, als der Gegner, der sich vertreten läßt und dabei nicht für eine schriftliche Vollmacht gesorgt hat.

Wenn indessen ausnahmsweise (nach §§ 661, 716) die erloschene Vollmacht des Beauftragten oder Gesellschafters wegen seiner Unkenntniß des Erlöschens als fortbestehend gilt, so kommt diese Ausnahme nicht auch dem Dritten zu Gute, der seinerseits das Erlöschen kannte oder kennen mußte § 165.

b) Durch Widerruf des Vollmachtgebers. Zum Widerruf ist derselbe auch bei Fortbestand des Grundverhältnisses jederzeit befugt, ausgenommen, wenn letzteres das Gegentheil ergiebt (§ 164 Satz 2) z. B. weil ihm zufolge die Vollmacht im eigenen Interesse des Bevollmächtigten (in rem suam) ertheilt war; in solchem Falle ist ein Widerruf nicht bloß Grund zum Anspruch auf Schadensersatz (wie nach H. G. B. Art. 54 der Widerruf einer Prokura oder Handlungsvollmacht), sondern unwirksam. Die Erklärung des Widerrufs muß, wie die Ertheilung der Vollmacht, entweder a) gegenüber dem Vollmachtsempfänger oder b) gegenüber dem Dritten, bei dem der Vollmachtgeber vertreten werden sollte, erfolgen (§ 164 Satz 3). Eine öffentliche Bekanntmachung des Widerrufs genügt also nicht ohne Weiteres; ist derjenige, an welchen die Widerrufserklärung zu richten ist, unerreichbar, so wird der Weg des § 128 zu beschreiten sein.

Läßt sich nach Erlöschen der Vollmacht noch ein Dritter mit dem gewesenen Bevollmächtigten ein, so greifen nach den neueren Gesetzbüchern sehr verschiedene Regeln Platz (Mot. Bd. 1, S. 235). Nach dem Entwurf wird der Vollmachtgeber, auch wenn der Dritte im Vertrauen auf den Fortbestand der Vollmacht handelte, doch durch die Erklärungen des Vertreters grundsätzlich nicht mehr gebunden; der letztere war eben nur noch Vertreter ohne Vertretungsmacht. Doch gelten von dieser Regel drei weitgreifende Ausnahmen in Fällen, wo für den Dritten ein besonderer Grund zum Vertrauen auf die Fortdauer der Vollmacht vorlag (Mot. Bd. 1, S. 236).

1. War die Bevollmächtigung durch Erklärung gegenüber einem Dritten ertheilt, so erlischt sie diesem gegenüber erst durch eine ihm vom Vollmachtgeber gemachte Anzeige § 166.

2. Beruhte die Vertretungsmacht auf einer Kundgebung erfolgter Bevollmächtigung durch besondere Mittheilung an einen Dritten oder durch öffentliche Bekanntmachung, so erlischt sie erst durch Zurücknahme der Kundgebung in entsprechender Weise § 167, 2; ob der Dritte von der öffentlichen Bekanntmachung auch Kenntniß erhalten hatte (H. G. B. Art. 46, 2), ist unerheblich.

3. Beruhte die Vertretungsmacht auf Aushändigung einer Vollmachtsurkunde, so erlischt sie erst durch Rückgabe der Urkunde an den Vollmachtgeber oder Kraftloserklärung derselben § 168, 2.

In diesen drei Fällen muß also zum Erlöschungsgrunde — und folgerecht ebenso zu einer nachträglichen Beschränkung der Vollmacht — ein der Entstehung gleichartiger konträrer Akt hinzutreten, um den guten Glauben und damit das Recht Dritter zum Vertrauen auf den Fortbestand der Vollmacht zu zerstören. Dessen bedarf es aber nicht, und die Ausnahmen fallen daher weg, wenn der Dritte bei Vornahme des Rechtsgeschäfts das Erlöschen der Vertretungsmacht kannte oder kennen mußte (§ 169). (Für den Fall, daß sein Kennen oder Kennenmüssen schon die Unwirksamkeit der Entstehung der Vollmacht betraf, greift § 138, 2 ein.)

Eine besondere Wirkung des Erlöschens der Vollmacht ist die Pflicht des Bevollmächtigten, die Vollmachtsurkunde zurückzugeben (§ 171); ein Zurückbehaltungsrecht ist ihm versagt, obwohl er ein Interesse haben kann, für seine frühere Bevollmächtigung einen Nachweis zu behalten.[1]) Da die Rückgabe unter Umständen nicht zu erzielen ist, so öffnet der Entwurf dem Vollmachtgeber auch den Weg zur Kraftloserklärung der Urkunde (§ 172). Dazu ist auch (nach den bei der Revision des Entwurfs II § 144 Abs. 2 und 3 vorgenommenen Aenderungen) nicht ein auf Antrag des Vollmachtgebers zu fassender gerichtlicher Beschluß erforderlich, sondern der Vollmachtgeber hat seine Kraftloserklärung nur nach den für die öffentliche Zustellung einer Ladung geltenden Vorschriften der C. P. O. zu veröffentlichen. Das für die Bewilligung der Veröffentlichung zuständige Amtsgericht ist in § 172, 2 näher bestimmt. Die Kraftloserklärung wird wirksam mit Ablauf eines Monats nach der letzten Einrückung in die öffentlichen Blätter; sie erlangt aber keine Wirkung bei Unwiderruflichkeit der Vollmacht. Damit ist unter Vermeidung der Fehler des Entwurfs II § 144 einerseits die Gefahr einer längeren Verzögerung der Entkräftung der Vollmacht vermieden, andererseits dem unwiderruflich Bevollmächtigten ein genügender Schutz gewährt.

Dem praktischen Bedürfniß gemäß gestattet der Entwurf auch

III. Vertretung ohne Vertretungsmacht oder (was gleichsteht) unter Ueberschreitung der Vertretungsmacht §§ 173—176.

Zwischen dem Vertreter und dem Vertretenen wird hier regelmäßig eine Geschäftsführung ohne Auftrag (§ 664—674) vorliegen. Im Verhältniß zu dem anderen Theile (Dritten) aber unterliegt zunächst ein Vertrag, der ohne Vertretungsmacht geschlossen ist, denselben Regeln, wie der von einem Minderjährigen ohne Einwilligung des Vormundes bezw. Vaters geschlossene §§ 173, 174, (vergl. §§ 104, 105 und oben

---

[1]) Vergl. R. G. Entsch. in Civ. S. Bd. 3 Nr. 53.

S. 36). Darnach hängt der Vertrag davon ab, ob der Vertretene seine Genehmigung ertheilt oder verweigert. Bis zu dieser Entscheidung ist der andere Theil nur dann gebunden (negotium claudicans), wenn er den Mangel der Vertretungsmacht gekannt hat[1]); in allen anderen Fällen ist er bis zur Genehmigung des Vertrags zum Widerruf berechtigt, den er auch dem Vertreter gegenüber erklären kann § 174. Andererseits kann die Genehmigung oder deren Verweigerung vom Vertretenen zwar nicht bloß dem anderen Theil, sondern auch dem Vertreter gegenüber in beliebiger Form (§ 178, 2) erklärt werden. Aber wenn der andere Theil eine direkte Erklärung an ihn selbst vom Vertretenen fordert, so tritt damit die etwa schon vorher dem Vertreter erklärte Entscheidung des Vertretenen wieder außer Kraft, und der letztere ist nur verpflichtet, sich nunmehr binnen zwei Wochen dem anderen Theil gegenüber zu erklären, widrigenfalls die Genehmigung als verweigert gilt § 173, 2. Die erklärte Genehmigung hat nach Maßgabe des § 180 rückwirkende Kraft.[2])

Wird nun der Vertretene dem Dritten nicht haftbar, so kann dieser unter gewissen Voraussetzungen den Vertreter selbst in Anspruch nehmen. In den bisherigen Rechten ist diese Haftung des Vertreters vielfach ihrem Grunde nach auf ein Verschulden des Vertreters (culpa in contrahendo) und ihrem Umfang nach auf das sog. negative Interesse des Dritten beschränkt worden (§§ 9, 96, 128, 171 A. L. R. I, 13; Entsch. d. R. G. in Civ. S. Bd. 6 Nr. 72; Mot. Bd. 1 S. 243). Beide Beschränkungen widersprechen aber in dieser Allgemeinheit dem praktischen Bedürfniß. Der Entwurf gestaltet daher die Haftung des Vertreters neu und eigenthümlich durch folgende drei Regeln.

1. Der Vertreter haftet schon dann, wenn er seinerseits seine Vertretungsmacht nicht beweist, und der Vertretene den Vertrag auch nicht genehmigt § 175, 1. Die dem bisherigen Recht fremde, aber von Bähr mit guten Gründen befürwortete[3]) Beschwerung des Vertreters mit der Beweislast rechtfertigt sich dadurch, daß für ihn die Klarlegung seines

---

[1]) Dem Kennen des Mangels der Vertretungsmacht ist hier das Kennenmüssen nicht gleichgestellt, weil man dem Dritten nicht die Pflicht auferlegen wollte, sich über die Vertretungsmacht zu erkundigen.

[2]) Die Motive Bd. 1 S. 241 führen als Ausdruck der Rückwirkung den Satz der l. 12, § 4 D. de sol. 46, 3 an: ratihabitio mandato comparatur. In Wahrheit aber drückt dieser wohl gerade die entgegengesetzte Lehre der Sabinianer aus, vergl. E. Zimmermann: Stellvertretende negotiorum gestio S. 270.

[3]) Bähr in der Krit. V. J. Schr. Bd. 30 S. 340 in Widerspruch mit R. G. Entsch. in Civ. S. Bd. 18 Nr. 32 S. 158.

Verhältnisses zum Vertretenen meist sehr leicht, für den Dritten dagegen meist schwierig sein wird. Als Grund für die bei Nichterbringung jenes Beweises eintretende Haftung des Vertreters kann aber nicht, wie die Motive Bd. 1 S. 244 andeuten, ein stillschweigendes Garantieversprechen gelten, was eine reine Fiktion wäre, sondern nur die Vertragsschließung selbst, die der Vertreter durch eigenes Wollen vollzogen und nur in ihrer Beziehung auf den Vertretenen nicht verwirklicht hat; eine neue Anwendung des Gedankens der Haftung über den eigenen Willen hinaus (vergl. oben S. 43).

2. Der Umfang dieser Haftung des Vertreters ist nach dem Vorbild des H. G. B. Art. 55; 298, 2 dahin bestimmt[1]), daß der andere Theil nach seiner Wahl Erfüllung oder Schadensersatz (wegen Nichterfüllung) verlangen kann § 175, 1. Dies Wahlrecht ist dem anderen Theil eingeräumt, weil ihm die Erfüllung durch den Vertreter unter Umständen werthlos oder doch weit weniger werth sein kann, als Schadensersatz, z. B. bei Verträgen über Handlungen, Eingehen eines Gesellschaftsverhältnisses u. dgl. m.

3. Diese strenge Haftung des Vertreters wird aber beschränkt durch zwei Ausnahmen,

a) sie ermäßigt sich auf den Ersatz des Schadens, den der andere Theil durch sein Vertrauen auf die Vertretungsmacht erlitten hat, d. h. auf das negative Interesse, das jedoch nicht über das positive hinausgehen kann, in dem Falle, wenn der Vertreter selbst den Mangel seiner Vertretungsmacht nicht gekannt hat (§ 175, 2);

b) sie fällt ganz weg, wenn der andere Theil den Mangel der Vertretungsmacht kannte oder kennen mußte, sowie wenn der Vertreter in der Geschäftsfähigkeit beschränkt, und ihm auch nicht die Zustimmung seines Vormunds u. s. w. ertheilt war (§ 175, 3).

Im Ergebniß tritt hiernach die volle Haftung des Vertreters auf Erfüllung oder Schadensersatz nur dann ein, wenn er allein den Mangel der Vertretungsmacht kannte; dagegen haftet er gar nicht, wenn der Dritte den Mangel kannte oder kennen mußte, und nur auf das negative Interesse, wenn weder er selbst, noch der Dritte den Mangel kannte.

Man muß dieser Regelung Beifall zollen bis auf einen Punkt. Der Dritte verliert seinen Anspruch an den Vertreter nicht bloß, wenn er den Mangel der Vertretungsmacht gekannt hat, sondern auch schon dann, wenn er ihn nur hätte kennen müssen; er hätte eben — so

[1]) So auch schon für das gem. R. das R. G., Entsch. in Civ. S. Bd. 6 Nr. 60 S. 216.

denkt der Entwurf — die Sachlage prüfen sollen.[1]) Dagegen geht der Vertreter der Wohlthat, nur auf das negative Interesse zu haften, erst dann verlustig, wenn er den Mangel seiner Vertretungsmacht thatsächlich gekannt hat, nicht schon, wenn er ihn hätte kennen müssen. Diese Ungleichheit ist unbillig.[2]) Der Vertreter wäre doch wohl noch mehr verpflichtet gewesen, die Sachlage zu prüfen, als der Dritte! Offenbar wäre der § 175, 2 besser dahin gefaßt worden: „Hat der Vertreter den Mangel der Vertretungsmacht weder gekannt, noch kennen müssen, so ist er" u. s. w.

Anders als die Abschließung von Verträgen erklärt der Entwurf die Vornahme von einseitigen Rechtsgeschäften durch einen Vertreter ohne Vertretungsmacht oder gegenüber einem solchen für grundsätzlich unzulässig § 176. Ausnahmen macht er aber bei solchen, welche einem Anderen gegenüber vorzunehmen sind (Mahnung, Kündigung u. s. w.), und zwar zunächst bei Vornahme derselben durch einen Vertreter ohne Vertretungsmacht in zwei Fällen:

a) (nach einem Vorschlag Bährs) wenn der Vertreter Vertretungsmacht zu haben behauptet, (sei es aus Irrthum, sei es wider besseres Wissen) und der Dritte diese „nicht beanstandet" d. h. (so muß man wohl die Gesetzesworte auslegen) weder den Mangel der Vertretungsmacht erkennt, noch das Geschäft (nach § 170) wegen fehlender Vollmachtsurkunde unverzüglich zurückweist;

b) wenn zwar der Vertreter selber nicht behauptet, Vertretungsmacht zu haben, der Dritte aber mit dem Handeln des Vertreters ohne solche einverstanden ist.

Hier sind, — in dem Falle zu a) wegen Unterlassung eines Widerspruchs gegen die Vertretung, in dem Falle zu b) wegen des positiven Einverständnisses mit derselben — die Vorschriften über Verträge entsprechend anzuwenden § 176 Satz 2. Folglich kann nach § 174

---

[1]) Warum besteht diese Verpflichtung hier, während sie doch in § 174 bei dem Recht zum Widerruf dem Dritten nicht auferlegt ist?

[2]) Man setze den Fall: A. bittet von auswärts den B., ihm im Hotel zum 17. März 1896 zwei Zimmer zu bestellen; B. berechnet aus Versehen, daß der 17. auf Montag falle, statt auf Dienstag, und bestellt die Zimmer daher schon auf Montag, also ohne Vertretungsmacht, aber ohne den Mangel zu kennen. A. trifft am Dienstag ein und weigert die Bezahlung für Montag. Hier soll nun der Wirth, weil B. den Mangel seiner Vertretungsmacht nicht kannte, sondern bloß hätte kennen müssen, von ihm nicht ohne weiteres den Zimmerpreis fordern können, sondern nur soviel, als er erweislich durch sein Vertrauen auf die Wirksamkeit des Vertrages eingebüßt, d. h. anderweit durch Vermiethung der Zimmer zu verdienen versäumt hat!

in dem Falle zu a) der Dritte seine Empfangnahme der Erklärung widerrufen, in dem Falle zu b) nicht; in beiden Fällen wird durch Genehmigung des Vertretenen nach § 173 das Geschäft (rückwärts) wirksam, beim Ausbleiben der Genehmigung aber haftet im Falle zu a) der Vertreter, wenn er den Mangel seiner Vertretungsmacht kannte, auf Erfüllung oder Schadensersatz (§ 175, 1), wenn er den Mangel nicht kannte, nur auf das negative Interesse (§ 175, 2), wogegen er in dem Falle zu b) von Haftung frei bleibt (§ 175, 3). Wird das Geschäft nicht von, sondern gegenüber einem Vertreter ohne Vertretungsmacht vorgenommen, so gilt für den Fall, daß dieser darüber mit dem Dritten einverstanden war, die gleiche Ausnahme, wie in dem Falle zu b); also kein Widerrufsrecht des Dritten, Rückwirkung der Genehmigung, und beim Ausbleiben derselben keine Haftung des Vertreters. Dagegen ist für den Fall, daß der Dritte eine vorgebliche Vertretungsmacht des Erklärungsempfängers nicht beanstandet und daraufhin das Geschäft ihm gegenüber vornimmt, eine Ausnahme von dem Verbot einseitiger Geschäfte durch einen unbefugten Vertreter, welche der zu a) erwähnten entspräche, nicht aufgenommen; warum nicht, wird nirgend gesagt.[1])

§ 8. Verjährung.

Der Entwurf will laut der Motive (Bd. 1 S. 291) nicht bei der Klageverjährung des Röm. Rechts stehen bleiben, sondern durch Verjährung das den Inhalt der Klage bildende Recht selbst, den Anspruch auf ein Thun oder Unterlassen (d. h. auf eine Leistung) erlöschen lassen § 189, 1[2]. Daher soll z. B. ein verjährter Anspruch auch nicht in Form einer Einrede mehr geltend gemacht werden können. Andererseits will der Entwurf doch nicht eine Verjährung des Rechts einführen, das den Grund des Anspruchs bildet, denn durch die Verjährung soll zwar das obligatorische Recht, weil es im Anspruch aufgehe, selbst erlöschen, aber das dingliche Recht soll trotz der Verjährung anspruchslos fortbestehen, und nach den Motiven soll die Feststellungsklage, weil sie keinem Anspruch diene, der Verjährung überhaupt entzogen sei. Kurz, Gegenstand der Verjährung soll ein Mittleres sein zwischen dem Klage-

[1]) Warum soll z. B., wenn ein Hauswirth seinem Miether kündigen will, ein angeblich bevollmächtigter Vertreter des Miethers ohne Beanstandung von Seiten des Hauswirths die Kündigung empfängt, und der Miether dies später genehmigt, die Kündigung nicht wirksam sein?

[2]) Wider diesen Grundgedanken des Entwurfs vergl. besonders O. Fischer in seinen und Bekkers Beiträgen Bd. I Heft 6 S. 117 ff. Dagegen hält Brettner im Archiv f. bürgerl. R. Bd. 5 S. 58 die Gestaltung der Lehre im Entwurf im Allgemeinen für richtig und gut.

recht und dem zu Grunde liegenden Recht, nämlich der Anspruch. Diese Auffassung der Verjährung ist bekanntlich von Windscheid aufgebracht, von manchen anderen[1]) angenommen und einmal auch vom Reichsgericht in einem Urtheil verwerthet worden.[2]) Aber, wenn wir hier nvo der Frage absehen, ob und wie privates Recht und Anspruch von einander zu unterscheiden seien, — so viel ist gewiß, daß die Beziehung der Verjährung auf den Anspruch, statt, wie im Römischen Recht[3]), auf das Klagerecht (das jus persequendi iudicio quod debetur), vom Entwurf keineswegs glücklich durchgeführt ist.

Schon der Entwurf I brach einige wichtige Konsequenzen dieses Gedankens ab: er ließ bei freiwilliger Erfüllung eines verjährten Anspruchs die Rückforderung des Geleisteten nicht zu (§ 182, jetzt § 217); er erklärte auch nach Verjährung eines Anspruchs die Beitreibung der Befriedigung aus dem Pfande für zulässig (§ 183, jetzt § 218). Schon diese beiden Sätze sind nur aus einem trotz der Verjährung fortdauernden (Natural-) Anspruch zu erklären. Der Entwurf II aber hat nicht bloß beide übernommen, sondern sich noch weiter von jenem Grundgedanken entfernt. Er gestattet auch eine Aufrechnung verjährter Ansprüche (§ 384), ja sogar, was nicht einmal das gemeine Recht zuläßt, das Wiederklagbarmachen eines verjährten Anspruchs durch Anerkenntniß oder Sicherheitsbestellung (§ 217, 2, Satz 2). Das alles stimmt zu einer Verjährung des bloßen Klagerechts vortrefflich, dagegen zu einem Erloschensein des materiellen Anspruchs nicht. Aber auch die Behauptung der Motive, daß die Feststellungsklage unverjährbar sei, weil sie keinen Anspruch geltend mache, ist schwerlich haltbar. Denn diese Klage dient doch mindestens dazu, einen Anspruch vorzubereiten und muß also, wenn er durch Verjährung aufgehoben ist, ebenfalls ausgeschlossen sein.[4]) So stellt sich denn in den Hauptpunkten die sogenannte Anspruchsverjährung der Sache nach als eine bloße Verjährung des Klagerechts mit neuem Namen dar. Nur soviel bleibt von der Theorie der Anspruchsverjährung praktisch, daß gewisse Einrederechte (besonders wegen eines Gewährsmangels), „weil sie auf keinem anderen Grunde, als auf einem Anspruch ruhen", mit dessen Verjährung zugleich erlöschen. Aber dieses ausnahmsweise freilich nothwendige Erlöschen von Einrederechten wäre wohl

---

[1]) Z. B. von Regelsberger Pand. I, § 181.

[2]) Entsch. in Civ. S. Bd. 2 Nr. 40.

[3]) Darüber besonders Eisele in d. Jahrb. f. Dogm. Bd. 31 S. 379 ff.

[4]) Auch Hellmann, Archiv f. Civ. Pr. Bd. 84 S. 145, 148, führt aus, daß die Verjährung des Anspruchs die Feststellungsklage darum ausschließe, weil mit ihm das Interesse an der Feststellung weggefallen sei. Vergl. auch Brettner a. a. O. S. 60.

einfacher durch eine direkte Bestimmung zu erreichen gewesen, als durch einen neuen und zweifelhaften Begriff der Verjährung. Desgleichen hätte eine positive Ausdehnung der Klagerechtsverjährung auf gewisse Fälle, wo noch keine Klage (aber auch noch kein Anspruch) entstanden ist (§§ 194, 195), keine Schwierigkeit gehabt.

Im einzelnen ist als Frist der Verjährung zwar grundsätzlich die vom Römischen Recht geschaffene dreißigjährige beibehalten (§ 190), eine Frist, die wie Hölder (a. a. O. S. 49) mit Recht bemerkt, auffallend lang erscheint neben den zehnjährigen für die Todeserklärung des Verschollenen und für den Verlust der Staatsangehörigkeit des im Auslande befindlichen Deutschen. Aber der Entwurf verkennt daneben nicht, daß bei dem hastigen Treiben unserer Zeit im Interesse der Schuldner vielfach kürzere Fristen geboten sind, und daß solche kurzen Fristen insofern auch dem Interesse der Gläubiger dienen, als sie im Verkehr das lange Kreditgeben abzustellen geeignet sind. Daher ist nach dem Muster des preußischen Gesetzes vom 31. März 1838 eine lange Reihe von Ausnahmen anerkannt, nämlich eine zweijährige Verjährung für achtzehn Gruppen von Ansprüchen aus Geschäften des täglichen Verkehrs (§ 191), und eine vierjährige für die Ansprüche auf Rückstände von wiederkehrenden Leistungen, wie namentlich auf Zinsen mit Einschluß der Amortisationsgelder (§ 192). Besonders dankenswerth ist es, daß hier, anders nach dem preußischen Gesetz, nicht bloß vorbedungene Zinsen, sondern auch gesetzliche, also namentlich Verzugszinsen, der kurzen Verjährung unterworfen sind. Dagegen fällt es auf, daß nicht, wie nach dem preußischen Gesetz vom 18. Juni 1840 auch Ansprüche auf öffentliche Abgaben, Gerichtskosten u. s. w. in kurzer Frist verjähren sollen. Die Motive Bd. 1 S. 307 behalten eine dahin gehende Bestimmung dem Einf.-Gesetze vor, aber der Entwurf des letzteren enthält eine solche nicht.

Im Uebrigen sind über Beginn der Verjährung, über Hemmung und Unterbrechung derselben, sowie über die Hinzurechnung der während des Besitzes eines Rechtsvorgängers verstrichenen Zeit (§§ 193—216) im Wesentlichen die gemeinrechtlichen Sätze wiederholt. Nur sollen die kurzen Verjährungen der §§ 191, 192 (entsprechend dem preußischen Recht) mit dem Schlusse des Jahres beginnen, in welchem der nach den allgemeinen Regeln maßgebende Zeitpunkt eingetreten ist (§ 196), was namentlich für Geschäftsleute eine große Vereinfachung mit sich bringt.

Als Wirkung der Verjährung war noch im Entwurf II § 187 eine Einrede bezeichnet, durch welche die Geltendmachung des Anspruchs dauernd ausgeschlossen sei. Dieser Ausdruck ist in Folge der von der Kritik gegen den Einredebegriff des Entwurfs erhobenen schweren Bedenken[1]) bei der Revision gestrichen und durch den anderen ersetzt worden, daß nach Vollendung der Verjährung der Verpflichtete berechtigt ist, die Leistung zu verweigern (§ 217). Daraus ist zu entnehmen, daß der Beklagte die Verjährung vorschützen muß, wenn sie Berücksichtigung finden soll, daß er daher auf sie auch verzichten kann, und der Richter sie nicht von Amtswegen zur Geltung bringen darf. Dies entspricht, wie neuerdings gründlich nachgewiesen worden ist,[2]) durchaus dem geschichtlich bei uns entwickelten Recht. Freilich hat man dagegen mit Scharfsinn ausgeführt,[3]) daß das der Verjährung zu Grunde liegende Motiv vielmehr Beseitigung der Rechtsungewißheit im öffentlichen Interesse, die Abschneidung von Prozessen um veraltete Thatbestände sei. Darnach würde dem Verpflichteten die freie Verfügung über die Berücksichtigung der Verjährung zu versagen sein. Allein auch der moderne Grundgedanke der Verjährung ist doch wohl kein anderer, als der eines Schutzes, welcher dem Verpflichteten dargeboten, aber nicht aufgenöthigt werden soll. Der Entwurf zieht daraus die Folgerung, daß die Verjährung auch durch rechtsgeschäftliche Bestimmung erleichtert, insbesondere die Frist verkürzt werden kann, wogegen er eine Ausschließung oder Erschwerung der Verjährung als gefährlich der Parteiwillkür nicht freigiebt (§ 220). Ausnahmen davon finden sich in § 471, 1, S. 2; § 628, 2; § 785, 3.

Neben der Verjährung der Ansprüche kennt der Entwurf als Institute, welche die rechtsbildende Kraft der Zeit verwirklichen, nur noch die Mobiliarersitzung. Die Erlöschung von Rechten durch Nichtgebrauch (non usus) ist abgeschafft, ebenso die unvordenkliche Zeit. Man darf behaupten, daß wenigstens die Letztere zur Ergänzung jener zwei beibehaltenen Institute wohl am Platze gewesen wäre. Namentlich bei Rechten, die von Gemeinden oder Genossenschaften, sei es für alle Mitglieder, sei es für einzelne Klassen derselben in Anspruch genommen werden,[4]) bei subjektiv-dinglichen Rechten u. dgl. m. wird sich, wenn die uralte Uebung zur Begründung jetzt nicht mehr genügt, leicht eine Lücke fühlbar machen.

---

[1]) Vergl. besonders O. Fischer a. a. O. S. 101 ff.

[2]) Von Ernst Heymann, Das Vorschützen der Verjährung. Breslau 1895.

[3]) O. Fischer a. a. O. S. 124.

[4]) Beispiele aus der Praxis giebt G. Hartmann im Archiv f. Civ. Pr. Bd. 73 S. 326.

Schlußwort.

Aus den vorstehenden Ausführungen dürfte sich ergeben, daß der Allgemeine Theil des Entwurfs allerdings von Fehlern nicht frei ist, daß aber seine Fehler doch erheblich leichter wiegen, als seine Vorzüge. Man thut daher Unrecht, wenn man nur jene und nicht auch diese in die Wagschale wirft. Wie mit dem Allgemeinen Theile, verhält es sich auch mit den übrigen Partieen des Entwurfs. Es lehrt aber die Geschichte unserer Gesetzbücher überhaupt, daß diese immer in der Anwendung sich besser bewährt haben, als man vorher erwartet hatte. Als das Preußische Landrecht 1789 im Entwurf vorlag, veröffentlichte Johann Georg Schlosser, Goethes Schwager, seine bekannten Briefe über die Gesetzgebung überhaupt und den Entwurf insbesondere, in denen er die dunkle und unbestimmte Fassung des letzteren, seinen zu großen Umfang und seine Anordnung tadelte und seine Annahme dringend widerrieth.[1]) Wie sehr hat der Erfolg seine Warnungen widerlegt! Als später das Deutsche Handelsgesetzbuch geplant wurde, erklärten viele Stimmen die Schaffung eines solchen ohne gleichzeitige Kodifikation des gesammten Privatrechts für ein „gefährliches, wenn nicht unmögliches Unternehmen". Und als der Entwurf dann fertig vorlag, da wurden wenigstens von einzelnen Sätzen desselben die schlimmsten Folgen prophezeit. Thöl, nächst L. Goldschmidt der erste Kenner des Handelsrechts, nannte es[2]) einen Todesstoß für die Kommanditgesellschaft, daß nach Art. 163, wenn die Gesellschaft vor der Eintragung ihre Geschäfte beginnt, der Kommanditist aus den vor der Eintragung entstandenen Verbindlichkeiten persönlich haftet. Wie jedermann weiß, ist dieser Todesstoß völlig unblutig verlaufen. Wir dürfen hoffen, daß es mit den Wunden, die nach Ansicht mancher die Annahme des Entwurfs

---

[1]) Vergl. Stölzel, C. G. Svarez S. 271.

[2]) Handelsrecht Bd. I § 105 a. E.

unserem Volksleben schlagen würde, sich nicht anders verhalten wird. Unzweifelhaft aber ist **ein** Gewinn, den die Erhebung des Entwurfs zum Gesetz unserem Volke bringen wird, das ist die Einheit des Rechts. Die rund 50 000 deutschen Juristen werden dann an einem Strange ziehen können, während sie jetzt ihre Kräfte an unzähligen verschiedenen Rechten zersplittern müssen! Die Bedeutung dieses Punktes ist für die Praktiker noch weit fühlbarer, als für die Theoretiker, und insofern verdienen die Stimmen der ersteren, die sich für Annahme des Entwurfs aussprechen, besondere Beachtung. Zugleich wird uns das neue Gesetzbuch für zahlreiche Fragen, die jetzt Gegenstand hoffnungsloser Streitigkeiten sind, theils bestimmte Lösungen, theils wenigstens einen festen Boden darbieten, auf dem wir bei Lösungsversuchen fußen können. Auf solchem Boden aber wird auch in den Fällen, wo Streit übrig bleibt oder neuer entsteht, sich eher eine allgemeine Rechtsüberzeugung bilden, als dies jetzt auf einem vielfach ganz unsicheren und schwankenden Grunde möglich ist. Wenn nun jene Vereinigung aller juristischen Kräfte auf einem Boden und die damit verbundenen Vortheile nicht bloß für die Juristen selbst, sondern für das gesammte deutsche Volk aufs Höchste erstrebenswerth sind, dann kann die Antwort auf die jetzt schwebende Frage: „Annehmen oder ablehnen?“ nicht anders lauten als: „Annehmen!“

Druck der Norddeutschen Buchdruckerei, Berlin SW., Wilhelmstraße 32.

Sammlung von Vorträgen

über den

Entwurf eines Bürgerlichen Gesetzbuchs

in der Fassung der dem Reichstag

gemachten Vorlage.

Heft II.

Dr. R. Schröder, Das eheliche Güterrecht.

Berlin SW. 48.

Wilhelmstraße 119/120.

J. Guttentag, Verlagsbuchhandlung.

1896.

Das eheliche Güterrecht

nach dem

Entwurf eines Bürgerlichen Gesetzbuchs

in der Fassung der dem Reichstag

gemachten Vorlage.

Eine Darstellung und Erläuterung

von

Dr. R. Schröder,

Professor der Rechte an der Universität Heidelberg.

Berlin SW.48.

Wilhelmstraße 119/120.

J. Guttentag, Verlagsbuchhandlung.

1896.

Die im Deutschen Reiche zur Zeit bestehenden gesetzlichen Systeme des ehelichen Güterrechts sind: die Verwaltungsgemeinschaft, die Errungenschaftsgemeinschaft, die Fahrnißgemeinschaft (d. h. Mobiliar- und Errungenschaftsgemeinschaft), die allgemeine Gütergemeinschaft und das römische Dotalrecht.

Alle diese Systeme haben nur dispositive Bedeutung, sie finden nur Anwendung, soweit nicht durch rechtsgültigen Ehevertrag etwas anderes bestimmt ist: „Gedinge bricht Landrecht". Dieser vornehmste Satz des altdeutschen ehelichen Güterrechts hat sich, theils durch gemeines Gewohnheitsrecht, theils unter ausdrücklicher gesetzlicher Anerkennung, dem römischen Rechte gegenüber in ganz Deutschland erhalten. Auch der Entwurf hält daran fest: „Die Ehegatten können ihre güterrechtlichen Verhältnisse durch Vertrag (Ehevertrag) regeln" (§ 1415).

Das Hamburger Recht ist wohl das einzige in Deutschland bestehende Partikularrecht, welches Eheverträgen keine Wirkung gegen Dritte beilegt. Der Entwurf hat sich diesen Standpunkt nicht angeeignet, aber er macht, nach dem Vorgange Oldenburgs und Bremens und der vielfach für Eheverträge vorgeschriebenen Eintragung in das Handelsregister, die Wirkung der Eheverträge gegen Dritte von ihrer öffentlichen Registrirung und Bekanntmachung abhängig (§§ 1418, 1541—1546). Die dafür bestimmten Güterrechtsregister[1]) werden von den Amtsgerichten geführt; die Zuständigkeit bestimmt sich nach dem Wohnsitze des Mannes. Die Eintragungen unterliegen demselben Präjudiz wie die des Handelsregisters. Auch nicht auf Ehevertrag beruhendes Vorbehaltsgut der Frau, ferner alle Fälle der Gütertrennung und die Entziehung der der Hausfrau zustehenden Schlüsselgewalt sind unter dem gleichen Präjudiz in das Güterrechtsregister einzutragen.

---

[1]) Der Entwurf des schweizerischen Zivilgesetzbuches §§ 142—144 ordnet in ganz entsprechender Weise die Anlegung von Ehegutsregistern an.

Von den gesetzlichen Systemen, hat das des **römischen Rechts**, auch abgesehen von seiner Durchbrechung durch das Prinzip der Vertragsfreiheit, weitaus das kleinste Geltungsgebiet, indem es, von unbedeutenden Bezirken abgesehen, nur in Braunschweig, Waldeck und dem ehemaligen Herzogthum Westfalen (Arnsberg), sowie dem größten Theile des bayerischen Kreises Schwaben und des platten Landes in beiden Mecklenburg mehr oder weniger rein zur Anwendung kommt. Im Uebrigen gilt es noch hier und da für die höheren Gesellschaftsklassen, die früher das Recht des eximirten Gerichtsstandes besessen haben, und in dem Gesammtgebiete des gemeinen Rechts für alle Ehen, in denen der gesetzliche Güterstand durch Ehevertrag einfach ausgeschlossen ist. Bei so beschränkter Anwendung in kleinen, unzusammenhängenden Gebieten konnte das römische Dotalrecht, obwohl es der Ehefrau gegenüber dem Manne eine größere Selbstständigkeit und Sicherung gewährt, als die deutschrechtlichen Systeme, und darum von den Vertretern der Frauenemanzipation als das Idealrecht gepriesen und gefordert wird, bei der einheitlichen Normirung des deutschen Zivilrechts eine besondere Berücksichtigung nicht beanspruchen.

Hinsichtlich der vier anderen Systeme, die sämmtlich auf deutschrechtlicher Grundlage erwachsen sind, hat der Entwurf das noch in dem preußischen allgemeinen Landrecht durchgeführte **Regionalprinzip** mit Recht vermieden[1]). Ein Zusammenhang der verschiedenen Güterrechtssysteme mit besonderen Stammeseigenthümlichkeiten besteht schon seit dem Mittelalter nicht mehr. Die allgemeine Gütergemeinschaft war bereits im Mittelalter bei allen Stämmen bekannt, im Uebrigen wurde die Verwaltungsgemeinschaft bei den ostfälischen Sachsen, bei den übrigen Stämmen die Mobiliar- und Errungenschafts- oder die bloße Errungenschaftsgemeinschaft bevorzugt. Die schließliche Gruppirung der verschiedenen Systeme beruhte überwiegend auf wirthschaftlichen Verschiedenheiten, vielfach auf rein äußerlichen Umständen ohne jede historische Berechtigung[2]). Größere geschlossene Gebiete ließen sich höchstens in Norddeutschland für die Verwaltungsgemeinschaft und allgemeine Gütergemeinschaft und im Westen für die Fahrnißgemeinschaft des französischen Rechts abgrenzen. Dagegen besteht in Süd- und Mitteldeutschland das bunteste Gemisch von allgemeiner Gütergemeinschaft und Errungenschaftsgemeinschaft, so daß die Durchführung größerer Gruppen sich selbst dann als unmöglich erweisen würde, wenn die beiden hier in Betracht kommenden Systeme

---

[1]) Ebenso der Entwurf des schweizerischen Zivilgesetzbuches.

[2]) Man denke z. B. an die rein zufällige Uebereinstimmung des Würzburger Landrechts mit dem Lübischen Stadtrecht, die beide nur bei bekindeter Ehe allgemeine Gütergemeinschaft eintreten lassen.

überhaupt in sich einheitlich gestaltet wären. Aber die Verschiedenheiten innerhalb der einzelnen Systeme sind überaus groß und auch die bescheidenste Konsolidation würde nur unter schonungslosen Eingriffen in die bestehenden Eigenthümlichkeiten durchzuführen sein. Wenn aber solche Eingriffe überhaupt nicht zu vermeiden sind, so ist nicht einzusehen, was mit einer solchen Flickarbeit, auf Kosten der nationalen Rechtseinheit, gewonnen wäre.

Dazu kommt die bei früheren Gesetzgebungsakten gemachte Erfahrung, daß das Rechtsbewußtsein des Volkes im Allgemeinen lange nicht so sehr an den hergebrachten Güterständen festhält, wie vielfach angenommen wird, und daß es, wo dies der Fall ist, ein sehr einfaches Mittel giebt, berechtigten Forderungen in dieser Beziehung zu begegnen. Indem der Entwurf das Regionalprinzip zurückweist und ein einziges System als gesetzlichen Güterstand aufstellt, trägt er den bestehenden Verschiedenheiten, soweit sie dem Volksbewußtsein oder wirthschaftlichen Bedürfnissen wirklich entsprechen, nach dem Vorgange aller neueren Kodifikationen seit dem Code civil und in Uebereinstimmung mit dem schweizerischen Entwurfe dadurch Rechnung, daß er die übrigen Systeme als vertragsmäßige Güterstände normirt.

Bei der ziemlich gleichmäßigen Vertheilung der vier Systeme innerhalb des Reiches bedurfte es reiflicher Erwägung, welches derselben den Vorzug, als das gesetzliche System an die Spitze gestellt zu werden, verdiente. Manches sprach für die Errungenschaftsgemeinschaft; aber ihr bisheriger Bereich ist der kleinste, in der Hauptsache auf süddeutsche, wenig zusammenhängende Gebiete beschränkt, und ihre allgemeine Einführung in Gegenden, die andere Systeme hergebracht haben, würde im praktischen Leben, namentlich hinsichtlich der Schuldenhaftung und bei der Auseinandersetzung nach Auflösung der Ehe, auf große Schwierigkeiten stoßen und ihre Einbürgerung sehr erschweren. Erheblich leichter würde sich die ebenso in Nord- wie in Süddeutschland stark verbreitete, zum Theil große geschlossene Gebiete beherrschende allgemeine Gütergemeinschaft durchführen lassen. Das System ist, wenn man von der fortgesetzten Gütergemeinschaft Abstand nimmt, das einfachste von allen und leicht könnte ihm auch die Fahrnißgemeinschaft des französischen Rechts eingegliedert werden, da diese bei den heutigen wirthschaftlichen Verhältnissen, wo Mobiliarwerthe oft weit über den Immobiliarwerthen stehen, als selbstständiges System kaum zu allgemeiner Einführung geeignet erscheinen dürfte. Dem gegenüber aber haben die von der Kommission veranlaßten statistischen Erhebungen bei dem Systeme der allgemeinen Gütergemeinschaft und mehr noch bei dem der Fahrnißgemeinschaft die außerordentliche Häufigkeit vertragsmäßiger Ausschließung, in Baden bei bis zu 50 Prozent aller Ehen, ergeben und schwerlich würde man sich in den Gebieten der Verwaltungs- oder Errungenschaftsgemeinschaft oder des Dotalrechts mit ihr befreunden. Dazu kommt die sozialpolitische Rücksicht, daß es bei der allgemeinen Gütergemeinschaft unmöglich ist, der Ehefrau diejenige Selbstständigkeit und Sicherung gegenüber ihrem Manne und seinen Gläubigern zu geben, die sie nach dem gesammten Gange der neueren Rechtsentwickelung zu beanspruchen hat[1]). Dagegen war dies leicht auszuführen bei dem System der Verwaltungsgemeinschaft, das schon heute den größten Theil des preußischen Landrechtsgebietes, das Königreich Sachsen, das Herzogthum Oldenburg und die Gebiete des gemeinen Sachsenrechts, zum Theil auch die des Lübischen Rechts beherrscht und im Bereiche des französischen Rechts überall zur Anwendung kommt, wo durch Ehevertrag ohne sonstige Bestimmung die gesetzliche Fahrnißgemeinschaft ausgeschlossen ist. In den Geltungsbereichen des Dotalrechts, wo ohnehin in zahlreichen Ehen dem Manne Verwaltung und Nutzung des Frauengutes zu den Zwecken der Ehe freiwillig überlassen wird (nach Oesterr. B. G. B. 1238 f. spricht im Zweifel sogar die Vermuthung hierfür), kann die Einführung der Verwaltungsgemeinschaft, zumal wenn den Bedürfnissen der Arbeiterbevölkerung und des kleineren Mittelstandes durch eine Ausdehnung des gesetzlichen Vorbehaltsgutes entgegengekommen wird, nur als eine wenig einschneidende Modifikation des bisherigen Rechtszustandes empfunden werden. Dasselbe ist von den Gebieten der Errungenschaftsgemeinschaft anzunehmen, wenn die Frau für den Verlust ihres Errungenschaftsantheils durch die Befreiung von den Lasten der Ehe und durch Erweiterung der Möglichkeit eigenen Erwerbes entschädigt wird. Dem-

---

[1]) Ein ausgedehntes gesetzliches Vorbehaltsgut der Frau ist mit dem Wesen der allgemeinen Gütergemeinschaft unvereinbar, der Mann wird daher hier stets schärfer, als unter den übrigen Güterständen, als das Haupt des Hauses hervortreten. Man hat sich wohl gegen den Entwurf auf das bekannte Beispiel Württembergs berufen und behauptet, in allen Ländern, wo heute allgemeine Gütergemeinschaft bestehe, werde die Anhänglichkeit an das alte Recht nach Einführung des B. G. B. dahin führen, daß man das bewährt befundene System der Gütergemeinschaft allgemein durch Eheverträge festzuhalten suchen werde. Dies enthalte aber eine Härte gegen die Unvermögenden, die gezwungen sein würden, sich dem neuen Rechte zu unterwerfen. Dabei wird übersehen, daß der offenkundige Grund für den in Württemberg bestehenden Brauch, der sich zweifellos in vielen Gegenden wiederholen wird, auf dem Bedürfnisse der Männer, für die Hebung ihres Kredites das Vermögen ihrer Ehefrauen nutzbar zu machen, beruht, also ein Beweggrund, der überhaupt nur bei den vermögenden Klassen vorkommen kann.

gemäß hat der Entwurf, auch hier in Uebereinstimmung mit dem der Schweiz, sich für das gesetzliche System der Verwaltungsgemeinschaft, aber, um den Vorzügen der Gütergemeinschaftssysteme entgegenzukommen, in Verbindung mit einem weitreichenden Ehegattenerbrecht, entschieden[1]).

Das Wesen der ehelichen **Verwaltungsgemeinschaft** ist in zwei deutschen Rechtssprichwörtern treffend ausgedrückt: „Mann und Weib haben kein gezweiet Gut bei ihrem Leib", und: „Frauengut soll weder wachsen, noch schwinden". Damit ist ausgesprochen, daß der Mann von Rechtswegen das Vermögen der Frau für die Dauer der Ehe in Verwaltung und Nutzung (§ 1346), dafür aber den ehelichen Aufwand allein zu tragen (§ 1372) und bei Auflösung der Ehe das eingebrachte Gut der Frau unvermindert herauszugeben hat (§ 1404). Dies Recht der Verwaltung und Nutzung behandelt der Entwurf als eine familienrechtliche Befugniß, die dem Manne als Oberhaupt des Hauses in derselben Weise wie dem Vater an dem Vermögen der Hauskinder zusteht. Damit ist der engherzige sachenrechtliche Standpunkt des ehemännlichen Nießbrauches, den der erste Entwurf aus dem sächsischen B. G. B. übernommen hatte, aufgegeben. Im Verfolg dieser durch und durch undeutschen Auffassung, die in dem Ehemanne nur einen Nutznießer und Verwalter fremder Sachen erblickte, hatte der erste Entwurf zahlreiche, im Prozeßwege zu entscheidende Streitigkeiten unter Ehegatten vorgesehen. Der veränderte Standpunkt des zweiten Entwurfs bringt es mit sich, daß die Erledigung derartiger Streitigkeiten ausschließlich der Zuständigkeit des Vormundschaftsgerichts überwiesen wird.

---

[1]) Nach §§ 1907 f. erbt der überlebende Ehegatte ein Viertel neben Abkömmlingen (nach A. L. R. Kindestheil, aber höchstens ein Viertel), die Hälfte neben Eltern, Geschwistern und ihren Abkömmlingen, mindestens die Hälfte neben Großeltern, außerdem in beiden Fällen den ganzen Hausrath und die Hochzeitgeschenke (nach A. L. R. ein Drittel und den Hausrath); alle übrigen Verwandten schließt er aus (nach A. L. R. erst Verwandte über den sechsten Grad hinaus, bis dahin Erbfolge zur Hälfte). Noch weiter in der Begünstigung des Ehegattenerbrechts geht der schweizerische Entwurf (neben Nachkommen Nießbrauch auf Lebenszeit am ganzen Nachlasse, neben Eltern, Geschwistern und deren Nachkommen Eigenthum an der einen und Nießbrauch an der anderen Hälfte; alle übrigen Verwandten, auch die Großeltern, sind ausgeschlossen), während das Sächsische B. G. B. §§ 2049 ff. dem deutschen Entwurfe bereits sehr nahe kommt. Der halbe gesetzliche Erbtheil gilt nach § 2276 des Entwurfes, in Uebereinstimmung mit dem A. L. R., als Pflichttheil.

Das der Verwaltung und Nutzung des Mannes unterworfene Vermögen der Frau bezeichnet der Entwurf, im Anschlusse an die Terminologie des preußischen allgemeinen Landrechts, als „eingebrachtes Gut" (§ 1346). Den Gegensatz dazu bildet das **Vorbehaltsgut** (in der Schweiz „Sondergut") der Frau (§ 1348), das nach den Grundsätzen der Gütertrennung (S. 15 f.) behandelt wird und von den vielfachen Einmischungen und Beschränkungen, die das allgemeine Landrecht (A. L. R. II, 1 §§ 223 ff., 319) dem Ehemanne auch hier gestattet, befreit ist; zu den ehelichen Lasten hat das Vorbehaltsgut nur insoweit beizusteuern, als der Mann nicht schon durch die Nutzungen des Eingebrachten einen angemessenen Beitrag erhält. Verbindlichkeiten der Frau, die in Betreff des Vorbehaltsgutes entstanden sind, ferner Deliktsschulden der Frau und ihr auferlegte Prozeßkosten hat das Vorbehaltsgut zu tragen, eventuell dem Manne für Rechnung des Eingebrachten zu ersetzen (§§ 1397 ff.). Ebenso sind umgekehrt Auslagen des Vorbehaltsgutes aus dem Eingebrachten zu ersetzen (§ 1400). Vorbehaltsgut kann durch Ehevertrag, bei Schenkungen und letztwilligen Zuwendungen auch durch einseitige Bestimmung des Schenkers oder Erblassers begründet werden. Gesetzliches Vorbehaltsgut ist alles, was die Frau durch ihre Arbeit oder den selbstständigen Betrieb eines Erwerbsgeschäfts verdient (§ 1349), eine wesentliche Neuerung des Entwurfs, die aus Gründen der Sozialpolitik dem bisherigen Rechtszustande entschieden vorzuziehen ist[1]). Nach dem Letzteren erhält der Mann an dem Arbeits- und Geschäftserwerbe seiner Ehefrau entweder ganz wie an den Erträgen ihres Eingebrachten das Eigenthum, oder, wo dies gewahrt bleibt, doch das Recht der Verwaltung und Nutznießung[2]). Alles, was die Frau aus Mitteln

[1]) Damit werden in den minder bemittelten Klassen, bei denen die Ehefrau genöthigt ist, auch ihrerseits auf Erwerb auszugehen, für die letztere alle Vortheile, die sonst nur mit dem System der Gütertrennung verbunden sind, gesichert, während in vermögenden Kreisen durch Eheverträge, bei Schenkungen oder letztwilligen Zuwendungen an die Frau durch Vorbehalt die gleiche Wirkung herbeigeführt werden kann. Die von den Freunden der Frauenemanzipation erhobenen Angriffe gegen das eheliche Güterrecht des Entwurfs sind daher nur erklärlich, wenn man annimmt, daß dieselben den Entwurf entweder überhaupt nicht gelesen oder doch nicht verstanden haben. Der Gefahr, daß die Ehefrau durch selbstständige Erwerbsthätigkeit wider den Willen ihres Mannes ihren häuslichen Verpflichtungen entzogen werden könnte, ist durch die §§ 1339, 1341, 1388 vorgebeugt. Vergl. Schweizer. Entw. 105, 108.

[2]) Vergl. A. L. R. II, 1 §§ 211, 219 f. Sächs. B. G. B. § 1668, Oldenburg. Gesetz vom 24. April 1873, Art. 2, Lübecker Gesetz v. 15. Febr. 1862, § 2. Eine vermittelnde Stellung nimmt der Schweizer. Entwurf 134 ein.

des Vorbehaltsgutes erwirbt oder von Dritten als Ersatz für Zerstörung, Entziehung oder Beschädigung dazu gehöriger Sachen oder Rechte erhält, wird als Surrogat behandelt und wächst dem Vorbehaltsgute daher von Rechtswegen zu (§ 1352).

Eine eigenthümliche Mittelstellung zwischen dem Vorbehalts- und dem eingebrachten Gute nehmen die selbstständigen Erwerbsgeschäfte der Ehefrau und alle ausschließlich zu ihrem persönlichen Gebrauche bestimmten Gegenstände, wie Kleider und Schmucksachen, ein. Die letzteren fallen zwar nicht, wie nach preußischem und oldenburgischem Rechte und dem schweizerischen Entwurfe, unter den Begriff des gesetzlichen Vorbehaltsgutes, da während der Ehe die Beschaffung und Ergänzung derselben zu den dem Manne obliegenden Ehelasten gerechnet wird, andererseits soll aber dem Manne auch nicht das Recht zustehen, die Frau im Gebrauche dieser Sachen zu beeinträchtigen. Der Entwurf drückt dies in wenig geschickter Weise dahin aus, daß die genannten Sachen „nicht der Nutznießung des Mannes unterliegen" (§ 1354)[1].

Mit größerem Rechte ließe sich dies von selbstständigen Erwerbsgeschäften der Ehefrau sagen. Der Betrieb eines solchen bedarf, in Uebereinstimmung mit dem geltenden Rechte, der ausdrücklichen oder stillschweigenden Genehmigung des Mannes[2]), die, einmal ertheilt, mit voller Wirkung gegen Dritte nur durch Eintragung in das Güterrechtsregister zurückgenommen werden kann (§ 1388). Insoweit unterliegen derartige Erwerbsgeschäfte der Verwaltung des Mannes und gehören als Ganzes zu dem eingebrachten Gute, das auch für die Schulden aus dem Geschäfte zu haften hat (vergl. § 1397. H. G. B. 8, 2). Im Bereich ihres Geschäftsbetriebes handelt die Frau vollkommen selbstständig[3]). Einseitige Rechtsgeschäfte, wie Kündigungen, Präsentationen, Protesterhebungen u. dergl., sind ausschließlich ihr gegenüber vorzunehmen. Das Nutzungsrecht des Mannes erstreckt sich auf das von der Frau

---

¹) Diese Bestimmung erscheint in der Hauptsache als eine verschlechterte Fassung des Sächsischen B. G. B. § 1671: „An Gegenständen, welche zur Bekleidung, zum Schmucke oder sonst zum Gebrauche bloß für die Person der Ehefrau bestimmt sind, es mögen solche von ihr bei Eingehung der Ehe besessen oder später von dem Ehemanne aus seinem Vermögen angeschafft worden sein, steht der Ehefrau das Eigenthum und das Recht des unbeschränkten Gebrauches während der Ehe zu und es hat der Ehemann bloß das Recht, zu hindern, daß die Ehefrau von diesen Gegenständen einen anderen, als den bezweckten Gebrauch macht".

²) Vergl. A. L. R. II, 1 § 195. H. G. B. 7.

³) Vergl. H. G. B. 8 f. Gew.-O. 11. A. L. R. II, 1 §§ 335 ff. Entwurf des Einführungsgesetzes 35, 1.

betriebene Geschäft nicht, der aus demselben erzielte Gewinn ist Vorbehaltsgut[1]).

Im Uebrigen gilt alles, was die Frau zur Zeit der Eheschließung hat oder während der Ehe erwirbt, als eingebrachtes Gut[2]) und ist der Verwaltung und Nutzung des Mannes unterworfen. Jeder Ehegatte hat das Recht, die gemeinschaftliche Aufnahme eines Verzeichnisses und die durch Sachverständige zu bewirkende Feststellung des Zustandes des Eingebrachten zu verlangen (§ 1355). Die obligatorische Bedeutung welche das französische Recht dem Vermögensverzeichnisse zum Theil beilegt, hat der Entwurf nicht angenommen. Dagegen ist die in dem geltenden Rechte allgemein anerkannte Erweiterung der praesumtio Muciana, wonach alle im Besitz eines der Ehegatten befindlichen beweglichen Sachen, Inhaber- und Blankopapiere im Zweifel als Eigenthum des Mannes angesehen werden, auch in den Entwurf, und zwar ebensowohl für den Güterstand der Verwaltungsgemeinschaft, wie für den der Gütertrennung, übergegangen[3]), während die etwaige Abänderung des darüber noch hinausgehenden § 37 der Konkursordnung der späteren Revision der Letzteren vorbehalten ist. Rechtsvermuthungen sollte man aber überhaupt nur aufstellen, wo nicht nur Gründe äußerer Zweckmäßigkeit vorliegen, sondern auch eine innere Berechtigung dafür spricht. Immerhin wird der in der praesumtio Muciana liegenden Unbilligkeit durch die folgenden Ausnahmen, die bis auf eine erst durch den zweiten Entwurf eingeführt sind, die Spitze abgebrochen. Bei den zum persönlichen Gebrauche der Frau bestimmten Sachen soll keine Rechtsvermuthung, weder für noch wider das Eigenthum des Mannes, gelten (§ 1345, 2)[4]), dagegen sollen Haushaltungsgegenstände, die an

---

[1]) Vergl. § 1349. Anders, wenn die Frau nur geschäftliche Beihilfe leistet (§ 1339, 2. H. G. B. 7, 3). Nach dem Schweizer. Entw. 133 gehört ein von der Frau selbstständig betriebenes Erwerbsgeschäft auch seinem Bestande nach zu ihrem Sondergut.

[2]) Das den germanischen Anschauungen durchaus unverständliche Verbot der Schenkungen unter Ehegatten, das nur das Sächs. B. G. B. § 1647 und Code civ. 1096 aus dem römischen Recht übernommen haben, ist selbstverständlich in den Entwurf nicht übergegangen (vergl. A. L. R. II, 1 § 310).

[3]) Vergl. § 1345, 1. Schweizer. Entw. 127, 4. A. L. R. II, 1 § 544. Roth, Deutsches Privatrecht II, 225. Das Sächs. B. G. B. § 1656 beschränkt die Vermuthung auf die in der Wohnung des Mannes befindlichen Sachen.

[4]) So schon der erste Entwurf. Vergl. Motive IV, 166. Weiter geht das Sächs. B. G. B. § 1671, das die zum ausschließlichen persönlichen Gebrauche der Frau bestimmten Sachen auch dann ihr Eigenthum werden läßt, wenn sie aus Mitteln des Mannes angeschafft worden sind.

Stelle der von der Frau eingebrachten oder später in Abgang gekommenen angeschafft worden sind, unbedingt als Eigenthum der Frau angesehen werden, auch wenn der Mann sie aus eigenen Mitteln angeschafft hat (§ 1365). Durch diese sinnreiche Bestimmung des zweiten Entwurfs (vergl. A. L. R. II, 1 §§ 559 f.) wird die altsächsische Gerade als ein wandelbarer Vermögensinbegriff, unter zweckmäßiger Verallgemeinerung des Surrogatsprinzips, wieder neu in das Rechtsleben eingeführt[1]). Außerdem werden alle beweglichen Sachen, Inhaber- und Blankopapiere und denselben gleichstehende Rechte, die der Mann mit Mitteln des eingebrachten Gutes und nicht ausdrücklich zu anderen Zwecken erwirbt, von Rechts wegen Eigenthum der Frau (§ 1364), also auch hier das Surrogationsprinzip, während das bisherige Recht vorwiegend nur das Erstattungsprinzip in Anwendung kommen läßt[2]).

Der Mann ist zum Besitze des gesammten eingebrachten Gutes berechtigt (§ 1356). Er vertritt dasselbe gerichtlich, wie außergerichtlich kraft eigenen Rechts (§ 1363), während der erste Entwurf ihn nur als Bevollmächtigten seiner Frau oder als den ihren Rechtshandlungen zustimmenden Ehegatten auftreten ließ[3]). Mit dem Verwaltungsrecht des Mannes war im Mittelalter das unbeschränkte Recht der Mobiliarveräußerung, vorbehaltlich seiner Ersatzpflicht, verbunden. Der Grund dafür lag in der damals noch vorherrschenden Naturalwirthschaft, die alle beweglichen Sachen als Tauschmittel, d. h. als Geld, behandelte. Den wirthschaftlichen und sozialen Verhältnissen der Gegenwart entspricht dieser Standpunkt, an welchem das geltende Recht im Wesentlichen noch festhält[4]), nicht mehr, aber die kleinliche Art, wie der sachenrechtliche Standpunkt des ehemännlichen Nießbrauches in dem ersten Entwurf und in dem sächsischen bürgerlichen Gesetzbuche das Verfügungsrecht des

---

[1]) Selbstverständlich kommt es nicht darauf an, daß die Ergänzung des Hausrathes Stück für Stück erfolgt ist. Nur ganz neu angeschaffte Sachen, von denen früher nichts vorhanden war, werden von der Surrogatseigenschaft nicht ergriffen. Die Hausrathsgemeinschaft des bayerischen Landrechts von 1756, Buch I, Kap. 6, § 21, beruht ebenfalls schon auf der Auffassung des Hausrathes als eines Vermögensinbegriffes.

[2]) Vergl. A. L. R. II, 1 §§ 240 f. Sächs. B. G. B. § 1676. Roth, Deutsches Privatrecht II, 208 f. Schweizer. Entw. 129.

[3]) Soweit es sich um Rechte handelt, über die der Mann nur mit Zustimmung der Frau verfügen kann, ist das Urtheil für und gegen sie nur dann von Wirkung, wenn sie der Klage zugestimmt hat. Vergl. A.L.R. II, 1 §§ 245 f.

[4]) Vergl. Roth, a. a. O. II, 214 f. Das A. L. R. II, 1 § 233 nimmt nur auf den Namen der Frau oder ihrer Rechtsvorgänger geschriebene Kapitalien aus.

Mannes beschränkt[1]), wurde von der Kritik mit Recht fast allgemein als unannehmbar bezeichnet. Die rechte Mitte hält der zweite Entwurf, indem er dem Manne innerhalb des Rahmens der ordnungsmäßigen Verwaltung des eingebrachten Gutes nicht bloß die Einziehung unverzinslicher Forderungen und gegenüber den Gläubigern der Frau die Aufrechnung aller ihr zustehenden Gegenforderungen gestattet, sondern auch, unter dem Vorbehalt des Ersatzes, die Verfügung über Geld und andere verbrauchbare Sachen der Frau (§ 1359). Dabei gelten als verbrauchbare Sachen auch diejenigen beweglichen Sachen und Sachinbegriffe, deren bestimmungsmäßiger Gebrauch in der Veräußerung besteht (§ 88), so daß der Mann insbesondere bei Erwerbsgeschäften, welche zum eingebrachten Gute der Frau gehören, wenn er ihr den selbstständigen Betrieb nicht einräumen will, die Leitung und über die zum Verkaufe bestimmten Bestände derselben die freie Verfügung beanspruchen kann[2]). Im Uebrigen bedarf der Mann zu Verfügungen über die Substanz des eingebrachten Gutes[3]) zwar der Zustimmung seiner Frau, dieselbe kann aber bei Krankheit, Abwesenheit oder grundloser Weigerung der Frau, soweit das Geschäft zur ordnungsmäßigen Verwaltung des Eingebrachten erforderlich ist, durch das Vormundschaftsgericht ersetzt werden (§ 1362).

Ueber den Stand der Verwaltung hat der Mann seiner Frau auf Verlangen Auskunft zu ertheilen (§ 1357). Die ihm nach dem ersten Entwurfe obliegende peinliche Rechnungslegung mit ihren zahlreichen Anlässen zu prozessualischen Zwischenfällen ist beseitigt. Den ehelichen Aufwand hat der Mann allein zu tragen; die Frau kann verlangen, daß er die Erträge ihres Vermögens in erster Reihe zu diesem Zwecke verwende (§ 1372). Außerdem hat er die auf dem eingebrachten Gute ruhenden öffentlichen und privatrechtlichen Lasten und die regelmäßigen Verwaltungskosten zu bestreiten (§§ 1368—1370); auch den Gläubigern haftet er insoweit neben seiner Frau als Gesammtschuldner (§ 1371). Was er über seine Verpflichtung hinaus auf das eingebrachte oder Vorbehaltsgut verwendet, muß ihm von der Frau ersetzt werden.

---

[1]) Besser, wenn auch immer noch zu beschränkt, Schweizer. Entw. 148 f.

[2]) Die Beschränkung dieses Verfügungsrechtes auf die Grenzen der ordnungsmäßigen Verwaltung kommt gutgläubigen Dritten gegenüber nicht zur Geltung. Wenn der Entwurf zweiter Lesung (§ 1276) noch Zweifel lassen konnte, so ist dies nunmehr durch die Umänderung der Worte „Der Mann darf" in „Der Mann soll" (§ 1360, 1) vollkommen klar gestellt.

[3]) Mieth- und Pachtverträge des Mannes über eingebrachte unbewegliche Güter kann die Frau oder ihr Erbe nach Auflösung der Verwaltungsgemeinschaft mit Innehaltung der gesetzlichen Kündigungsfrist aufkündigen (§ 1406).

Für die Schulden des Mannes ist das eingebrachte Gut nicht haftbar (§§ 1358, 1393), aber auch sein Nutzungsrecht an demselben kann, wie schon der erste Entwurf bestimmte und nach dem zweiten Entwurf in der revidirten Zivilprozeßordnung bestimmt werden soll, entgegen dem bisher geltenden Rechte[1]), nicht zum Gegenstande der Pfändung gemacht werden. Die Zwangsverwaltung fällt demnach weg und es kann nur eine Pfändung der von dem Ehemanne nach den Grundsätzen des Nießbrauches erworbenen Früchte stattfinden, soweit dieselben nicht zur Erfüllung der ihm gegenüber seiner Frau obliegenden Verwaltungs- und Unterhaltungspflichten erforderlich sind und deshalb von ihm oder der Frau Widerspruch gegen die Pfändung erhoben wird[2]).

Die Verfügungsrechte der Frau über ihr der Verwaltung des Mannes unterworfenes Vermögen sind in einer dem bisherigen Rechte durchaus entsprechenden Weise beschränkt. Die Schlüsselgewalt der Frau, d. h. ihre Vollmacht zur Vertretung des Mannes in allen die Führung des Haushalts betreffenden Rechtsgeschäften, hat der Entwurf, entgegen dem bisherigen Rechte, der Willkür des Mannes entzogen und erst dadurch der Hausfrau die ihrer Würde entsprechende Stellung eingeräumt: die Ehefrau hat nicht bloß die Pflicht, sondern auch das Recht, Hausfrau zu sein und alle zur Haushaltung gehörigen Geschäfte mit voller Rechtswirkung für den Mann abzuschließen. Die Entziehung dieses Rechtes, die zu voller Wirkung gegen Dritte der Eintragung in das Güterrechtsregister bedarf, kann, wenn sie auf einem bloßen Mißbrauche der eheherrlichen Gewalt beruht, von der Frau angefochten werden. Der erste Entwurf verlangte dazu ein prozessualisches Verfahren, wobei die Klage der Frau in schwer verständlicher Weise auf „die Herstellung des ehelichen Lebens" gerichtet sein sollte. Der zweite Entwurf läßt hier, wie bei den meisten Streitfällen unter Ehegatten, das Vormundschaftsgericht nach freiem Ermessen entscheiden[3]).

Hat der Mann die Rechte der Frau durch unerlaubte Verfügungen über ihr Vermögen geschädigt, so steht ihr sofort das Recht der Anfechtungsklage gegen den Dritten zu (1390, 3), während ihre Ersatzansprüche gegen den Mann wegen Schädigung ihres Vermögens durch Ueberschreitung seiner Befugnisse oder durch ordnungswidrige Verwaltung,

---

[1]) Vergl. Konk.-O. § 1. A. L. R. II, 1 § 257. Roth, a. a. O. II, 221 f. Schweizer. Entw. 146.

[2]) Vergl. § 1390, 4, § 1391, Entwurf zweiter Lesung § 1393, Note.

[3]) Vergl. § 1339, 1, 1340. Aehnlich der Schweizer. Entw. 103, 110, 151. Das bisherige Recht kennt die Schlüsselgewalt nur als eine präsumtive Vollmacht. Vergl. A. L. R. II, 1 §§ 321 ff. Sächs. B. G. B. 1645. Oldenb. Ges. v. 24. April 1873, Art. 4.

entgegen den Bestimmungen des ersten Entwurfes, im Allgemeinen erst nach Beendigung der Verwaltungsgemeinschaft gerichtlich geltend gemacht werden dürfen (§ 1377)[1]).

Im Uebrigen bedarf die Frau, von rein lukrativen Geschäften und verschiedenen Einzelausnahmen abgesehen (§§ 1389 f.), zu allen das eingebrachte Gut betreffenden Rechtsgeschäften unter Lebenden der Zustimmung des Mannes (§ 1378), die jedoch in Fällen, wo die ordnungsmäßige Besorgung ihrer persönlichen Angelegenheiten ein solches Rechtsgeschäft fordert, nöthigenfalls durch das Vormundschaftsgericht ersetzt werden kann (§ 1385); auch bedarf es der Einwilligung des Mannes nicht, wenn dieser durch Abwesenheit oder Krankheit sich zu erklären verhindert und Gefahr im Verzuge ist (§ 1384)[2]).

Der Entwurf geht dabei von dem Grundsatze aus, daß die in dem geltenden Rechte mehr oder weniger noch festgehaltene Geschäftsunfähigkeit der Frau[3]), als eine bloße Folge der aufgehobenen eheherrlichen Vormundschaft, nicht mehr zu Recht bestehe. Die Ehefrau besitzt für ihre Person vielmehr die volle Geschäftsfähigkeit, nur dürfen ihre Rechtshandlungen ohne Zustimmung des Mannes weder seine Rechte am eingebrachten Gute, noch diejenigen auf ihre Mitarbeit in Haus und Familie beeinträchtigen. Im Einzelnen sind hinsichtlich der Wirkungen, welche der Mangel der gesetzlich erforderlichen Zustimmung des Mannes nach sich zieht, folgende Fälle zu unterscheiden.

Verfügungen über eingebrachtes Gut durch einseitige Rechtsgeschäfte der Frau (z. B. Dereliktionen, Kündigungen) sind ohne die Zustimmung des Mannes von vornherein nichtig (§ 1381).

Verträge über Sachen oder Rechte des eingebrachten Gutes (wie dingliche Verträge, Giros, Zessionen, Verzichte, Erlasse, Novationen u. dergl.) sind nichtig, wenn der Mann seine Genehmigung verweigert oder die Aufforderung des Dritten, sich zu erklären, nicht rechtzeitig beantwortet, oder wenn der Dritte, bevor der Mann seine Genehmigung

---

[1]) Ebenso Schweizer. Entw. 117 f., 157.

[2]) Vergl. Schweizer. Entw. 103, 152, A. L. R. II, 1 §§ 202 ff., 326 ff., Sächs. B. G. B. 1343 f., Code civ. 218 f., 221 f.

[3]) Vergl. Motive zu dem ersten Entwurfe IV, 219—226. Roth, a. a. O. II, 218. A. L. R. II, 1 §§ 320, 619, Sächs. B. G. B. 1638—1641. Code civ. 215 ff., 225. Mit dem Entwurfe stimmt der Schweizer. Entw. 107, 150 überein. Das dem französischen Rechte eigenthümliche und zum Theil auf französischen Sittenverhältnissen beruhende Verbot freigebiger Erwerbungen der Ehefrau ohne Zustimmung des Mannes ist dem sonst in Deutschland geltenden Rechte stets unbekannt geblieben und selbstverständlich auch in den Entwurf nicht aufgenommen.

ertheilt, seinen Rücktritt erklärt hat[1]). Abgesehen hiervon bleiben derartige Verträge in der Schwebe, bis sie durch die nachträgliche Genehmigung des Mannes oder durch die Auflösung der Verwaltungsgemeinschaft Giltigkeit erlangen (§§ 1379 f.).

Verträge, durch welche die Frau sich zu einer vermögensrechtlichen Leistung verpflichtet, sind für die Frau verbindlich; gegenüber dem Manne entsteht nur ein Anspruch wegen etwaiger Bereicherung des Eingebrachten (§ 1382)[2]).

Verträge, durch welche die Frau sich zu einer in Person zu bewirkenden Leistung verpflichtet, kann der Mann, wenn er nicht zugestimmt hat, sofort auflösen[3]). Die in dem ersten Entwurfe übergangene Ergänzung der mangelnden Einwilligung des Mannes durch den Vormundschaftsrichter, eine wichtige soziale Maßregel, ist in dem zweiten Entwurfe für den Fall vorgesehen, daß der Mann entweder seine Stellung mißbraucht, oder durch Abwesenheit oder Krankheit an einer Erklärung verhindert ist.

Prozesse der Frau bedürfen der Genehmigung des Mannes an sich nicht, sind aber, abgesehen von den Prozeßkosten, für den Mann unverbindlich; Klagen um ein zum eingebrachten Gute gehörendes Recht kann die Frau nur mit Zustimmung des Mannes anstellen[4]).

Schulden der Frau aus der Zeit vor Eintritt der Verwaltungsgemeinschaft, ferner Deliktschulden und die innerhalb ihres Verfügungskreises oder mit seiner Zustimmung gemachten Vertragsschulden muß der Mann aus dem eingebrachten Gute bezahlen[5]). Mit seinem eigenen Vermögen haftet er nur, soweit Ersatzansprüche der Frau gegen ihn vorhanden sind, ferner als Gesammtschuldner neben der Frau für die mit der Verwaltung des eingebrachten Gutes zusammenhängenden oder auf diesem lastenden Verbindlichkeiten[6]). Die in Ansehung des Vor-

---

[1]) Das Rücktrittsrecht steht dem Dritten nur dann zu, wenn er bei Abschluß des Vertrages entweder seine Kontrahentin für ledig gehalten, oder ihrer Angabe, daß ihr Mann einverstanden sei, vertraut hat (§ 1380, 2).

[2]) Vergl. Schweizer. Entw. 155, A. L. R. III, 1 §§ 324, 329 ff., 334.

[3]) Vergl. § 1341, A. L. R. II, 1 § 196.

[4]) Vergl. §§ 1383, 1395, 2, 1399. Civ.-Proz.-O. § 51, 2.

[5]) Vergl. §§ 1394, 1395. In der revidirten Civ.-Proz.-O. soll bestimmt werden, daß Zwangsvollstreckungen in das eingebrachte Gut die Verurtheilung der Frau zur Leistung und die des Mannes zur Gestattung der Vollstreckung zur Voraussetzung haben.

[6]) Vergl. §§ 1368—1371, 1394, 1. Das A. L. R. II, 1 § 329 läßt den Mann im Zweifel auch für die mit seiner Zustimmung kontrahirten Schulden der Frau mithaften.

behaltsgutes entstandenen Schulden der Frau sind für den Mann unverbindlich (§§ 1368, 1, 1369, 2, 1396 f.).

Eine Klage auf Sicherstellung hat die Frau gegen den Mann noch während des Bestehens der Verwaltungsgemeinschaft bei erheblicher Gefährdung ihres Eingebrachten oder ihrer Ersatzansprüche durch das Verhalten des Mannes [1]). Im übrigen hat sie nur noch ein Klagerecht auf Gewährung des standesmäßigen Unterhaltes für die Familie aus den Früchten des eingebrachten Gutes, während, abweichend von dem ersten Entwurfe, alle übrigen Ansprüche der Ehegatten gegen einander erst nach Aufhebung der Verwaltungsgemeinschaft zur Geltung kommen (§ 1377).

Die Verwaltungsgemeinschaft wird, abgesehen von dem Falle der Auflösung der Ehe, aufgehoben durch Ehevertrag und von Rechtswegen durch Konkurs oder Todeserklärung des Mannes (§§ 1402 f.). Die Frau kann auf die Aufhebung der Verwaltungsgemeinschaft klagen bei Entmündigung des Mannes oder Einsetzung einer Pflegschaft über sein Vermögen, sodann in allen Fällen, wo sie auch berechtigt wäre, auf Sicherstellung zu klagen, endlich bei Verletzung der dem Manne gegen die Familie obliegenden Unterhaltspflicht, wenn für die Zukunft eine erhebliche Gefährdung des Unterhalts zu besorgen ist (§ 1401) [2]).

---

[1]) Vergl. § 1374. Bei Inhaber- und Blankopapieren kann statt der Sicherheitsleistung gerichtliche Hinterlegung oder Umschreibung auf den Namen der Frau erfolgen (§§ 1375 f.). Der erste Entwurf ließ die Klage auf Sicherstellung nur wegen Gefährdung des Eingebrachten, aber nicht wegen der Ersatzansprüche zu. Die erheblich weiter gehenden Kautionsansprüche der Frau nach dem geltenden Rechte (vergl. A. L. R. II, 1 §§ 254 f.) erklären sich aus den weitergehenden Veräußerungsbefugnissen des Mannes. Der Schweizer. Entwurf 158 hält gleichwohl daran fest, daß die Ehefrau jederzeit auch ohne Begründung ihres Gesuches Sicherstellung verlangen kann.

[2]) Nach A. L. R. II, 1 §§ 256, 258, 261 ff. kann die Frau die Auflösung der Verwaltungsgemeinschaft verlangen, wenn der Mann nicht mehr vermögend ist, ihr und den Kindern den standesmäßigen Unterhalt zu gewähren (also ohne das Erforderniß der Pflichtvergessenheit), außerdem fällt das aus dem Konkurse des Mannes gerettete Eingebrachte in Verwaltung und Nutzung der Frau zurück, doch kann der Mann, wenn er wieder zu Vermögen gelangt und sein früherer Vermögensverfall kein selbstverschuldeter gewesen ist, die Wiederherstellung der Verwaltungsgemeinschaft verlangen. Der Schweizer. Entwurf 123 f., 159 läßt die Verwaltungsgemeinschaft aufhören: von Rechtswegen im Falle des Konkurses, sodann auf Verlangen eines Ehegatten, wenn der Mann die von der Frau verlangte Sicherstellung ihres Eingebrachten nicht leisten kann oder will, ferner im Falle nachgewiesener Ueberschuldung des anderen Ehegatten; auf Klage der Frau wegen Gefährdung ihres Vermögens oder Verletzung der Unterhaltspflicht.

Die Auflösung der Verwaltungsgemeinschaft während der Ehe bewirkt, wenn nichts anderes durch Ehevertrag vereinbart ist, den Eintritt der Gütertrennung (§ 1409). Dieselbe ist aber auf Klage des Mannes wieder aufzuheben und die Verwaltungsgemeinschaft wieder herzustellen, wenn die Todeserklärung, Entmündigung oder Einsetzung einer Pflegschaft, wegen deren die Verwaltungsgemeinschaft aufgelöst worden war, durch gerichtliche Entscheidung wieder aufgehoben ist (§ 1408). Die Wiederherstellung der Verwaltungsgemeinschaft ist in das Güterrechtsregister einzutragen (§ 1414, 2).

Als außerordentlichen Güterstand behandelt der Entwurf (§§ 1409—1414) das System der **Gütertrennung**[1]. Dasselbe tritt von Rechtswegen ein: in der Ehe mit einer in der Geschäftsfähigkeit beschränkten Frau, wenn dieselbe ohne Einwilligung ihres gesetzlichen Vertreters eingegangen ist (§ 1347); ferner in allen Ehen, wo durch Ehevertrag der gesetzliche Güterstand ohne weitere Bestimmung ausgeschlossen ist (§ 1419); endlich in allen Fällen der während der Ehe erfolgten Auflösung der Verwaltungsgemeinschaft oder einer auf Ehevertrag beruhenden, allgemeinen oder partikulären Gütergemeinschaft, soweit nicht durch Ehevertrag etwas anderes vereinbart ist (1409, 1419). Die Grundsätze der Gütertrennung finden außerdem Anwendung auf das Vorbehaltsgut der Frau, gleichviel ob dasselbe auf Gesetz, auf Vorbehalt des Erblassers oder Schenkers oder auf Ehevertrag beruht (§ 1353).

Die Wirksamkeit gegen Dritte ist in allen Fällen der Gütertrennung bedingt durch die Eintragung in das Güterrechtsregister; solange diese unterblieben ist, kann sie nur gegenüber Personen, denen Kenntniß der Sachlage nachgewiesen wird, geltend gemacht werden (§ 1414). Für die dem Manne allein obliegenden Lasten der Ehe kann er von der Frau einen angemessenen Beitrag aus ihren Einkünften, aber nicht die Ueberlassung eines Theils ihres Vermögens zu Dotalrecht verlangen. Was sie ihm in dieser Weise freiwillig überläßt, unterliegt der ordnungsmäßigen Verwaltung des Mannes, ohne daß die Frau, wie nach dem ersten Entwurfe, berechtigt wäre, die Herausgabe der dadurch erzielten Erträge zu verlangen; selbst was von denselben nach Bestreitung der Ausgaben erspart wird, kann der Mann, wenn die Frau nicht anders darüber verfügt, nach freiem Ermessen verwenden; seine Gläubiger haben

[1]) Vergl. Schweiz. Entw. 122—124, 187 ff., in den Grundgedanken übereinstimmend.

kein Recht darauf. Also kein eigentliches Nutzungsrecht des Mannes, aber eine freie, dem Wesen der Familie entsprechende Verwaltung ohne kleinliche Abrechnungspflichten. Dieselbe freie Auffassung zeigt sich bei dem, was die Frau im einzelnen für den ehelichen Aufwand hergiebt oder verwendet; auch wenn dabei das Maß des Nothwendigen überschritten ist, kann sie doch nur bei ausdrücklichem Vorbehalte Ersatz verlangen. Ist erhebliche Gefährdung des Unterhaltes der Familie bei dem Manne zu besorgen, oder wird er entmündigt oder eine Pflegschaft für sein Vermögen angeordnet, so kann die Frau ihren Beitrag zu den Ehelasten zu eigener Verfügung in der Hand behalten.

Uebereinstimmende Grundsätze wie bei dem Güterstande der Verwaltungsgemeinschaft gelten hinsichtlich der praesumtio Muciana (S. 8), der Schlüsselgewalt der Hausfrau (§§ 1339 f.) und der Verträge, durch welche die Frau sich zu einer in Person zu bewirkenden Leistung verpflichtet (vergl. S. 13). In ihrer Vermögensverwaltung genießt die Frau die volle Selbstständigkeit, wie nach dem römischen Rechte; die im französischen und theilweise auch noch im preußischen Rechte enthaltenen Beschränkungen hat der Entwurf ebenso wenig wie das römische Verbot der Schenkungen unter Ehegatten aufgenommen. Auch zu dem selbstständigen Betriebe eines Gewerbegeschäftes bedarf die Frau nicht der bei den übrigen Güterständen erforderlichen Einwilligung des Mannes[1]); doch behält dieser, da ihm in allen das gemeinschaftliche Leben betreffenden Angelegenheiten die Entscheidung zusteht (§ 1337), die Befugniß, der Frau derartige Gewerbebetriebe zu untersagen[2]). Gegen mißbräuchliche Anwendung dieser Befugniß kann die Frau die Entscheidung des Vormundschaftsgerichts anrufen.

Die Abschließung, Aufhebung oder Aenderung von **Eheverträgen** ist vor wie während der Ehe zulässig[3]). Der Vertrag ist von den Verlobten oder Ehegatten in Person vor Gericht oder Notar abzu-

[1]) Vergl. S. 7. Entwurf des Einführungsgesetzes 35, 1. Die für Handelsfrauen bis jetzt unbedingt nothwendige Einwilligung des Ehemannes (H. G. B. 7) soll nach dem Entwurfe des revidirten Handelsgesetzbuches nur noch nach Maßgabe des Güterstandes erforderlich sein.

[2]) Der Schweizer. Entw. 108 verlangt für die Wirksamkeit dieses Verbotes gegen Dritte die Eintragung in das Ehegutsregister. Auch nach dem deutschen Entwurfe hat, obwohl es an einer ausdrücklichen Bestimmung fehlt, nach Analogie des § 1388, 3 die Eintragung in das Güterrechtsregister zu erfolgen.

[3]) So in Uebereinstimmung mit den meisten geltenden Rechten, entgegen dem Code civil 1394 f. und, für einen besonderen Fall, A. L. R. II, 1 § 354.

schließen[1]). Soweit der Ehevertrag die Stellung der Ehegatten dritten Personen gegenüber regelt, bedarf er zu seiner vollen Wirksamkeit der Eintragung in das Güterrechtsregister (§ 1418). Nach dem Vorgange des französischen und oldenburgischen Rechts dürfen die Eheverträge keine Verweisungen auf aufgehobene oder ausländische Gesetze enthalten, doch macht der Entwurf, aus schonender Rücksicht für das demnächst durch das Nationalitätsprinzip zu beseitigende Domizilprinzip im Gebiete des internationalen Privatrechts, eine Ausnahme zu Gunsten der lex domicilii des im Auslande wohnenden Ehemannes[2]).

Bei den gesetzlich normirten vertragsmäßigen Güterständen der allgemeinen Gütergemeinschaft, Errungenschaftsgemeinschaft und Fahrnißgemeinschaft beansprucht das Gesetz im Allgemeinen nur dispositive Bedeutung, nur die Bestimmungen über die fortgesetzte Gütergemeinschaft sind der Privatbeliebung insofern entzogen, als sie durch Ehevertrag oder letztwillige Verfügung nur im Ganzen ausgeschlossen, aber nicht im Einzelnen abgeändert werden können[3]).

Die **allgemeine Gütergemeinschaft**[4]) tritt bei allen einzelnen Vermögensgegenständen von Rechts wegen ein; es bedarf weder der Uebertragung, noch der Buchung, die aber jeder Ehegatte verlangen kann (§ 1421). Das Rechtsverhältniß der Ehegatten zu dem Gesammtgut ist Miteigenthum zur gesammten Hand (ohne Bruchtheile), wie es ohnehin nach dem zweiten Entwurf die Regel bildet (§§ 705 f., 1425)[5]).

---

[1]) Das Erforderniß persönlicher Anwesenheit findet sich erst in dem abgeschlossenen Entwurfe, wie er von der Gesetzkommission an den Bundesrath überreicht ist. Die Kommissionsentwürfe erster und zweiter Lesung haben dasselbe noch nicht. Die Abschließung der Eheverträge durch Stellvertreter ist hiernach unzulässig. Eheverträge zur Begründung der allgemeinen Gütergemeinschaft können auch nicht durch die gesetzlichen Vertreter in der Geschäftsfähigkeit beschränkter Personen abgeschlossen werden (§ 1420).

[2]) Vergl. § 1416. Entw. d. Einf.-Ges. 14 f.

[3]) § 1491, § 1501. Der Grund dieser Bestimmung liegt darin, daß die erheblichen Erb- und Pflichttheilsbeschränkungen, welche den Kindern durch die fortgesetzte Gütergemeinschaft auferlegt werden, durch die ihnen aus dieser von Rechts wegen erwachsenden Vortheile ausgeglichen werden, willkürliche Beschränkungen derselben durch die Eltern daher ausgeschlossen sein sollen. Vergl. Motive zum ersten Entwurf IV. 424.

[4]) Vergl. Schweizer. Entw. 163—181.

[5]) Daher keine Zwangsvollstreckung der einseitigen Gläubiger eines Ehegatten in dessen Antheil am Gesammtgut. Gesammtgutsschuldner sind nur aufrechnungsberechtigt, soweit sie auch Gesammtgutsgläubiger sind.

Sondergüter neben dem Gesammtgute, die der erste Entwurf zulassen wollte, sind durch den zweiten Entwurf ausgeschlossen, mit Ausnahme solcher Gegenstände, die durch Rechtsgeschäft nicht übertragen werden können (z. B. Familienfideikommisse) und daher nur hinsichtlich ihrer Erträge in die Gütergemeinschaft fallen[1]). Dagegen kann der Mann sowohl wie die Frau Vorbehaltsgut haben, das den Grundsätzen der Gütertrennung unterliegt und entweder auf Ehevertrag oder auf Bestimmung des Schenkers oder Erblassers (bei Schenkungen oder letztwilligen Zuwendungen an einen Ehegatten) beruht; gesetzliches Vorbehaltsgut kennt die allgemeine Gütergemeinschaft nicht, dagegen findet das Surrogationsprinzip Anwendung (§§ 1423 f.).

Das Gesammtgut unterliegt der Verwaltung des Mannes, die nach denselben Grundsätzen wie bei dem Güterstande der Verwaltungsgemeinschaft geführt wird, jedoch mit freier Verfügung des Mannes über die Fahrniß, ausgenommen Schenkungen, die nicht auf einer sittlichen oder Anstandspflicht beruhen, und Verfügungen über die Gesammtheit oder Bruchtheile des ganzen Vermögens. Bei derartigen Schenkungen oder Verfügungen, sowie bei Immobiliarverfügungen und allen eine Verpflichtung zu solchen Verfügungen bezweckenden Verträgen bedarf es der Zustimmung der Frau, die nöthigenfalls durch das Vormundschaftsgericht ersetzt werden kann (§§ 1426—1430). Der Entwurf hält sich demnach hinsichtlich der Verfügungen über das Gesammtgut in den Bahnen des geltenden Rechts, das nur in einzelnen Partikularrechten dem Manne weitergehende Befugnisse einräumt. Der Mangel der erforderlichen Zustimmung der Frau bei Rechtshandlungen des Mannes hat dieselben Wirkungen, wie unter dem Güterstande der Verwaltungsgemeinschaft der Mangel der Zustimmung des Mannes bei Verfügungen der Frau[2]). Der Mann ist, im Gegensatz zur Verwaltungsgemeinschaft, nicht für gute oder schlechte Verwaltung, sondern nur für arglistige Minderung des Gesammtguts und widerrechtliche einseitige Verfügungen über dasselbe verantwortlich (§ 1439).

Alle Schulden des Mannes sind Gesammtgutsschulden, ohne persönliche Haftung der Frau, während umgekehrt der Mann für die von Seiten der Frau kommenden Gesammtgutsschulden auch persönlich haftet, wenn auch für die bei der Abrechnung zu Lasten der Frau fallenden nur für die Dauer der Gütergemeinschaft (§§ 1426 2, 1442).

---

[1]) Dieselben werden nach der Analogie des eingebrachten Gutes bei der Errungenschaftsgemeinschaft, aber ohne das bei diesem geltende Surrogationsprinzip, behandelt (§ 1422).

[2]) Vergl. S. 12 f. § 1431. Das Gesammtgut haftet hier nur für Bereicherung (§ 1438).

Die Verfügungsrechte der Frau sind in derselben Weise wie bei der Verwaltungsgemeinschaft geregelt[1]). Schulden der Frau, welche unter dem Güterstande der Verwaltungsgemeinschaft für das eingebrachte Gut verbindlich sein würden (S. 13), gelten bei der allgemeinen Gütergemeinschaft als Gesammtgutsschulden (§§ 1442 1, 1443 ff.)[2]).

Bei der Abrechnung unter den Ehegatten sind Sonderschulden die während der Gütergemeinschaft entstandenen Verpflichtungen eines Ehegatten aus unerlaubten Handlungen, alle aus einem Vorbehaltsgut herrührenden Verbindlichkeiten, die Kosten aus Prozessen um Sonderschulden und aus Prozessen der Frau, zu denen der Mann seine Einwilligung nicht gegeben hat (§§ 1446 f.). Ausstattungen, die der Mann gemeinschaftlichen Abkömmlingen gewährt oder versprochen hat, fallen ihm nur zur Last, soweit er dabei das dem Gesammtgut entsprechende Maß überschritten hat; handelt es sich um einseitige Abkömmlinge des Mannes, so kommt die Ausstattung ausschließlich auf seine Rechnung, dagegen bei Abkömmlingen der Frau auf ihre Rechnung, soweit der Mann nicht für Ueberschreitung des gegebenen Maßes ohne ihre Zustimmung verantwortlich ist (§ 1448).

Alle Abrechnungen unter den Ehegatten sowie die Ersatzansprüche des Gesammtgutes für Aufwendungen zu Gunsten eines Vorbehaltsgutes, und umgekehrt, können erst nach Auflösung der Gütergemeinschaft geltend gemacht werden, jedoch bei ausreichendem Vorbehaltsgute der Frau mit Ausnahme der gegen dieses gerichteten Ansprüche (§§ 1449 f.).

Aufgelöst wird die Gütergemeinschaft, abgesehen von der Auflösung der Ehe und der Aufhebung durch Ehevertrag, nur durch Gerichtsurtheil, und zwar auf Klage eines der beiden Ehegatten wegen erheblicher Gefährdung seines späteren Erwerbs durch Ueberschuldung des anderen[3]), ferner auf Klage der Frau bei Entmündigung des Mannes wegen Verschwendung[4]), bei erheblicher Gefährdung des Unterhalts der Familie

---

[1]) §§ 1340 f., 1432—1437. Vergl. S. 11 ff.

[2]) Darüber hinaus nur Bereicherungsklage gegen das Gesammtgut (§ 1438).

[3]) So erst nach dem zweiten Entwurfe. Vergl. auch A. L. R. II, 1 § 420. Schulden der Frau kommen nur in Betracht, soweit sie unter den Ehegatten nicht dem Gesammtgute, sondern der Frau zur Last fallen. Konkurs eines Ehegatten ist an sich kein Auflösungsgrund (abweichend von A. L. R. II, 1 § 421 und Code civil 1443).

[4]) Entmündigung des Mannes wegen Geisteskrankheit oder Anordnung einer Abwesenheitspflegschaft über ihn ist kein Auflösungsgrund. Vergl. § 1440, Motive zu dem Entwurf erster Lesung IV. 299 ff. 398 f.

durch Pflichtvergessenheit des Mannes, bei arglistiger Verminderung des Gesammtgutes durch den Mann oder erheblicher Gefährdung desselben von seiner Seite durch Verschwendung oder rechtswidrige einseitige Verfügungen (§§ 1451 f.).

Die Auflösung der Gütergemeinschaft hat, soweit nicht durch Ehevertrag anders bestimmt ist, den Eintritt der Gütertrennung zur Folge, die aber erst durch die Eintragung in das Güterrechtsregister zu voller Wirksamkeit gegen Dritte gelangt (§§ 1419, 1453).

Die Auseinandersetzung des Vermögens nach Auflösung der Gütergemeinschaft tritt von Rechts wegen ein und nicht erst, wie nach dem ersten Entwurf, auf Antrag eines der Ehegatten. Die Verwaltung bis zur Beendigung der Auseinandersetzung wird gemeinschaftlich von den Ehegatten geführt (§ 1455). Die Auseinandersetzung erfolgt, nach Berichtigung der Gesammtgutsschulden, durch Halbtheilung des Gesammtguts, unter gegenseitiger Abrechnung und Ersatzleistung (§§ 1457 bis 1459). Jeder Theil kann die von ihm herrührenden oder ausschließlich für seinen persönlichen Gebrauch bestimmten Sachen gegen Ersatz ihres Werthes übernehmen (§ 1460). Für unberichtigt gebliebene Gesammtgutsschulden haftet nach der Auseinandersetzung jeder Ehegatte, soweit die Schuld nicht für ihn persönlich verbindlich ist (S. 18), zwar als Gesammtschuldner, aber nur mit den ihm zugetheilten Gegenständen (§ 1463)[1]).

Im Falle der Ehescheidung kann der unschuldige Ehegatte vor der Theilung zunächst die Auskehrung des beiderseitigen Einbringens nach seinem Werthe verlangen, sodaß die Halbtheilung sich auf die dann noch vorhandenen Ueberschüsse beschränkt[2]). Bei Ehescheidung wegen Geisteskrankheit stehen dem Kranken die Rechte des unschuldig Geschiedenen zu; dieselben werden durch seinen Vormund ausgeübt.

Bei Auflösung der Ehe durch den Tod eines Ehegatten, wenn keine gemeinschaftlichen Abkömmlinge vorhanden sind, erfolgt die Auseinandersetzung ebenfalls im Wege der Halbtheilung, sodaß der Antheil des verstorbenen Ehegatten als sein Nachlaß gilt und nach den allgemeinen Grundsätzen vererbt wird. Der Entwurf hat sich demnach, im Anschluß an das A. L. R. II, 1 §§ 637 ff., von den Systemen des

---

[1]) Wird er für Gesammtschulden in Anspruch genommen, die zu Lasten des anderen Ehegatten fallen, so hat dieser ihn schadlos zu halten (§ 1464).

[2]) § 1461. Dadurch ist den berechtigten Angriffen der Kritik auf die Bestimmungen des ersten Entwurfs, nach welchem auch bei Ehescheidung die einfache Halbtheilung erfolgte, dem schuldigen Ehegatten also (bei dem Wegfall aller Ehescheidungsstrafen) unter Umständen Gelegenheit gegeben war, sich auf Kosten des anderen Theils zu bereichern, in verständiger Weise begegnet.

Anwachsungsrechts, oder des gesetzlichen Leibzuchtsrechts des überlebenden Ehegatten, oder der Auffassung des ihm zufallenden Gesammtgutantheils als einer gleichzeitigen Erbabfindung gegenüber dem verstorbenen gleichmäßig fern gehalten.

Dagegen tritt, wenn gemeinschaftliche Abkömmlinge vorhanden sind, zwischen diesen und dem überlebenden Ehegatten die **fortgesetzte Gütergemeinschaft** ein[1]). Der zweite Entwurf faßt dieselbe zwar nicht in dem Sinne des ersten Entwurfs als eine gütergemeinschaftliche Erbfolge auf, wohl aber als ein dem überlebenden Ehegatten zustehendes Recht, statt seines Erbanspruchs auf ein Viertel an der Gesammtsgutshälfte des verstorbenen Ehegatten sich die Vortheile der fortgesetzten Gütergemeinschaft anzueignen. Durch Ehevertrag kann die fortgesetzte Gütergemeinschaft ausgeschlossen, aber nicht abgeändert werden (S. 17)[2]). Die Ausschließung durch letztwillige Verfügung des verstorbenen Ehegatten ist für den überlebenden nur unter der Voraussetzung verbindlich, daß der erstere ihm gegenüber entweder zur Entziehung des Pflichttheils oder zur Klage auf Auflösung der Gütergemeinschaft berechtigt war (§ 1492). Der überlebende Ehegatte ist berechtigt, die fortgesetzte Gütergemeinschaft unter den für die Ausschlagung einer Erbschaft geltenden Formen abzulehnen (§ 1467). Die Ausschließung durch den verstorbenen und die Ablehnung durch den überlebenden Ehegatten hat die Auseinandersetzung des Gesammtguts nach den für die kinderlose Ehe bestehenden Normen zur Folge (§§ 1467 3, 1493). Der überlebende Ehegatte hat in diesem Falle gegenüber dem Gesammtgutsantheil des verstorbenen die ihm zustehenden Erbansprüche geltend zu machen.

Das Rechtsverhältniß der fortgesetzten Gütergemeinschaft faßt der Entwurf, in überwiegender Uebereinstimmung mit dem geltenden Recht, als Miteigenthum zur gesammten Hand auf (§ 1470). Damit ist ebensowohl das reine Miteigenthum des A. L. R. und das Alleinerbrecht des überlebenden Ehegatten mit bloß gesicherten Erbansprüchen der Kinder, wie auch der gekünstelte Aufbau des ersten Entwurfs (Alleinerbrecht des überlebenden Ehegatten mit darauf folgender communio ex lege zwischen ihm und den Kindern) abgelehnt. Auch die früher vielfach mit der fortgesetzten Gütergemeinschaft verquickte Einkindschaft hat der Entwurf nicht aufgenommen, da sie thatsächlich nur noch wenig verbreitet ist und, wo sich ein Bedürfniß zeigt, leicht im Wege der Annahme an Kindesstatt oder eines Erbvertrags ins Leben gerufen werden kann.

Die Subjekte der fortgesetzten Gütergemeinschaft sind der über-

[1]) §§ 1466—1501.

[2]) Nur die Ausschließung einzelner Abkömmlinge oder die Herabsetzung ihres Antheils ist unter gewissen Voraussetzungen gestattet.

lebende Ehegatte und seine mit dem Verstorbenen erzeugten Kinder oder deren Abkömmlinge, soweit sie ohne die fortgesetzte Gütergemeinschaft gesetzliche Erben des verstorbenen Ehegatten geworden wären (§ 1466). Ausgeschlossen sind Erbunwürdige (§ 1489), sowie solche Abkömmlinge, welche unter Einwilligung des überlebenden Ehegatten entweder auf ihr Anrecht verzichtet haben (§§ 1474, 1500), oder durch letztwillige Verfügung des verstorbenen Ehegatten mit oder ohne Pflichttheil von der Theilnahme ausgeschlossen worden sind[1]). Stirbt ein antheilsberechtigter Abkömmling während der fortgesetzten Gütergemeinschaft, so gehört sein Antheil nicht zu seinem Nachlaß; hinterläßt er Deszendenten, die gegebenenfalls statt seiner in die Gemeinschaft einzutreten berechtigt gewesen wären, so treten diese an seine Stelle; fehlt es an solchen, so tritt Anwachsungsrecht zu Gunsten der übrigen Antheilsberechtigten oder, wenn solche nicht weiter vorhanden sind, zu Gunsten des überlebenden Ehegatten ein[2]). Einseitige Kinder des überlebenden Ehegatten nehmen an der fortgesetzten Gütergemeinschaft nicht theil. Sind einseitige Kinder des verstorbenen Ehegatten vorhanden, so erhalten diese ihren Erbtheil so, als wenn die allgemeine Gütergemeinschaft aufgelöst worden wäre, während der überlebende Ehegatte hinsichtlich des übrigen Vermögens die Gütergemeinschaft mit den Kindern der letzten Ehe fortsetzt (§ 1466, 2).

Das Gesammtgut der fortgesetzten Gütergemeinschaft besteht aus dem bisherigen ehelichen Gesammtgute, nach Abzug der Abfindungen für die nicht antheilnehmenden Abkömmlinge, aus den während der fortgesetzten Gütergemeinschaft gemachten Erwerbungen des überlebenden Ehegatten sowie den Erträgen und Surrogaten des Gesammtgutes. Ausgeschlossen bleiben demnach nur das nach den allgemeinen Grundsätzen vererbte Vorbehaltsgut des verstorbenen Ehegatten (der dem überlebenden Ehegatten daran zukommende Erbtheil fällt in das Gesammtgut), das bisherige Vorbehaltsgut des überlebenden Ehegatten, das als solches erhalten bleibt, und die Sondergüter der Kinder[3]).

---

[1]) Vergl. §§ 1494, 1499. Die Ausschließung kann auch durch gemeinschaftliches Testament der Ehegatten erfolgen. Der Pflichttheil wird so berechnet, als wenn die Auseinandersetzung wegen Auflösung der allgemeinen Gütergemeinschaft erfolgte.

[2]) § 1473. Die Bestimmungen des Entwurfs entsprechen durchaus dem bekannten Satze: „Was in der Were erstirbt, bleibt in der Were".

[3]) §§ 1468 f., 1456, 1. Der Entwurf schließt sich durchaus an das geltende Recht an. Was der überlebende Ehegatte durch letztwillige Zuwendung oder Schenkung erwirbt, kann von dem Erblasser oder Schenker zum Vorbehaltsgute bestimmt werden. Gegenstände, die nicht durch Rechtsgeschäft übertragen werden können, werden nach den S. 18 erwähnten Grundsätzen behandelt.

Die **Verwaltung** des Gesammtgutes führt der überlebende Ehegatte nach den während der allgemeinen Gütergemeinschaft für die Verwaltung des Ehemannes geltenden Grundsätzen; die Kinder erhalten die früher von der Frau eingenommene Stellung (§ 1470).

Gesammtgutsschulden sind die aus der allgemeinen Gütergemeinschaft übernommenen und sämmtliche Schulden des überlebenden Ehegatten (§ 1471). Der überlebende Ehegatte haftet für die Gesammtgutsschulden persönlich, für die übernommenen aber, soweit sie früher nicht für ihn persönlich verbindlich gewesen sind, nur mit dem Bestande des Gesammtgutes (§ 1472). Für die antheilsberechtigten Abkömmlinge besteht keine persönliche Haftung; ihre eigenen Schulden sind für das Gesammtgut durchaus unverbindlich, ihre Gläubiger haben keine Aufrechnungsbefugniß gegenüber den Gesammtgutsforderungen und kein Recht der Zwangsvollstreckung in den Gesammtgutsantheil ihrer Schuldner[1]).

Die fortgesetzte Gütergemeinschaft wird aufgelöst durch gerichtlichen oder notariellen Vertrag der Betheiligten (§ 1475, 2), durch einseitige Rücktrittserklärung des überlebenden Ehegatten vor dem Nachlaßgerichte, zu der er jederzeit berechtigt ist (§ 1475, 1), durch Wiederverheirathung (§ 1476)[2]) oder Tod (beziehungsweise Todeserklärung) des überlebenden Ehegatten (§ 1477), ferner durch Gerichtsurtheil auf Klage eines antheilsberechtigten Abkömmlings, wenn der überlebende Ehegatte die elterliche Gewalt verwirkt, oder wegen Verschwendung entmündigt wird, oder sich einer arglistigen Verminderung des Gesammtgutes schuldig macht, oder wenn er durch Verschwendung oder unerlaubte einseitige Verfügungen das Gesammtgut oder durch Pflichtvergessenheit den Unterhalt der Familie erheblich gefährdet[3]).

Die Verwaltung des Gesammtgutes bis zur Auseinandersetzung wird von dem überlebenden Ehegatten und den betheiligten Abkömmlingen gemeinschaftlich geführt (§§ 1480, 1455).

Die Schichtung oder Auseinandersetzung erfolgt nach den für die Auflösung der allgemeinen Gütergemeinschaft geltenden Regeln[4]). Nach

---

[1]) Vergl. §§ 1470 1, 1472 3, 1425 2, 706 2.

[2]) Die Auflösung erfolgt von Rechtswegen, nicht erst auf Antrag. Die Aufrechterhaltung der fortgesetzten Gütergemeinschaft in der zweiten Ehe kann nur durch einen neuen Ehevertrag, unter Beitritt der antheilsberechtigten Abkömmlinge, ermöglicht werden.

[3]) § 1478. Die Gründe sind im Wesentlichen dieselben wie bei der Klage der Ehefrau auf die Auflösung der allgemeinen Gütergemeinschaft (S. 19 f.), nur daß die Ueberschuldung als Grund wegfällt, die Verwirkung der elterlichen Gewalt hinzutritt.

[4]) § 1481. Vergl. S. 20.

Bezahlung der Gesammtgutsschulden erhält der überlebende Ehegatte die eine Hälfte des Gesammtgutes (ist er gestorben, so gehört dieselbe zu seinem Nachlasse), die andere theilen die zur Zeit vorhandenen antheilsberechtigten Abkömmlinge nach Verhältniß ihres Erbrechts gegen den verstorbenen Ehegatten, indem der Zeitpunkt der Auflösung der fortgesetzten Gütergemeinschaft als der Zeitpunkt des Erbanfalles angesehen wird[1]). Bei den Abrechnungen und Ersatzansprüchen, die sämmtlich erst bei der Schichtung geltend gemacht werden dürfen (§ 1470, 2), werden Abfindungen, welche den durch Verzicht oder letztwillige Verfügung von der fortgesetzten Gütergemeinschaft ausgeschlossenen oder später zurückgetretenen Kindern verabfolgt sind, auf den Halbtheil der Kinder angerechnet, so daß der überlebende Ehegatte den entsprechenden Betrag vorweg erhält[2]), während er andererseits für Ausstattungen, welche er aus dem Gesammtgute an Dritte oder in übermäßiger Höhe an antheilsberechtigte Abkömmlinge gegeben oder versprochen hat, aufkommen muß (§ 1482, 3). Von den Schulden fallen dem überlebenden Ehegatten diejenigen zur Last, welche er nach den Grundsätzen der allgemeinen Gütergemeinschaft (S. 19), zu übernehmen hätte, den Kindern dagegen diejenigen Schulden und Ersatzverbindlichkeiten, welche bei der Auflösung der allgemeinen Gütergemeinschaft auf Rechnung des verstorbenen Ehegatten gekommen sein würden (§ 1482 1, 2, § 1483).

Der überlebende Ehegatte als Schichtgeber (nicht sein Erbe, falls die Auseinandersetzung durch seinen Tod veranlaßt ist) hat das Recht, das Gesammtgut oder einzelne Stücke desselben gegen Ersatz des Werthes zu übernehmen; erfolgt die Schichtung auf Klage eines Abkömmlings, so geht dies Recht in beschränkterem Umfange auf die Gesammtheit der antheilsberechtigten Abkömmlinge über (§ 1485). Durch letztwillige Verfügung des verstorbenen Ehegatten, unter Zustimmung des überlebenden, kann das gleiche Recht auch einem einzelnen Abkömmling ein-

---

1) § 1486. Durch letztwillige Verfügung des verstorbenen Ehegatten, unter Zustimmung des überlebenden, können die Schichtantheile einzelner Abkömmlinge herabgesetzt oder gänzlich entzogen werden, wobei der halbe Schichttheil als Pflichttheil angesehen wird (§§ 1488, 1495 f., 1499). Was in dieser Weise einem der Antheilsberechtigten entzogen wird, wächst den übrigen zu, falls nicht die letztwillige Verfügung die Zuwendung an einen Dritten angeordnet hat (§ 1497). Die Ausgleichung der schichttheilsberechtigten Abkömmlinge wegen des Vorempfangenen erfolgt nach den allgemeinen Grundsätzen des Erbrechts (§ 1486, 2).

2) §§ 1484, 1486 3, 1494 3. Der den einseitigen Abkömmlingen des verstorbenen Ehegatten ausgekehrte Erbtheil (S. 22) kommt nicht in Anrechnung.

geräumt, für Landgüter aber, welche zu dem Gesammtgute gehören, allgemein für den Uebernehmer ein bestimmter Preis, der nicht unter dem Ertragswerthe bleiben darf, festgesetzt werden (§§ 1498 f.).

Bei dem Güterstande der **Errungenschaftsgemeinschaft**[1]) stehen das Gesammtgut und die Sondergüter der Ehegatten, die der Entwurf, den ersten Entwurf verschlechternd, als „eingebrachtes Gut" bezeichnet, einander gegenüber. Der erste Entwurf wollte außerdem Vorbehaltsgüter beider Ehegatten zulassen, da aber Vorbehaltsgut des Mannes nur bei der allgemeinen Gütergemeinschaft eine innere Berechtigung (als Eigenthumsvorbehalt) haben kann, so läßt der zweite Entwurf nur Vorbehaltsgut der Frau zu; der Umfang desselben bestimmt sich wie bei der allgemeinen Gütergemeinschaft[2]).

Sondergut („eingebrachtes Gut") des einzelnen Ehegatten ist außer seinem Eingebrachten alles, was er während der Ehe durch Schenkung, Ausstattung, Erbschaft oder Vermächtniß oder mit Rücksicht auf ein zukünftiges Erbrecht (z. B. durch Altentheilsvertrag) erwirbt, ferner alle höchst persönlichen Rechte (z. B. Leibrenten), alle Gegenstände, die nicht durch Rechtsgeschäft übertragen werden können[3]), und alle Rechte, deren Erwerb durch den Tod eines der Ehegatten bedingt ist (z. B. Lebensversicherungen), sodann alles, was durch Ehevertrag für Sondergut erklärt worden ist, und alle Surrogate von Sondergütern[4]).

Aller sonstige Erwerb eines oder beider Ehegatten während des Bestehens der Errungenschaftsgemeinschaft, mit Ausnahme der Erträge von Vorbehaltsgütern der Frau, ist Gesammtgut, insbesondere auch der Ertrag aus Erwerbsgeschäften eines Ehegatten (§ 1507, 1) und aller Erwerb durch Schenkungen oder letztwillige Zuwendungen, wenn derselbe den Umständen nach als Lohn für geleistete Dienste (z. B. Honorare, übliche Gelegenheitsgeschenke) aufzufassen ist (§ 1504). Im

---

[1]) §§ 1502—1531. Vergl. Schweizer. Entw. 184—186. A. L. R. II, 1 §§ 396—411.

[2]) § 1509. Vergl. S. 6, 15, 18.

[3]) Eine durchaus überflüssige Bestimmung, da Stammgüter nur durch Erbgang, Lehen- und Fideikommißgüter nur durch Erbgang oder eine als Schenkung aufzufassende Belehnung oder Bestiftung erworben werden, also schon aus diesem Grunde zum Sondergute gehören.

[4]) §§ 1503—1507. Das Surrogationsprinzip wird hier ebenso wie bei der Verwaltungsgemeinschaft auch auf die Ersatzanschaffungen im Bereiche des Hausrathes angewendet. Vergl. S. 8 f. §§ 1508, 2; 1365.

Zweifel spricht bei allem vorhandenen Vermögen die Vermuthung für die Gesammtgutseigenschaft[1]). Das Gesammtgut steht, wie bei der allgemeinen Gütergemeinschaft, im Miteigenthum zur gesammten Hand (§ 1502), das bei jedem einzelnen Erwerbe von Rechts wegen eintritt, ohne daß es einer Uebertragung bedarf[2]).

Das Sondergut der Ehegatten unterliegt den Grundsätzen der Verwaltungsgemeinschaft, nur daß die Verwaltung desselben und die Bestreitung der ehelichen Lasten für Rechnung des Gesammtgutes erfolgt und die Erträge, welche sonst der Nutznießung des Mannes unterliegen, hier Gesammtgut werden (§§ 1508, 1511 f.). Die Verwaltung des Gesammtgutes führt der Mann nach den Grundsätzen der allgemeinen Gütergemeinschaft (§§ 1502, 2; 1426—1432; 1439 f.). Die Verfügungsrechte der Frau sind dieselben, wie bei Verwaltungs- oder allgemeiner Gütergemeinschaft[3]).

Abrechnungen und Ersatzansprüche unter den Ehegatten und gegenüber dem Gesammtgute bleiben suspendirt, so lange die Errungenschaftsgemeinschaft besteht, nur der Mann kann das, was er für sich oder das Gesammtgut von der Frau zu fordern hat, sofort geltend machen, wenn sie ausreichendes Sonder- oder Vorbehaltsgut besitzt (§ 1524). Die Frau kann unter denselben Voraussetzungen, wie bei der Verwaltungsgemeinschaft, gegen den Mann auf Sicherstellung oder auf Gewährung des standesmäßigen Unterhalts klagen (§§ 1508, 2; 1374, 1377).

Gesammtgutsverbindlichkeiten sind alle Schulden des Mannes, die der Frau nur, soweit sie während der Errungenschaftsgemeinschaft in giltiger Weise entstanden sind, ferner die Lasten ihres eingebrachten Gutes und ihr obliegende gesetzliche Unterhaltspflichten (§§ 1513—1517). Für die Gesammtgutsschulden haftet der Mann persönlich, also auch mit seinem Sondergute, für die der Frau zur Last fallenden aber nur für die Dauer der Errungenschaftsgemeinschaft (§ 1513, 2). Die Frau haftet persönlich nur für die von ihrer Seite herrührenden Gesammtgutsschulden.

Sonderschulden der Frau sind ihre Verpflichtungen aus unerlaubten Handlungen, ihre vorehelichen Schulden und die Kosten der ohne Ein-

---

[1]) § 1510. Vergl. A. L. R. II, 1 § 400. Code civil 1402. Motive IV, 133, 516.

[2]) Der Entwurf lehnt mit Recht die Konstruktionen des Miteigenthums nach Bruchtheilen, des Alleineigenthums des Mannes mit späterer Theilung und der Gütertrennung mit Gemeinschaft des Zugewinnstes ab.

[3]) Vergl. S. 11 ff., 19. §§ 1502, 2; 1508, 2; 1378—1390, 1395 ff., 1432—1436.

willigung des Mannes von ihr geführten Prozesse[1]). Die Gläubiger können die Zwangsvollstreckung in das Sondergut ihrer Schuldnerin verlangen. Soweit die Frau Ersatzansprüche gegen ihren Mann erworben hat, können diese schon während des Bestehens der Errungenschaftsgemeinschaft von ihren Gläubigern geltend gemacht werden.

Die Errungenschaftsgemeinschaft wird schon während der Ehe, abgesehen von dem Falle vertragsmäßiger Aufhebung, aufgelöst: durch die Eröffnung des Konkurses über den Mann (§ 1526), durch eine hinsichtlich des einen Ehegatten ausgesprochene Todeserklärung (§ 1527), ferner durch Gerichtsurtheil auf Klage eines der Ehegatten wegen erheblicher Gefährdung seines späteren Erwerbes durch Ueberschuldung des anderen, oder auf Klage der Frau wegen Entmündigung des Mannes oder Einsetzung einer Pflegschaft über sein Vermögen, wegen arglistiger Verminderung des Gesammtgutes, wegen erheblicher Gefährdung des Unterhaltes der Familie durch Pflichtverletzung des Mannes, wegen erheblicher Gefährdung des Gesammtgutes durch Verschwendung oder unerlaubte einseitige Verfügungen des Mannes, endlich wegen erheblicher Gefährdung ihres Sondergutes oder ihrer Ersatzansprüche durch das Verhalten des Mannes (§ 1525).

Die Auseinandersetzung erfolgt hinsichtlich der Sondergüter nach den Grundsätzen der Verwaltungs-, hinsichtlich des Gesammtgutes nach denen der allgemeinen Gütergemeinschaft (§ 1529). Die Rechtsvermuthung zu Gunsten der Gesammtgutseigenschaft bewirkt, daß Aufwendungen zu Gunsten eines Sondergutes im Zweifel als aus Mitteln des Gesammtgutes bestritten angesehen werden, wogegen umgekehrt, wenn verbrauchbare Sondergüter abhanden gekommen sind, ihre Verwendung zum Besten des Gesammtgutes vermuthet wird (§ 1523). Bei der Abrechnung (§§ 1522, 1524) fallen jedem Ehegatten alle von seinem Sondergute herrührenden Verbindlichkeiten zur Last, soweit dieselben nicht zu den von der Verwaltung zu tragenden Lasten gehören oder in dem Betriebe eines für das Gesammtgut arbeitenden Erwerbsgeschäfts entstanden sind (§§ 1518, 1520). Auf Rechnung des Mannes kommen außerdem seine vor der Errungenschaftsgemeinschaft entstandenen Schulden und seine Deliktsobligationen (§ 1519). Die Kosten eines über die Verbindlichkeit eines Ehegatten geführten Rechtsstreits folgen der Hauptschuld. Für die an Abkömmlinge gewährten oder versprochenen Ausstattungen kommen die bei der allgemeinen Gütergemeinschaft geltenden Regeln (S. 19) in Anwendung (§ 1521).

Die Auseinandersetzung bei Auflösung der Ehe folgt den gleichen

[1]) §§ 1508, 2; 1394 f.

Grundsätzen. Die Gesammtgutshälfte des verstorbenen Ehegatten gehört zu seinem Nachlaß. Fortgesetzte Gütergemeinschaft tritt nur auf besondere Vereinbarung ein. Für die Ehescheidung gelten keine besonderen Regeln.

Die Auflösung der Errungenschaftsgemeinschaft bei bestehender Ehe zieht im Zweifel Gütertrennung nach sich, die aber erst durch die Eintragung in das Güterrechtsregister volle Wirkung gegen Dritte erlangt (§ 1528).

Eine Klage auf Wiederherstellung der Errungenschaftsgemeinschaft hat der Mann nach Aufhebung der Entmündigung, Pflegschaft oder Todeserklärung, wegen deren die Auflösung erfolgt war, andererseits die Frau nach Beendigung des Konkurses oder Aufhebung einer über sie ausgesprochenen Todeserklärung (§§ 1530 f.). Die Wiederherstellung bedarf zur vollen Wirkung gegen Dritte der Eintragung in das Güterrechtsregister.

Die **Fahrnißgemeinschaft**[1]) oder, nach der Bezeichnung des ersten Entwurfs die „Gemeinschaft des beweglichen Vermögens und der Errungenschaft", ist das gesetzliche System des Code civil und des Badischen Landrechts, sowie des in Schleswig geltenden Jütischen Lov. Da die Gemeinschaft auch die Immobiliarerrungenschaft umfaßt, so ist die Bezeichnung Fahrniß- oder Mobiliargemeinschaft nicht ganz zutreffend, sie empfiehlt sich aber, abgesehen von ihrer größeren Kürze, auch durch den älteren Sprachgebrauch, der das Kaufeigen, im Gegensatz zum Erbeigen, vielfach der fahrenden Habe (Kaufschatz) gleichstellte. Wie die Errungenschaftsgemeinschaft im Wesentlichen nur als eine Modifikation der Verwaltungsgemeinschaft erscheint und ihre gesetzliche Regelung sich daher hauptsächlich an die für diesen Güterstand geltenden Grundsätze zu halten hatte, folgt die Fahrnißgemeinschaft überwiegend den Regeln der ihr am nächsten verwandten allgemeinen Gütergemeinschaft.

Die Begründung von Vorbehaltsgut durch Ehevertrag, bei Schenkungen und letztwilligen Zuwendungen auch durch Bestimmung des Schenkers oder Erblassers, ist wie bei der Verwaltungs- und der Errungenschaftsgemeinschaft nur für die Ehefrau, für die allein ein Bedürfniß vorliegen kann, gestattet (§ 1538). Dasselbe unterliegt den gleichen Grundsätzen wie unter den übrigen Güterständen (S. 6, 15, 18, 25). Ein gesetzliches Vorbehaltsgut ist bei der Fahrnißgemeinschaft

[1]) §§ 1532—1546. Code civil 1400—1496.

ebenso wenig anerkannt, wie bei der allgemeinen Güter- und der Errungenschaftsgemeinschaft.

Sondergut jedes Ehegatten (der Entwurf verwendet dafür, abweichend von dem ersten Entwurfe, auch hier die Bezeichnung „eingebrachtes Gut") ist sein bei Beginn der Fahrnißgemeinschaft vorhandenes oder später durch Schenkung, Ausstattung, Erbfolge, Vermächtniß oder mit Rücksicht auf ein zukünftiges Erbrecht (z. B. durch Altentheilsvertrag) erworbenes unbewegliches Vermögen[1]). Den unbeweglichen Sachen werden die Rechte an fremden Grundstücken, mit Ausnahme der Hypotheken, Grundschulden und Renten, sowie die Rechte auf Grundstücke oder Immobiliarrechte oder auf die Befreiung eines Grundstücks von dergleichen Rechten gleichgestellt (§ 1534, 2). Sondergut sind ferner alle Gegenstände, die nicht durch Rechtsgeschäft übertragen werden können (aber nicht ihre Surrogate)[2]). Der Umfang der Sondergüter kann durch Ehevertrag, bei Schenkungen und letztwilligen Zuwendungen auch durch Bestimmung des Schenkers oder Erblassers, noch weiter ausgedehnt oder eingeschränkt werden[3]). Die Surrogate von Sondergut werden, von der erwähnten Ausnahme abgesehen, von Rechts wegen wieder Sondergut (§ 1537).

Das Sondergut unterliegt den bei der Errungenschaftsgemeinschaft für dasselbe geltenden Regeln (§ 1533)[4]).

Alles, was nicht Sondergut eines Ehegatten oder Vorbehaltsgut der Frau ist, gehört zum Gesammtgut und folgt den Grundsätzen der allgemeinen Gütergemeinschaft (§ 1532).

---

1) § 1534, 1. Werden in derselben Weise gleichzeitig auch bewegliche Sachen erworben, so fallen die mit dem Erwerbe übernommenen Verpflichtungen dem Gesammtgut und dem Sondergute nach Verhältniß der beiderseitigen Bereicherung zu (§ 1539).

2) Vergl. §§ 1535, 1537. Die Bestimmung kann nur auf höchstpersönliche Rechte bezogen werden. Vergl. S. 25, Anm. 3.

3) Der Entwurf (§ 1536) gedenkt nur der Erweiterung des Sonderguts-begriffs, es unterliegt aber keinem Zweifel, daß auch das Umgekehrte zulässig ist. Man vergleiche die Entliegenschaftung (ameublissement) des französischen und badischen Rechts (Code civil 1505 ff.).

4) Dies gilt insbesondere auch von der Ausscheidung der Sondergüter bei der Auseinandersetzung, namentlich den gegenseitigen Abrechnungen und Ersatzleistungen zwischen den Sondergütern und dem Gesammtgute. Anwendung finden insbesondere auch die Rechtsvermuthung des § 1510 und die Bestimmungen der §§ 1504 und 1505 über die Abgrenzung des Errungenschaftsbegriffs bei Schenkungen und Lebensversicherungen (vergl. S. 25).

Die letzteren sind auch für die Auflösung der Fahrnißgemeinschaft und, abgesehen von der Ausscheidung der Sondergüter, für die Auseinandersetzung nach der Auflösung maßgebend, doch tritt die fortgesetzte Gütergemeinschaft nur auf Grund ausdrücklicher Vereinbarung durch Ehevertrag ein (§ 1540).

Druck der Norddeutschen Buchdruckerei, Berlin SW., Wilhelmstr. 32.

Sammlung von Vorträgen

über den

Entwurf eines Bürgerlichen Gesetzbuchs

in der Fassung der dem Reichstag

gemachten Vorlage.

Heft III.

Dr. Otto Fischer, Das Sachenrecht.

Berlin SW.48.

Wilhelmstraße 119/120.

J. Guttentag, Verlagsbuchhandlung.

1896.

Das Sachenrecht

des

Entwurfs eines Bürgerlichen Gesetzbuchs

in der Fassung der dem Reichstag

gemachten Vorlage.

Eine Darstellung und Erläuterung
der Hauptbestimmungen

von

Dr. Otto Fischer,
Professor der Rechte an der Universität Breslau.

Berlin SW.48.
Wilhelmstraße 119/120.
J. Guttentag, Verlagsbuchhandlung.
1896.

Meinem lieben Vater

zu

seinem sechszigjährigen Amtsjubiläum

in Dankbarkeit

gewidmet.

Vorbemerkung.

Der nachstehend veröffentlichte Vortrag ist am 8. Februar 1896 in der Juristischen Gesellschaft in Berlin gehalten worden. Es war das der letzte Tag der Woche, in welcher die erste Lesung des Entwurfs im Deutschen Reichstage stattgefunden hatte.

Die durch diesen Zeitpunkt bedingte Lage der Dinge ist auch bei der Niederschrift festgehalten worden. Daher ist auch auf die spätere Behandlung des Entwurfs in der Kommission keine Rücksicht genommen, zumal die rüstig fortschreitenden Kommissionsarbeiten bis heute doch noch nicht zum Sachenrecht gelangt sind.

Dagegen sind Literaturnotizen und andere Bemerkungen beigefügt, auch einige Partien, namentlich im Immobiliarrecht, näher ausgeführt, als dieses bei dem mündlichen Vortrag mit Rücksicht auf die zu Gebote stehende Zeit möglich war.

Die der Reichstagsvorlage beigegebene Denkschrift konnte bei diesem Vortrage ebensowenig benutzt werden, wie die systematische Darstellung des Entwurfsrechts von Gareis. Es ist daher auch davon abgesehen, nachträglich darauf im Einzelnen zu verweisen.

Breslau, den 30. März 1896.

O. Fischer.

Inhaltsverzeichniß.

		Seite
§ 1.	Der zweite Entwurf im Allgemeinen	9
§ 2.	Das Sachenrecht im Allgemeinen	16
§ 3.	Das Recht der beweglichen Sachen	21
§ 4.	Das Recht der Grundstücke	37
§ 5.	Schluß	61

§ 1. Der zweite Entwurf im Allgemeinen.

Hochgeehrte Herren!

Gestatten Sie, daß ich heute an den Schluß meiner vor 7 Jahren erschienenen Kritik des Entwurfs erster Lesung wieder anknüpfe. Ich hatte damals gesagt:[1]) „Eine baldige Kodifikation des Privatrechts im Deutschen Reich ist nothwendig und der vorliegende Entwurf muß den Ausgangspunkt für die weitere Arbeit bilden. Eine völlige Verwerfung des Entwurfs würde dem Scheitern des Werks ziemlich gleichstehen. Auch darf es bei der Frage nach der Annahme oder Ablehnung schließlich nicht den Ausschlag geben, ob man mehr oder weniger erhebliche Einwendungen gegen Form und Inhalt zu machen hat. Jeden voll und ganz zu befriedigen, das vermag auch die beste Arbeit nicht. Nothwendig ist aber eine ganz gründliche, ungestörte und nicht überhastete Durcharbeitung des Ganzen. — Für die zweite Lesung würden Hilfskräfte vielleicht in noch größerer Zahl und namentlich in noch größerer Mannigfaltigkeit als bei der ersten Lesung herangezogen werden können. Namentlich würde es zu empfehlen sein, die einzelnen Abschnitte gleich nach ihrer Fertigstellung den Vertretungen der verschiedenen Berufskreise zur alsbaldigen inhaltlichen Prüfung vorzulegen. Dagegen würde die Schlußredaktion, und zwar sowohl die Entscheidung über den Inhalt wie die über die Form einer Person oder höchstens zweien zu übertragen sein. Man verzichte aber darauf, dem Entwurf Motive beizugeben."

Meine Herren, Sie kennen alle die Entstehungsgeschichte des Entwurfs zweiter Lesung und wissen demnach, daß bei dieser gewaltigen Arbeit den wesentlichen, soeben hervorgehobenen Gesichtspunkten Rechnung getragen ist. Nur bezüglich der Schlußredaktion ist dieses allerdings nicht ganz der Fall gewesen. Das Werk ist sodann dem Bundesrath vorgelegt und,

---

[1]) Recht und Rechtsschutz, Heft 6 der Beiträge zur Erläuterung und Beurtheilung des Entwurfs eines Bürgerlichen Gesetzbuchs für das Deutsche Reich, herausgegeben von E. H. Bekker und O. Fischer S. 140 f.

hier in einigen Punkten geändert, an den Reichstag gelangt. Wir stehen heute noch alle unter dem Eindruck der viertägigen Debatte des Reichstags, in der alles, was von allgemeinen Gesichtspunkten aus für die baldige Annahme des Entwurfs gesagt werden kann, in erschöpfender, überzeugender, meisterhafter Weise gesagt worden ist.

Auch ich habe durchaus den Wunsch, daß die soeben konstituirte Reichstagskommission ihre Arbeit möglichst abkürze, und daß der Entwurf baldigst und unter Vermeidung aller nicht unabweisbaren oder nach allseitiger Ansicht ganz unbedenklichen Abänderungen zum Gesetz erhoben werden möge.

Ich weiß mich von nervöser Hast vollkommen frei, aber ich fürchte sonst doch das Scheitern des Werks, und dafür auch nur den geringsten Theil der Verantwortung zu tragen, vermöchte ich nicht.[1])

Die Rechtseinheit ist auch nach meiner Ueberzeugung ein Gut, dessen Werth gar nicht hoch genug angeschlagen werden kann. Wir Deutsche haben sie auf dem Gebiet des Privatrechts auch in früherer Zeit niemals besessen.[2]) Das gemeine Recht bot diese Einheit nur scheinbar, da es überall hinter den partikularrechtlichen Bildungen zurücktrat. Die dezentralisirende Tendenz mag der deutschen Eigenart entspringen. Sie ist dann aber meines Erachtens ein zu bekämpfender Nationalfehler und keine zu pflegende Nationaltugend. Man sollte Partikularrecht auf die Dauer nur so weit gestatten, als es örtliche und sachliche Gründe dringend erfordern.

Von den politischen Vortheilen der Rechtseinheit ist nichts mehr zu sagen. Die französische Geschichte, auf welche auch im Reichstag mehrfach hingewiesen wurde, ist mir in dieser Hinsicht die beste Lehrmeisterin gewesen. Daneben denke ich aber namentlich auch an die Vortheile, welche die Einheit nicht nur für die Praxis, sondern auch für die Theorie, Unterricht und Forschung, im Gefolge haben wird. Bisher mußte die deutsche Rechtswissenschaft nothgedrungen, im Interesse ihrer Einheit, überall an dem gemeinen Recht festhalten, obwohl dasselbe immer mehr an praktischer Geltung einbüßte, und man in stetig steigendem Maße erkannte, daß niemals auch nur im Wesentlichen der Inhalt dieses

[1]) Deshalb kann ich dem Vorschlag Gierke's in seiner kürzlich erschienenen Schrift „Das Bürgerliche Gesetzbuch und der Deutsche Reichstag" S. 55 trotz vielfacher Uebereinstimmung mit den dort ausgesprochenen Einzelurtheilen nicht theilen. Eine Rückgabe des Entwurfs an das Reichsjustizamt würde das Zustandekommen des Werks auf das äußerste gefährden, und andererseits gar nicht sichern, daß Gierke's Wünsche erreicht würden.

[2]) Vergl. Schloßmann, Bürgerliches Gesetzbuch und akademischer Rechtsunterricht S. 4.

Rechts festgestanden hat und daß zu keiner Zeit nach der Rezeption des Römischen Rechts in Deutschland Privatrechtszustände geherrscht haben, die als befriedigende angesehen werden konnten. Es geht eben nicht an, ein, wenn auch an und für sich noch so werthvolles Recht eines fremden Volks des Alterthums auf unsere modernen Verhältnisse und nationale Eigenart einfach zu übertragen, sondern es läßt sich daraus nur dieses und jenes Gute und auch unter veränderten Verhältnissen Brauchbare entnehmen. Speziell die vorlandrechtliche preußische Rechtsgeschichte[1]) lehrt uns, daß man stets und mit vollem Recht mit den bestehenden Rechtszuständen unzufrieden war, und wie man Jahrhunderte lang unausgesetzt und eifrig aber erfolglos danach gerungen hat, „ein ius certum auf den Teutschen Fuß"[2]) zu erhalten.

Erst wenn der Entwurf Gesetz geworden ist, kann wieder für das ganze Reich das Verhältniß von Theorie und Praxis hergestellt werden, welches für die gedeihliche Entwicklung der Rechtspflege und Rechtswissenschaft eine unerläßliche Vorbedingung ist.[3]) Die im schönen Zusammenwirken von Forschung und Rechtsanwendung geschaffene deutsche Handelsrechtswissenschaft eröffnet dafür die erfreulichsten Aussichten.[4])

---

[1]) Vergl. vor allem Stölzel, Brandenburg-Preußens Rechtsverwaltung und Rechtsverfassung Bd. 1 u. 2 und Stölzel's Vorträge aus der Brandenburgisch-Preußischen Rechts- und Staatsgeschichte.

[2]) Cocceji sagt in seinem Reformplan vom Mai 1746: „Hauptsächlich muß das Römische lateinische Recht abgeschafft, und auf den preußischen Fuß ein Teutsches Landrecht verfertigt werden, u. s. w." Vergl. Stölzel Vorträge S. 140, auch Rechtsverwaltung II S. 180.

[3]) Schloßmann a. a. O. S. 4.

[4]) Vergl. hierzu Zitelmann, Die Gefahren des Bürgerlichen Gesetzbuchs für die Rechtswissenschaft. Auch Zitelmann sieht in der Kodifikation zunächst einen Gewinn für die Wissenschaft. Aber er meint, daß die rechtswissenschaftliche Arbeit künftig erheblich an Reiz einbüßen wird. Das möchte ich nicht zugeben, wenn man die breite historische Grundlage festhält, eine den strengsten Anforderungen der Logik entsprechende Systematik anstrebt und sich vor Allem die rechtsschöpferische Thätigkeit der Wissenschaft nicht einschränken läßt und dabei das Ziel des Gerechten und Brauchbaren unverrückt im Auge hält. Die Gefahr besteht freilich, daß sich zunächst eine öde Buchstabenjurisprudenz mit Anklammerung an Materialien und Präjudikate breit macht. Und die von Zitelmann mit vollem Recht bekämpfte Frage: „Was hat der Gesetzgeber gewollt?" (vergl. darüber auch Fischer, Preußisches Privatrecht S. 21 und Bekker in Ihering's Jahrbüchern Bd. 34 S. 73 ff.) wird ja leider auch jetzt schon, sogar in Entscheidungen des Reichsgerichts, zur Grundlage der Interpretation genommen. Es dürfte aber die Erkenntniß dieser Fehler in der Theorie doch so weit vorgeschritten sein, daß ihnen von vornherein mit Erfolg entgegengetreten werden kann.

Ist der Entwurf einmal Gesetz geworden, so werden ihn auch seine heutigen wissenschaftlichen Gegner sicherlich ebenso verständniß- und liebevoll pflegen wie seine Freunde.

Auch wir preußischen Juristen werden sicherlich gern bereit sein, im Interesse der Rechtseinheit auf das uns liebgewordene Landrecht zu verzichten, das trotz aller seiner Vortrefflichkeit doch der deutschen Rechtseinheit nicht förderlich sein konnte.[1]) Wir gewinnen dabei hinsichtlich der Form an Kürze und Korrektheit und Vermeidung zu weit gehender Kasuistik, wenn wir auch die kernige Sprache des Landrechts hier und da vermissen werden. Eine besondere Genugthuung gewährt uns aber der — noch gar nicht genug hervorgehobene — Einfluß, den das Landrecht auf die zweite Lesung gewonnen hat. Manches, was gegenüber dem gemeinen Recht als wohlthätige Neuerung erscheint, ist für den Landrechtsjuristen nur ein Erhalten des bewährten Guten.

Die Fortschritte, welche das Gesetzeswerk in zweiter Lesung nach Form und Inhalt gemacht hat, sind ganz bedeutend. Was den Inhalt anbelangt, so wird man anerkennen müssen, daß jedes erhobene Monitum gewissenhaft geprüft ist. Nicht immer freilich ist es dem meiner Ansicht nach Besseren gelungen, sich Bahn zu brechen. Aber es ist gleichwohl in ganz erheblichem Umfang geändert worden. Und fast alle Aenderungen sind, ohne daß Widerspruch zu befürchten wäre, als wirkliche Verbesserungen zu bezeichnen.

Uebrigens darf auch der, welcher die Aufgabe eines Gesetzbuchs keineswegs in der bloßen Aufzeichnung des bestehenden Rechts und der Beseitigung der darin bestehenden Verschiedenheiten sieht, bahnbrechende Reformen von einer Kodifikation nicht erwarten. Brennende Fragen der Gegenwart, Gegenstände der politischen Parteikontroverse, z. B. auf dem uns heute naheliegenden Gebiet des Agrarrechts, speziell des Heimstättenrechts und des Hypothekenrechts, muß man möglichst der Spezialgesetzgebung überlassen, welche sie regeln möge, sobald sie dazu reif geworden sind. Die neue Kodifikation hat hinsichtlich der Neuerungen dieselbe besonnene, aber nicht ängstliche Vorsicht zu beobachten, wie sie der Landrechtskodifikation eigen war. Sonst gefährdet sie ihr eigenes Werk. Unter keinen Umständen kann daher aus der Nichtaufnahme neuer, in keinem deutschen Rechtsgebiet geltender Sätze ein Grund für die Nichtannahme des Entwurfs hergeleitet werden.

---

[1]) Schon Pütter schreibt 1784: „Wird nicht jeder Patriot mit uns wünschen, daß ein ähnliches Gesetzbuch für jede andere deutsche Staaten erwachsen möchte? oder warum nicht selbst für ganz Deutschland?" Vergl. Stölzel, Svarez S. 238.

Auch die Form des Werks hat, und zwar ganz erheblich, gewonnen, wenngleich hier der Fortschritt nicht so sehr in die unmittelbare Erscheinung tritt. Man hat sich von dem System des ersten Entwurfs nicht getrennt und hat seine Sprache und Technik, insbesondere die ganz übertriebene Verwendung der Fiktionsform, nur im Einzelnen modifizirt, nicht aber ganz aufgegeben, sodaß die äußere Schale des Werks allerdings immer noch einen stark doktrinären Anstrich zeigt, der sich durch eine rein formelle Ueberarbeitung seitens eines Nichtdoktrinären hätte beseitigen lassen.[1])

Das Hauptverdienst für das Gelingen des Werks gebührt der rastlosen hingebenden Arbeit der Kommission. Aber auch die außerhalb stehende Jurisprudenz hat Antheil an dem Werk, wie sie ja auch für den ersten Entwurf in Vorzügen und Fehlern mitverantwortlich gemacht werden muß. Gestatten Sie mir über den letzteren Punkt noch ein paar Worte, die zu einer gerechteren Würdigung der Arbeiten der ersten Kommission führen müssen.

Man hat der ersten Kommission den Vorwurf gemacht, daß sie auch solche deutsche Rechtsgedanken unbeachtet gelassen habe, die auch heute noch in unserem Volke leben und unseren modernen Bedürfnissen entsprechen. Sachlich gewiß mit Recht.

Aber man beachtet nicht, daß die Germanistik bis vor 25 Jahren es nicht fertig gebracht hatte, den Einfluß zu erringen, der nothwendig war, um den deutsch-rechtlichen Einrichtungen und Anschauungen die gebührende Beachtung zu sichern.

Nannte man auch nicht mehr, wie im vorigen Jahrhundert, das deutsche Privatrecht das „durch die Freiheit einiger Privatdoktoren aufgebrachte imaginäre deutsche Recht"[2]), so waren doch die deutschen Rechtsgedanken keineswegs so in das allgemeine juristische Denken und Fühlen übergegangen[3]), daß wir den Redaktoren der so vortrefflich gearbeiteten Theilentwürfe einen persönlichen Vorwurf machen dürften.

Inzwischen hat sich die Germanistik aufgerafft. Gierke's immer noch an erster Stelle stehende Beurtheilung des ersten Entwurfs[4]) hat

---

[1]) Vergl. Gierke, das bürgerl. Gesetzb. S. 12. Auch jetzt wäre es wohl noch möglich, eine solche sprachliche Revision ohne Aenderung im Inhalt, welche namentlich die Fiktionen möglichst auszumerzen hätte, neben der sachlichen Berathung in der Reichstagskommission stattfinden zu lassen.

[2]) „Kritische Vierteljahrsschrift" N. F. 15 S. 527.

[3]) Einen hübschen Beleg bringt die Aeußerung des Präsidenten Bardeleben in den Verhandlungen des 16. Deutschen Juristentages (1883) II, S. 37.

[4]) „Der Entwurf eines Bürgerlichen Gesetzbuchs und das deutsche Recht." 1889.

das wesentliche Verdienst, laut und eindringlich an die Berücksichtigung der vaterländischen Rechtsgedanken erinnert zu haben, und dieser Mahnung hat der zweite Entwurf in weiterem Umfange entsprochen, als man von vornherein hoffen konnte.

Und weiter. Dem hohen Stande der Privat-Rechtswissenschaft in Deutschland verdankt schon der erste Entwurf eine so tüchtige theoretisch-technische Grundlage, wie sie kein in- oder ausländisches Gesetzeswerk vor ihm aufzuweisen hat. Aber auch der viel getadelte Doktrinarismus des Entwurfs ist vom Katheder bezogen. Vor einigen Jahrzehnten herrschte noch die sogenannte Begriffsjurisprudenz. Ihr wirksamster Bekämpfer und Vernichter, Rudolph v. Jhering, bekennt selbst, daß er in seinen jüngeren Jahren ganz im Banne derselben gestanden hat.[1]) Als Hauptaufgabe der Rechtswissenschaft betrachtete man die juristische Konstruktion. Dabei verfolgte man gelegentlich eine ganz unhaltbare metaphysisch, naturwissenschaftliche Methode. Manche wirkliche oder vermeintliche Sätze des römischen Rechts, wie z. B. die Thatsächlichkeit und Unvererblichkeit des Besitzes, die Widerruflichkeit letztwilliger Verfügungen, die rein obligatorische Natur von Pacht und Miethe, die Wirkungen der sogenannten Konfusion und Konsolidation betrachtete man geradezu als Naturgesetze, deren Beseitigung menschlichem Können versagt sei.[2]) Ja, man hielt sich für berechtigt, das Bestehen eines Rechtssatzes deshalb zu leugnen, weil er unkonstruirbar sei.[3])

Was Wunder, daß auch der erste Entwurf, als Kind jener Zeit, doktrinär war. Jene damals herrschende wissenschaftliche Richtung würde ihn sehr getadelt haben, wenn das anders gewesen wäre. Inzwischen ist

---

[1]) Vergl. namentlich: „Der Besitzwille" S. IX.

[2]) Vergl. darüber Schuppe: „Die metaphysisch-naturwissenschaftliche Methode in der Jurisprudenz" in Gruchot's Beiträgen 34 S. 801 ff.; Fischer: „Das Problem der Identität und der Neuheit" in der Breslauer Festgabe für R. v. Jhering S. 25 f. und die dort gegebenen Citate.

[3]) Hierfür nur ein besonders charakteristisches Beispiel. Das wechselseitige Testament, eine auf deutschem Boden gewohnheitsrechtlich entwickelte Einrichtung, bindet nach diesem Gewohnheitsrecht den überlebenden Ehegatten an den korrespektiven Inhalt der Verfügung, sobald er die Zuwendung des Erstverstorbenen endgiltig erworben hat. Ohne diesen Satz kann die Einrichtung überhaupt nicht bestehen. Vergl. Fischer: „Zur Lehre von den gemeinschaftlichen Testamenten der Eheleute" im „Archiv für bürgerliches Recht" 6 S. 85. Windscheid („Pandekten", 7. Aufl. III, § 568, A. 7) vertritt dagegen mit manchen Anderen die Nichtgebundenheit, und glaubt die Gegner mit folgendem Satz abthun zu können: „Das Gegentheil ist vielfach behauptet worden, aber unkonstruirbar."

aber ein gründlicher Umschwung eingetreten, wobei gerade die kritische Arbeit am Entwurf sehr Vieles geleistet hat. Und so ist es auch der zweiten Lesung gelungen, den Doktrinarismus im Prinzip zu überwinden, obwohl sich im Einzelnen und besonders im Aeußeren und in der Form freilich die Spuren desselben noch finden.

Im Weiteren ist zu berücksichtigen, daß die deutsche Rechtswissenschaft die Aufgabe, de lege ferenda zu forschen, vor dem Erscheinen des Entwurfs fast ganz vernachlässigt hat.[1]) Nur der deutsche Juristentag, der sich aber naturgemäß auf wenige grundsätzliche Punkte beschränken mußte, machte eine rühmliche Ausnahme. Nothwendig aber wäre die Arbeit de lege ferenda bei jeder wissenschaftlichen Abhandlung einer Einzelfrage gewesen. Dazu hätten auch gerade die Zustände des gemeinen deutschen Rechts besondere Veranlassung geboten. Wie Dilthey in seiner vortrefflichen „Einleitung in die Geisteswissenschaften“[2]) ausgeführt hat, muß jede Wissenschaft, welche sich mit dem menschlichen Geiste, menschlicher Kultur und der menschlichen Gesellschaft beschäftigt, neben der Ermittelung und Beherrschung des Thatbestandes der Gegenwart und der Erforschung der ursächlichen Erscheinungen der Vergangenheit auch die Kritik der bestehenden Zustände als einen ganz nothwendigen integrirenden Theil ihrer Arbeit betrachten, durch den sie allein einer wesentlichen Aufgabe, der Anbahnung des Fortschritts in der Zukunft, gerecht werden kann.

Erst der Entwurf hat die Kritik wachgerufen, während es hätte umgekehrt sein sollen. Und deshalb darf uns die nachträglich gewonnene bessere Erkenntniß nicht veranlassen, das vorher geschaffene Werk ungerecht zu beurtheilen.

Aber nun zur eigentlichen Aufgabe des Abends, zum Sachen-Recht.

Die Hauptaufgabe dieses Vortrages ist eine orientirende Uebersicht in großen Umrissen, welche Ihnen freilich nicht viel Neues bringen kann. Aber daneben darf doch die Kritik nicht fehlen, auf die man auch nach Fertigstellung des Gesetzbuchs nicht verzichten darf, ohne die Aufgabe der Rechtswissenschaft ungebührlich zu beschränken und die Fortbildung des stets lebendigen Rechts zu hemmen. Ich begreife vollständig, daß Viele des ewigen „Nörgelns“ müde sind und es als eine patriotische Pflicht ansehen, schlechthin und uneingeschränkt zu loben. In diesem Sinne kann aber Ihre ehrenvolle Aufforderung, mich hier vor Ihnen über das Sachenrecht des Entwurfs zu äußern, doch nicht verstanden werden. Sie wollen die Wahrheit, d. h. den Ausdruck meiner innersten Ueberzeugung,

---

[1]) Vergl. Eck in Lexis, die deutschen Universitäten I S. 306.

[2]) S. 33.

und etwas Anderes kann ich Ihnen auch nicht geben. Ich bin mir aber auch bewußt, daß dem Werke dadurch nicht geschadet wird, zumal es mir völlig fern liegt, von der Aenderung der zu beanstandenden Punkte die Annehmbarkeit des Entwurfs abhängig zu machen.

§ 2. Das Sachenrecht im Allgemeinen.

Das Sachenrecht des Entwurfs umfaßt nur 443 Paragraphen, also noch nicht $1/7$ soviel, wie das preußische allgemeine Landrecht, für welches ich 3483 Paragraphen zähle. Das ist eine gewaltige, höchst förderliche Kürzung. Von diesen 443 Paragraphen gehen aber 46[1]), welche vom Nießbrauch und vom Pfandrecht an Rechten handeln, über den Rahmen des Sachenrechts hinaus, wie ihn die Systematik des Entwurfs gezogen hat. Der Entwurf versteht unter Sachen außer Grundstücke[2]) nur körperliche bewegliche Gegenstände[3]) und unter Sachenrechten nur dingliche Rechte. Beim Forderungspfand und beim Forderungsnießbrauch fehlt es an einem körperlichen Gegenstand und es handelt sich auch nur um ein persönliches Recht. Nach strenger Systematik, die aber auch von den gebräuchlichen Pandektenlehrbüchern nicht eingehalten wird, gehörte also beides in das Obligationenrecht. Jedenfalls aber wird die Theorie den römischen Gegensatz Sachen und Rechte endlich doch einmal als unlogisch und auf der Verwechslung von res und dominium beruhend aufgeben müssen. Den Gegensatz von körperlichen Sachen bilden andere Vermögensstücke. Zu den Rechten ist aber nicht die Sache, sondern speziell das Eigenthumsrecht in Gegensatz zu stellen, oder richtiger als eine charakteristische Unterart hervorzuheben.

Auf der anderen Seite gehören zum Sachenrecht in gewisser Weise die 15 Paragraphen des allgemeinen Theils, welche von den Sachen handeln[4]) und sodann den Bestimmungen über Pacht und Miethe. Letztere haben die vom ersten Entwurf gewählte Stellung im Obligationenrecht beibehalten.[5]) Die zweite Lesung hat aber der fast einhelligen

---

[1]) Jetzt §§ 1051—1072 und §§ 1256—1279.

[2]) Denen aber weitere Immobilien hinzutreten können (s. u. S. 19).

[3]) Die unkörperlichen Gegenstände absoluter Rechte insbesondere des Urheberrechts, (vergl. auch Artikel 31, 71, 72, 74 E. G.) sind in dem bürgerlichen Gesetzbuch nicht behandelt. Für eine vollständige und richtige Systematik des modernen Privatrechts ist aber die Mitberücksichtigung des Urheberrechts und der sich daran schließenden rechtlichen Gebilde von besonderer Bedeutung. Es wäre daher verfehlt, Civilrecht des deutschen Reiches mit Ausschluß dieser Dinge zu lehren. Vergl. Nr. 4 der Eisenacher Resolution vom 23. März 1896.

[4]) Jetzt §§ 86—99.

[5]) Jetzt §§ 528—590.

Kritik nachgegeben und dem Miether und Pächter in Uebereinstimmung mit fast sämmtlichen Kodifikationen der Welt Schutz gegen den Singularsucessor und in Folge des Sachbesitzes des Miethers auch gegen jeden Dritten gegeben. Dadurch ist die Miethe ebenso dinglich geworden, wie der Nießbrauch, ja in ihren Wirkungen noch stärker als dieser, insofern sie bei Grundstücken der Eintragung nicht bedürftig ist.

Ich werde mich aber im Folgenden dem System des Entwurfs anschließen und daher auf Miethe und Pacht nicht weiter eingehen.[1])

Das Sachenrecht findet für Grundstücke noch eine Ergänzung durch die Grundbuchordnung und die Subhastationsordnung. Erstere giebt die formellen Bestimmungen des Grundbuchrechts, die andere eine Ergänzung des Zwangsvollstreckungsrechts hinsichtlich der Grundstücke. Uebrigens fehlt es, wenn die Rechtseinheit auf dem Gebiete des materiellen Immobiliarrechts erreicht ist, eigentlich an jedem Anlaß die Zwangsvollstreckung für Mobilien in der Civilprozeßordnung, die Zwangsvollstreckung für Immobilien dagegen außerhalb der Civilprozeßordnung zu regeln. Die Civilprozeßordnung ist auch ganz darauf eingerichtet, dieses Subhastationsrecht in sich aufzunehmen.[2])

[1]) Ich darf hier auf meine Schrift „Soll Pacht Kauf und Miethe brechen?", 2. Ausgabe 1889, verweisen. — Für den Uebergang vergl. Artikel 171 E. G.

[2]) Vergl. Fischer „Recht und Rechtsschutz" S. 15 A. 2. Die Motive zu dem Entwurfe eines Gesetzes, betreffend die Zwangsvollstreckung in das unbewegliche Vermögen sagen S. 72: „Wenn daher die Zwangsvollstreckung in das unbewegliche Vermögen diesem Rechtsgebiet (d. h. dem Prozeßrecht) angehört, so muß sie den Vorschriften der C. P. O. insoweit unterworfen werden, als dieselben nach ihrem Inhalt und ihrer Stellung zur Anwendung geeignet und nicht aus besonderen Erwägungen von der Anwendung auszuschließen sind. Dieser Standpunkt kann dadurch eine Aenderung erleiden, daß die Zwangsvollstreckung in das unbewegliche Vermögen nicht in der C. P. O. selbst, sondern aus technischen Rücksichten in einem besonderen Gesetze geordnet wird. Der vorliegende Entwurf ist deshalb so zu lesen, als ständen seine Vorschriften in dem achten Buch der C. P. O. an der Stelle der §§ 755—757. Daß dies verkannt werden möchte, ist im Hinblicke auf die Bestimmungen, durch welche die §§ 755—757 nach dem Einf. Ges. ersetzt werden sollen, bei der Stellung, welche der Entwurf gegenüber einzelnen Vorschriften der C. P. O. einnimmt, nicht zu besorgen." Warum macht man da nicht die Fiktion zur Wahrheit und stellt die Bestimmungen thatsächlich in die C. P. O. ein, da der einzige technische Grund, der entgegenstand, nämlich die Rücksicht auf die Erhaltung der C. P. O. in ihrer jetzigen Gestalt, doch inzwischen durch die zahlreichen erforderlich gewordenen Aenderungen weggefallen ist? Im Uebrigen sprechen aber für die Herübernahme in die C. P. O. nicht

Das so begrenzte Reichssachenrecht ist nun aber keineswegs lückenlos. Gerade auf diesem Gebiet bleiben wichtige Materien dem Landesrecht überlassen. Nicht nur Lehen, Familienfideikommisse, Stammgüter, Erbpacht, Büdner- und Häuslerrecht, Land- und Rentengüter, und das damit in Zusammenhang stehende Anerbenrecht, Regalien, Enteignung, sondern auch Jagd und Fischerei, das gesammte Bergrecht, das gesammte Wasserrecht mit dem Deichrecht, die Gemeinheitstheilungen und Verkoppelungen und die übrigen in den Bereich der landwirthschaftlichen Auseinandersetzungsbehörden fallende Dinge, die besonderen Rechte der Eisenbahngrundstücke, die Beschränkungen von Veräußerungen, Theilungen und Vereinigung von Grundstücken und verschiedene andere Punkte, die ich zum Theil noch streifen werde.[1])

Diese Zurückhaltung des Entwurfs ist grundsätzlich nur zu billigen. Mit der Regelung dieser Stoffe würden noch Jahre vergehen und gerade die in ihnen liegenden Schwierigkeiten könnten das Zustandekommen des Ganzen gefährden. Das Bessere wäre hier in der That der Feind des Guten. Bei der späteren Regelung bleibt der Germanistik, die hier vorzugsweise interessirt ist, noch ein weites Feld für ihre Bethätigung. Deshalb wird es auch sachlich der Regelung nicht zum Schaden gereichen, wenn sie später erfolgt. Am wenigsten werden aber diejenigen widersprechen dürfen, welche statt des Bürgerlichen Gesetzbuchs eine allmähliche Kodifikation durch Einzelgesetze befürwortet hatten.[2])

Mit dem Pandektensystem unterscheidet der Entwurf Eigenthum und Rechte an fremder Sache einerseits und das Vollrecht des Eigenthums gegenüber dem Minderrecht des Besitzes andererseits. Da der römische

---

nur alle technischen bezw. ästhetischen Rücksichten, sondern sie ist eine Grundbedingung der gedeihlichen künftigen Entwicklung des Zwangsvollstreckungsrechts in Theorie und Praxis. Das lehrt ein Blick auf die bisherige Litteratur des Zwangsvollstreckungsrechts, auf die Streitfragen über die Anwendung der C.P.O. auf die Subhastation und vor Allem der Hinweis darauf, wie schädlich es der wissenschaftlichen Behandlung des Anfechtungsrechts gewesen ist, daß es für den Konkurs in der Konkursordnung, für die Zwangsvollstreckung aber in einem besonderen Gesetze geordnet ist. — Geradezu komisch aber würde es aussehen, wenn man die Zwangshypothek (s. u. S. 60) in die C.P.O. bringen wollte, nicht aber die wirkliche Zwangsvollstreckung in Grundstücke.

[1]) Vergl. Artikel 50—52, 55—72, 88, 91, 94, 96, 105, 106, 108—132, 136, 141—143 des Einführungsgesetzes zum Bürgerlichen Gesetzbuch. Von den Uebergangsbestimmungen betreffen außerdem das Sachenrecht Artikel 168, 169, 172, 180—196.

[2]) Vergl. Gierke „Das Bürgerliche Gesetzbuch und der Deutsche Reichstag" S. 56.

Eigenthumsbegriff auch sämmtliche deutsche Partikularrechte beherrscht, so war dieser systematische Standpunkt wohl begründet, wenn auch vielleicht in Zukunft die schroffe Gegensätzlichkeit von persönlichen und dinglichen Rechten fallen wird, was indeß mehr das Obligationenrecht als das Sachenrecht beeinflussen würde.[1])

Etwas anders steht es dagegen mit einem zweiten, noch wichtigeren systematischen Punkte. Zwischen dem römischen und dem deutschen Recht besteht bekanntlich insofern ein scharfer Gegensatz, als das deutsche Recht Liegenschaften und fahrende Habe von vornherein getrennt behandelt, während das römische Recht unter res corporales nicht nur Mobilien, sondern auch Grundstücke versteht und beide grundsätzlich den gleichen sachenrechtlichen Normen unterwirft.

Die römische Anschauung wird, wie ja jetzt doch wohl allseitig anerkannt wird und daher hier von mir nicht näher ausgeführt zu werden braucht, jedenfalls der wirthschaftlichen Bedeutung des Grundeigenthums in Deutschland nicht gerecht. Sie ist aber auch vom rein begrifflichen Standpunkt aus nicht zu billigen. Die Grundstücke werden eigentlich nur mittelst einer Fiktion zu den körperlichen Gegenständen gerechnet. Sie unterscheiden sich von einem Tisch oder Stuhl keineswegs bloß durch ihre Unbeweglichkeit. Das Grundstück ist keine bestimmte körperliche Masse, die man sein eigen nennen kann, wie etwa ein Pfefferkuchen, sondern es handelt sich bei dem Grundstückseigenthum um die Benutzung eines begrenzten Theils der Erdoberfläche, mit welcher denn auch eine gewisse, nach dem zweiten Entwurf nicht mehr unbegrenzte,[2]) Benutzung des Untergrundes und des Luftraumes gegeben ist.[3]) Schon die Grundregel über den Inhalt des Eigenthums, daß der Eigenthümer mit der Sache nach Belieben verfahren dürfe,[4]) ist bei Grundstücken sehr cum grano salis zu verstehen, und für die weiteren Einzelheiten machen sich bei Grundstücken ganz andere Gesichtspunkte geltend, als bei den Mobilien. Vor allem aber bedingt die Grundbucheinrichtung eine durchaus verschiedene Behandlung.

Der Entwurf folgt nun, rein äußerlich betrachtet, dem römischen

---

1) Vergl. aber Gierke a. a. O. S. 26, 28, 40.

2) Vergl. § 889.

3) Ganz ähnlich verhält es sich mit manchen sonstigen Immobilien, insbesondere den Bergwerken. Auch bei dem Recht an einem Gebäude auf fremdem Grund und Boden (§§ 91, 996) sind nicht lediglich die Steine und sonstigen Bestandtheile des Gebäudes als Gegenstand des Rechts anzusehen, vielmehr kommt ganz wesentlich die Befugniß zur Benutzung von Boden und Luftraum hinzu.

4) § 887.

Recht. Sein Sachenrecht soll sich gleichermaßen auf Mobilien und Immobilien beziehen. Seine Definition: „Sachen im Sinne des Gesetzes sind nur körperliche Gegenstände" [1]) will die Grundstücke mit umfassen.

Trotz alledem steht der Entwurf in Wahrheit aber doch in diesem wichtigsten Punkte auf dem Boden der deutschen Rechtsanschauung. Unter den etwa 397 Paragraphen des engeren Sachenrechts finden sich nach meiner Zählung nur zwischen 60 und 70 Paragraphen, welche sich auf Grundstücke und Mobilien zusammen beziehen,[2]) also nur etwa ein Sechstel des Ganzen. Im Uebrigen ist die Trennung zwischen Liegenschaften und Fahrniß vollständig durchgeführt.

Größere gemeinsame Gebiete sind nur Besitz, Eigenthumsschutz und Nießbrauch. Aber auch in diesen Materien hat der Entwurf im Einzelnen unterscheiden müssen, so z. B. in der sehr praktischen Bestimmung über das Aufsuchen und Wegschaffen von Mobilien auf fremden Grundstücken,[3]) denen man hier auch wohl die Schiffe hätte hinzufügen können, ferner beim Eigenthumsschutz, so daß sich schließlich z. B. die Vindikation von Mobilien vollständig anders gestaltet als bei Immobilien. Ja, es wäre vielleicht möglich und nützlich gewesen, auch auf diesen Gebieten noch weiter zu gehen und ganz zu trennen. Wenn z. B. gesagt wird:[4]) „Der Besitz der Sache wird durch die Erlangung der thatsächlichen Gewalt über die Sache erworben" so ist das auf Grundstücke offenbar in wesentlich anderer Art anzuwenden als bei Mobilien. Ueber Grundstücke kann man auch ohne Vermittlung anderer Personen die „thatsächliche Gewalt" haben, auch wenn 1000 Meilen Entfernung dazwischen liegen, während dieses bei Mobilien ohne Vermittlung durch andere Personen oder ohne daß sie sich auf einem der Gewalt des Besitzers unterstehenden Grundstücke befinden, nicht möglich sein wird. Man hätte vielleicht auch den, doch sofort präsenten, Inhalt des Grundbuchs bei dem Besitz der Grundstücke berücksichtigen und dadurch den Grundstücksbesitzesschutz vereinfachen können. Jedenfalls ist es von großem Interesse, daß Bekker in seiner vorwiegend dogmatischen Erörterung des Besitzrechts des Entwurfs sich ganz auf die Mobilien beschränken konnte.[5])

---

[1]) § 86.

[2]) Es sind jetzt §§ 838—850, 852—856, 887, 888, 969—981, 983—988, 992, 993, 995, 1013, 1017—1020, 1022—1025, 1027—1030, 1032—1038, 1040—1044, 1048, 1049. Gemeinsam sind auch die Artikel 180, 181, 183 E. G.

[3]) Jetzt §§ 851 und 989. Der eine Paragraph giebt das Recht dem Besitzer, der andere — an ganz anderer Stelle — dem Eigenthümer. Die Zerreißung der Materie in dieser Weise erscheint mir nicht gerechtfertigt.

[4]) § 838.

[5]) „Der Besitz beweglicher Sachen" in Iherings Jahrbüchern Bd. 34 S. 1 ff.

Ich halte es für vortheilhaft, seinem Beispiele zu folgen. Ich möchte Ihnen zuerst die Grundzüge des Mobiliarrechts und dann die Haupteinrichtungen des Grundstücksrechts vorführen.[1])

§ 3. Das Recht der beweglichen Sachen.

Beim Recht der Mobilien handelt es sich hauptsächlich um Besitz und Eigenthum, Erwerb, Verlust und Schutz, sowie um die beiden dinglichen Rechte an fremder Sache, um Pfandrecht und Nießbrauch.

Ich beginne mit dem Besitz, wohl der schwierigsten Materie des Privatrechts. Hier hat der Entwurf zweiter Lesung entschieden den größten Fortschritt erreicht. Den Satz Bekkers,[2]) daß das Besitzrecht des zweiten Entwurfs eine äußerst förderliche That sei, unterschreibe ich aus voller Ueberzeugung. Der erste Entwurf befand sich mit seiner Besitzlehre noch ganz im Banne der Pandektendoktrin, wie sie sich unter der Herrschaft von Savigny's Jugendschrift über den Besitz gestaltet hatte. Erst die Forschung der letzten Jahrzehnte hat dem Savigny'schen Aufbau eine Stütze nach der anderen entzogen, und Iherings letztes Hauptwerk, der erst nach dem Erscheinen des ersten Entwurfs veröffentlichte Besitzwille, hat die Lehre in ihrem Kernpunkt vernichtet und — was für die Gesetzgebungsarbeit am wichtigsten erscheint — ihre gänzliche praktische Unbrauchbarkeit dargethan. Allen Wiederbelebungsversuchen, wie sie neuerdings unternommen sind, z. B. von Randa,[3]) der in der neuesten, 4. Auflage seines österreichischen Besitzrechts die Fahne der alten Pandektenlehre nach wie vor hochhält[4]) wage ich mit Zuversicht die völlige Erfolglosigkeit zu prophezeien, ohne daß ich damit natürlich jedes Wort Iherings unterschreiben will. Der Entwurf zweiter Lesung hat nun unter Berücksichtigung dieser Forschungen, aber in durchaus selbstständiger Weise, ein neues Besitzesrecht von praktischer Brauchbarkeit geschaffen, dessen Kürze schon — es sind im Ganzen 18 Paragraphen[5]) — einen gewaltigen Fortschritt bedeutet. Zunächst ist der Abschnitt von Allem gereinigt, was sich nicht auf den Besitzesschutz und seine Voraussetzungen bezieht.

---

[1]) Im Allgemeinen dürfte es richtiger sein, zuerst das wichtigere Grundstücksrecht zu behandeln. Doch im Vortrage ist das Grundstücksrecht deshalb an das Ende gestellt, weil bei diesem noch mehr wie bei dem Mobiliarrecht auf das dem Auditorium bekannte preußische Recht verwiesen werden konnte.

[2]) A. a. O. S. 23, 72.

[3]) Vergl. auch Kuntze, zur Besitzlehre S. 33 ff.

[4]) Vergl. dazu Pfersche, „Die Besitzlehre des österreichischen Rechts" (Separatabdruck aus der juristischen Vierteljahrsschrift von Ullmann Bd. 27).

[5]) §§ 838—855, Uebergangsbestimmung in Artikel 180 E.G.

Nur die dazu allerdings nicht gehörige Definition des Eigenbesitzes[1]) ist darin geblieben.

Das römische Recht schützte bekanntlich nur den juristischen Besitzer im Gegensatz zum Detentor. Nach dem Entwurf wird aber nicht bloß der Eigenbesitzer geschützt, sondern, allerdings zum Theil nur in beschränktem Umfange, jeder Inhaber.

Das römische Recht rechnete zu den juristischen Besitzern außer dem Eigenbesitzer nur den Pfandbesitzer, Sequester und Prekaristen. Alle anderen Fälle des thatsächlichen Besitzes (Pacht, Miethe, Depositum, Kommodat, Mandat u. s. w.) werden unterschiedslos zur Detention gerechnet. Der Entwurf[2]) dagegen unterscheidet diejenigen, welche den Besitz nur für ihren Herrn ausüben, die sogenannten prokuratorischen Detentoren oder Besitzdiener, und die in eigenem Interesse besitzenden sogenannten selbstnützigen Detentoren oder abgeleiteten Besitzer.[3]) So tritt an die Stelle einer grundsätzlichen und dazu ungerechten Kasuistik eine praktische Regel[4]) und es wird dabei zugleich das subjektive Moment der Savigny'schen Lehre, der animus domini durch objektive Merkmale (causae) ersetzt.[5]) Im Verfolg dieser Eintheilung wird dann dem prokuratorischen Detentor jeder Besitzschutz gegen den Autor und auch der Gerichtsschutz gegen Dritte versagt,[6]) während dem selbstnützigen Detentor der volle Besitzesschutz gegeben wird.[7]) Endlich ist der weitere Fortschritt gemacht, daß auch im Falle des abgeleiteten Besitzes der Prinzipal nicht mehr den Besitz verliert, sondern als sogenannnten mittelbaren Besitz behält,[8]) so daß man den abgeleiteten Besitzer oder selbstnützigen Detentor auch Besitzmittler nennen kann.[9])

---

[1]) Jetzt § 856.

[2]) § 838 (mit §§ 852, 856) gegenüber § 839.

[3]) Ihering, „Besitzwille" S. 505, Bekker a. a. O. S. 26.

[4]) Freilich ist die Grenze zwischen den Fällen des § 839 und denen des § 852 nicht ganz scharf gezogen. Vergl. Bekker a. a. O. S. 9 ff., 42 ff.

[5]) Wie weit dieses dem wahren römischen Recht entspricht oder nicht, kann hier dahingestellt bleiben. Vergl. darüber Ihering a. a. O., der freilich das römische Recht im Interesse der praktischen Brauchbarkeit vielleicht in weiterem Umfange von diesem Momente zu reinigen sucht, als dieses nach den Quellen möglich ist.

[6]) §§ 839, 844.

[7]) §§ 838, 852.

[8]) §§ 852, 853, 855. Gierke, „Das Bürgerliche Gesetzbuch und der deutsche Reichstag" S. 28 hält freilich den Schutz des mittelbaren Besitzes für unzureichend.

[9]) Vergl. Bekker a. a. O. S. 26.

Bezüglich des Besitzesschutzes sind im Weiteren Selbsthilfe und Gerichtshilfe streng geschieden.

Selbsthilfe ist dem Herrn gegen den Besitzdiener schlechthin, sonst aber für Besitzer, auch für Besitzdiener, über die Abwehr hinaus nur zu sofortiger Wiedererlangung des Besitzes gestattet.[1])

Im Uebrigen besteht gegen eigenmächtige Entsetzung und Störung nur der Gerichtsschutz. Hindernisse bezw. Endigungsgründe sind:

1. Ablauf eines Jahres (also Verjährung, ausnahmsweise ohne Vorschützung),[2])

2. der Umstand, daß der Entsetzte oder Gestörte den Besitz vom Gegner im letzten Jahre gegen dessen Willen und im Wege der nicht besonders gestatteten Selbsthilfe erlangt hat.[3])

3. daß die Entsetzung und Störung durch Selbsthilfe gesetzlich besonders erlaubt war,[4])

4. daß inzwischen in einem nachher angestrengten petitorium zu Gunsten des Gegners erkannt ist.[5])

Freilich sind diese Regeln nicht auf den ersten Blick aus dem Gesetz herauszulesen. Man hat aus dem ersten Entwurf zwei Definitionen von verbotener Eigenmacht und Fehlerhaftigkeit des Besitzes herübergerettet,[6]) und operirt ihnen zu Liebe mit diesen doktrinären Ausdrücken. Durch ihre Weglassung würden die Vorschriften durchsichtiger und für den Laien verständlicher werden.

Die Beendigung des Besitzes knüpft der Entwurf an den dauernden Verlust der thatsächlichen Gewalt.[7]) Ich würde mit dem preußischen Allgemeinen Landrecht noch weiter gegangen sein und erst die Unmöglichkeit der Wiedererlangung als Endigungsgrund gesetzt haben.[8])

Daß übrigens der Entwurf die Natur des Besitzes als eines Rechtsverhältnisses nicht mehr verkennt,[9]) zeigt seine Behandlung der Einwirkung des Erbfalls auf den Besitz. Regelung des ersten wie des

---

1) §§ 843, 844.

2) § 848 Abs. 1.

3) §§ 842, 845, 846.

4) § 847 mit 842.

5) § 848 Abs. 2.

6) Vergl. § 842: „Wer dem Besitzer ohne dessen Willen den Besitz entzieht oder ihn im Besitze stört, handelt, sofern nicht das Gesetz die Entziehung oder die Störung gestattet, widerrechtlich (verbotene Eigenmacht). Der durch verbotene Eigenmacht erlangte Besitz ist fehlerhaft."

7) § 840.

8) § 116, I, 7 A. L. R.

9) So auch Bekker a. a. O. S. 26.

zweiten Entwurfs sind hier in gleicher Weise charakteristisch. Der erste Entwurf bestimmte:[1]) „Der Besitz und die Inhabung der zur Erbschaft gehörenden Sachen gehen nicht kraft des Gesetzes auf den Erben über", oder mit anderen Worten: der Besitz ist unvererblich. Man glaubte unter dem Einflusse der Savigny'schen Irrlehre von der bloßen Thatsächlichkeit des Besitzes,[2]) daß eine andere als diese römische Regelung der Frage gewissermaßen gegen die Naturgesetze verstoße. Von der Vortrefflichkeit des Satzes war man gewiß nicht überzeugt. Man hatte vielmehr vollständig erkannt, daß es sehr unzweckmäßig sei, den Besitz gerade zu einer Zeit schutzlos zu machen, wo sein Schutz am nothwendigsten ist. Daher beschloß man, im Wege der Fiktion den Satz wieder unschädlich zu machen, indem man hinzufügte: „dem Erben stehen dieselben Rechte zu, wie wenn der Erbe vor dem Erbfalle Besitzer oder Inhaber der Sache geworden wäre."[3]) Nun hat der zweite Entwurf, der einhelligen Kritik folgend, allen angeblichen Naturgesetzen zum Trotz, kurz und bündig gesagt: „Der Besitz geht auf den Erben über."[4]) Die Bestimmung ist zugleich mit Recht aus dem Erbrecht in das Sachenrecht versetzt. Ich halte diese Aenderung für einen theoretisch wie praktisch höchst folgenschweren, aber ganz ausgezeichneten Schritt. An der Rechtsnatur des Besitzes kann nun nicht mehr gezweifelt werden.[5]) Es handelt sich dabei freilich zunächst nur um eine Konstruktionsfrage, und daher ist mit Recht im Gesetz darüber kein direkter Ausspruch enthalten. Der Gewinn liegt aber vor Allem in der Vermeidung der unpraktischen Konsequenzen der alten Theorie, welche man vom Standpunkte der Begriffsjurisprudenz aus (ex regula ius) als geltendes Recht hinstellte. Auch der Satz: „Aller Besitzerwerb ist originär",[6]) läßt sich nun nicht mehr halten. Nicht minder richtig hat der Entwurf auch darauf hingewiesen, daß Besitzerwerb durch Tradition ganz etwas Anderes ist, als der durch einseitige Apprehension, allerdings vorsichtig, indem er sagt: „Die Einigung des bis-

---

[1]) § 2052.

[2]) Man hat es Bähr verdacht, daß er („Kritische Vierteljahrsschrift" Bd. 30 S. 481) bemerkt hatte, an den Satz, daß der Besitz nur eine Thatsache sei, habe sich eine Unsumme juristischen Unverstandes angeknüpft. Aber auch Bekker (S. 26) sagt jetzt: „Immerhin bleibt es bedauerlich für unsere deutsche Jurisprudenz, daß diese schlechthin widersinnige Behauptung so lange geduldig aufgenommen und weitergetragen ist."

[3]) Ich habe hier den § 2054 des ersten Entwurfs etwas abgekürzt.

[4]) § 841.

[5]) Daraus folgt aber keineswegs, daß zum Besitzerwerb Geschäftsfähigkeit erforderlich wäre.

[6]) So noch Dernburg: „Pandekten" I, § 177.

herigen Besitzers und des Erwerbers genügt zum Erwerbe, wenn der Erwerber in der Lage ist, die Gewalt über die Sache auszuüben."[1]) Der Satz entspricht übrigens durchaus den römischen Anschauungen.[2]) Nur die gemeinrechtliche Doktrin hatte ihn, der Theorie von der Ursprünglichkeit alles Besitzerwerbs zu Liebe, unterdrückt.

Gegenüber der gemeinrechtlichen Theorie und Praxis und auch für das Gebiet des französischen und sächsischen Rechts bedeutet dieses neue Besitzesrecht einen ganz gewaltigen Fortschritt. Dagegen verlangt die Gerechtigkeit die offene, übrigens die Verdienste des Entwurfs keineswegs herabsetzende Erklärung, daß diese Fortschritte im preußischen Landrecht im Wesentlichen, allerdings zum Theil latent, und obwohl das Landrecht äußerlich an der Lehre von corpus und animus possessionis festhielt,[3]) bereits enthalten sind.[4]) Schon das Landrecht hat den bloßen Inhaber geschützt.[5]) Sein „unvollständiger Besitz" enspricht dem Besitz des Besitzmittlers des Entwurfs, und läßt gleich diesem den vollständigen Besitz des Autors unberührt.[6]) Von den unvollständigen Besitzern oder Besitzmittlern sind die bloßen Inhaber oder Besitzdiener richtig abgeschieden.[7]) Die Rechtsnatur des Besitzes ist durch die Endigung in Folge von Zeitablauf und Eintritt einer Bedingung klar zum Aus-

---

[1]) § 838 Abs. 2.

[2]) Vergl. Hölder in der kritischen Vierteljahrsschrift 16 S. 533 ff., Strohal, Succession in den Besitz S. 8 ff., Biermann, Traditio ficta S. 144, 395. — Aus dem Quellenmaterial: fr. 18 § 1 D. de contr. empt. 18, 1., fr. 2 § 1 D. de act. emti vend. 19, 1, fr. 18 § 2, 33, 52 § 2 D. de acq. poss. 41, 2, fr. 18 pr. D. de vi 43, 16, c. 3 C. de acq. poss. 7, 32, c. 1 C. de don. 8, 53. Namentlich ist auf die Bedeutung des tradere vacuam possessionem oder inducere in vacuam possessionem bei Grundstücken (Kniep, vacua possessio S. 9) zu achten. Leerer Besitz kann nach der neueren römischen Entwickelung meilenweit von Grundstücken entfernt wirksam hergestellt werden, wenn nur dem Erwerber die Möglichkeit gewaltfreien Eingangs in das Grundstück gewährt wird. Demgegenüber kann der kahle theoretische Ausspruch des Paulus: Apiscimur autem possessionem per nos metip sos (fr. 1 § 2 D. de acq. poss.), in dem Dernburg den Satz: Aller Besitzerwerb ist originär klar und scharf ausgesprochen findet, wohl nicht in Betracht kommen.

[3]) §§ 1—3 I, 7 A. L. R.

[4]) Auf das Landrecht weist schon Ihering a. a. O. S. 505 hin. Vergl. Gierke, das bürgerliche Gesetzbuch S. 27.

[5]) §§ 137, 141—143, 7 A. L. R.

[6]) §§ 6, 169 ff. I, 7 A. L. R.

[7]) §§ 2, 144 ff., 162 ff. A. L. R.

druck gebracht.[1]) Vor Allem aber hat das Landrecht auch die Vererblichkeit des Besitzes,[2]) sowie den Satz anerkannt, daß es bei derivativem Besitzerwerb wesentlich auf die wirksame Besitzerledigungserklärung des Tradenten ankommt.[3]) Freilich hatten sich in diesen Punkten Theorie und Praxis mit Erfolg bemüht, die entgegengesetzten unpraktischen gemeinrechtlichen Sätze in das Landrecht hineinzubringen.[4])

So erkennt man erst jetzt, wo die Tage des Landrechts gezählt sind, durch einen Vergleich mit den neuesten Forschungen und Gesetzgebungsarbeiten seine Vortrefflichkeit und den Genius unseres Svarez.

Und nun zum Mobiliar-Eigenthum.[5]) Von den sogenannten originären Erwerbsarten kommt zunächst die Aneignung oder Okkupation.[6]) Jagd und Fischerei verbleiben dabei, wie schon bemerkt wurde, dem Landesrecht.[7]) Dagegen ist eine recht sachgemäße, über das römische Recht hinausgehende Ordnung des Eigenthumserwerbs an Bienenschwärmen angeschlossen.[8]) Der Schatzfund[9]) ist wieder in der römischen Weise geregelt, wobei freilich die Frage unentschieden bleibt, wer den Schatz erhält, wenn die Offenlegung nicht durch eine menschliche Handlung erfolgt.

Viel wichtiger sind die Bestimmungen[10]) über den gewöhnlichen Fund, welche sich an die allerdings sehr pedantischen, Polizeigeist athmenden landrechtlichen Vorschriften[11]) theilweise anlehnen. Es ist schon ein Verdienst, daß die Materie überhaupt geregelt ist, denn das römische Recht läßt uns hier mit Spezialbestimmungen im Stich.[12])

---

[1]) § 131 I, 7 A. L. R. Vergl. übrigens fr. 34 pr., 38 pr. und § 1 D. de acq. possess. 41, 2, in anderer Beziehung, fr. 46 D. de don. i. v. e. u. 24, 1, mit dem freilich fr. 1 § 4 D. de acq. possess. zu vereinigen ist.

[2]) § 367 I, 9 mit §§ 49, 53 I, 7 A. L. R.

[3]) § 59 I, 7 A. L. R.

[4]) Vergl. darüber Preiser: „Die Vererblichkeit des Besitzes nach preußischem Recht", Breslauer Dissertation von 1892.

[5]) Uebergangsbestimmung in § 181 E. G.

[6]) §§ 942—944. Unberührt bleiben nach Art. 129 B. G. die landesgesetzlichen Vorschriften über das Recht zur Aneignung der einem Anderen gehörenden, im Freien betroffenen Tauben.

[7]) Art. 67 E. G.

[8]) §§ 945—948.

[9]) § 968.

[10]) §§ 949—967.

[11]) §§ 19 ff., I, 9 A. L. R.

[12]) Vergl. Dernburg: „Pandekten" I, § 206 Nr. 4 und Verhandlungen des 16. Deutschen Juristentages I S. 41 ff., II S. 32 ff.

Aber der zweite Entwurf hat auch das Verdienst, die Vorschriften des ersten Entwurfs, an welche man eine Warnung vor dem Finden geknüpft hatte,[1] zu Gunsten des Finders in etwas gemildert und vereinfacht zu haben, obwohl man hierin wohl noch weiter hätte gehen können.[2] Uebrigens wäre hier besondere Gemeinverständlichkeit erwünscht.[3] Denn die Wirksamkeit des Fundrechts hat zur Voraussetzung, daß es dem gemeinen Manne bekannt ist. Es gehört zu den Materien, die nicht vergessen werden dürfen, wann in den Lehrplan der Volks- oder Fortbildungsschulen eine kurze Rechtskunde aufgenommen werden sollte. Die angeschlossenen besonderen Bestimmungen über die in öffentlichen Verkehrsräumen zurückgelassenen Sachen[4] sind durchweg zu billigen.

Bei der Regelung des Fruchterwerbs ist zwar gegenüber dem deutschen und wohl auch preußischen Recht[5] der römische Ausgangspunkt beibehalten. Das römische Substantialprinzip hat über das auch vom deutschen Juristentag[6] empfohlene preußische Produktionsprinzip gesiegt,[7] so daß es ein Sondereigenthum an den schon in äußerer sichtbarer Gestalt hervorgetretenen aber noch ungeernteten Früchten nicht giebt. Es bleibt also auch der theoretische Widersinn bestehen, daß nach § 714 C. P. O. Gegenstände gepfändet werden können, welche dem Schuldner gar nicht gehören, die im Rechtssinne noch gar nicht existiren, und damit auch der in den §§ 89, 90 scheinbar ausnahmslos[8] statuirte Grundsatz durchbrochen wird, daß Erzeugnisse des Grund und Bodens, so lange sie mit dem Boden zusammenhängen, nicht Gegenstand besonderer Rechte sein können. Aber es ist doch dem fruchtziehungsberechtigten Nichteigenthümer eine wirksamere Fürsorge geworden. Jeder zum Frucht-

---

[1] Vergl. Gierke a. a. O. S. 346.

[2] Bekker a. a. O. S. 4 meint auch gegenüber dem zweiten Entwurf: „Jeder Rechtskundige muß den ganzen Inhalt des zitirten Paragraphen in die Worte zusammenfassen: finde nie! entdeckst du von Ferne etwas Findbares, sieh' nicht hin, tritt meinethalben mit dem Fuße darauf, aber thue ja nichts, was als Findungsakt ausgedeutet werden könnte. Du hättest nur Unannehmlichkeiten davon." Vergl. auch Gierke: „Das Bürgerliche Gesetzbuch" S. 28.

[3] Sie fehlt insbesondere den §§ 954, 956, 958, 961.

[4] §§ 962—967.

[5] § 221 I, 9 A. L. R.

[6] Verhandlungen des 16. und 17. deutschen Juristentages I, S. 217 bezw. I, S. 288, II, S. 35, 280. Vergl. jetzt Gierke: „Das Bürgerliche Gesetzbuch und der Deutsche Reichstag" S. 28, 42.

[7] §§ 90, 937—941.

[8] Für den Uebergang vergl. Artikel 181 Abs. 2 E.G.

genuß berechtigte Besitzer der fruchttragenden Sache, also auch der Pächter, ebenso der dinglich Berechtigte und der gutgläubige Besitzer, erwerben die Früchte mit der Trennung, während sie nach römischem Rechte der Pächter eigentlich erst aus der Hand des Eigenthümers erwarb, dem sie mit der Trennung zufielen.[1])

Die Vorschriften über Verbindung, Vermischung, Vermengung und Spezifikation[2]) entsprechen im Wesentlichen dem geltenden gemeinen Recht. Daß auch bei der Spezifikation eine Stellvertretung anzuerkennen ist, hat das Gesetz allerdings nicht positiv bestimmt, und die Motive des ersten Entwurfs zweifeln sogar daran. Gleichwohl werden sich Theorie und Praxis dadurch nicht veranlaßt sehen, die Stellvertretung in der Folge zu leugnen. Dagegen ergiebt sich in einem anderen Punkte ein erheblicher Anstand.

Es ist aus doktrinären Gründen das landrechtliche Erforderniß des guten Glaubens[3]) aufgegeben, und daran hat auch die zweite Lesung, der einstimmigen Kritik entgegen, nichts geändert. Wer Leder stiehlt und sich ein Paar Schuhe daraus macht, wird dadurch Eigenthümer des gestohlenen Leders.[4]) Man wird ihn als Dieb strafen und zum Schadensersatz verurtheilen, aber die Stiefel sind sein Eigenthum. Ich bezweifle sehr, daß das römisches Recht gewesen ist.[5]) Aber wenn auch, wir stehen doch heute nicht mehr im Bann der Naturphilosophie der griechischen Stoiker, welche das römische Sachenrecht auch in dieser Materie beeinflußt haben.[6]) Wir haben Rücksicht zu nehmen auf die sittlichen Anschauungen des Volks, denen ein solcher Satz direkt widerstreitet. Er widerstreitet auch der modernen ratio legis, welche bei der Spezifikation allein in dem Schutz redlicher Arbeit gefunden werden kann.[7]) Rücksichten auf Einfachheit und Sicherheit der Gesetzeshandhabung müssen demgegenüber schweigen.[8]) Uebrigens ist das Spezifikationsrecht des Entwurfs ohnehin

---

[1]) fr. 16 pr. D. de praescr. verb. 19,5, fr. 62 § 8 D. de furtis 47,2.

[2]) §§ 930—935.

[3]) § 304 I. 9 A.L.R.

[4]) Cosack, Das Sachenrecht, Heft 13 der Beiträge von Bekker und Fischer S. 33.

[5]) Vergl. darüber Dernburg, Pandekten I § 204 A. 9, Fischer, Problem der Identität S. 60.

[6]) Fischer a. a. O. S. 54 ff.

[7]) Fischer a. a. O. S. 60, 70.

[8]) Greiff, Die zweite Lesung des Entw. e. B.G. f. d. D.R. (in Conrad's Jahrbüchern für Nationalökonomie und Statistik LXI. S. 692) berichtet nämlich über die Ablehnung der Aenderung Folgendes: „Sie (die ablehnende Mehrheit der Kommission) hielt es mit Rücksicht auf die im

schon ganz unsicher, da, wie ich an anderer Stelle ausgeführt habe, das Merkmal der Neuheit, von welchem der Eigenthumserwerb abhängen soll, nicht absolut faßbar ist und daher doch der Eigenthumserwerb vom richterlichen Ermessen im einzelnen Fall abhängt.[1]) Da es sich hier um eine Frage der Ethik handelt, so wünschte ich, obwohl ich den praktischen Werth des Spezifikationsinstituts heute nicht hoch veranschlage, daß die leicht mögliche Einfügung der Worte „in gutem Glauben" wenigstens in § 934 noch vorgenommen würde.

Angeschlossen ist eine singuläre Bestimmung, nach welcher das Eigenthum an Schuld- und Rechtsurkunden der beurkundeten subjektiven Berechtigung folgt.[2])

Für die Ersitzung der Mobilien verlangt der Entwurf[3]) nur fortdauernden guten Glauben,[4]) also abweichend vom bisherigen Recht keinen Titel. Er läßt außerdem — was nicht unbedenklich ist — auch den bösen Glauben des Rechtsvorgängers einer beginnenden Ersitzung nicht entgegenstehen. Die gemeinrechtliche dreijährige Frist[5]) ist auf die sehr lange zehnjährige des Landrechts[6]) erhöht und daran hat auch die Kritik[7]) nichts zu ändern vermocht.

Die für den Verkehr wichtigste Eigenthumserwerbsart, den Erwerb durch Uebertragung,[8]) betrachtet man für die Mobilien am besten im

---

Verkehr herrschende Auffassung, welcher die durch die Verarbeitung hergestellte Sache als eine neue (?) gilt, für innerlich (!) gerechtfertigt, außer im Fall erheblichen Minderwerths der Arbeit gegenüber dem Stoff, das Eigenthum an der neuen Sache stets dem Verarbeiter zuzuweisen, und war der Ansicht, daß es vielfach zu unbilligen (?) Ergebnissen und zu unerquicklichen (!) Streitigkeiten führen würde, wenn man bei bösem Glauben des Verarbeitenden den Stoffeigenthümer das Eigenthum an der neuen Sache erwerben ließe" (oder richtiger ihm sein wohlerworbenes Eigenthum an dem Stoff zu Gunsten des Diebes nicht entrisse).

[1]) A. a. O. insbes. S. 70. Doch hat der zweite Entwurf hier immerhin eine erhebliche Verbesserung zu verzeichnen, indem, meinem Vorschlag entsprechend, eine erhebliche Werthserhöhung zur Voraussetzung des Erwerbs gemacht ist.

[2]) § 936.

[3]) §§ 921—929. Dazu Artikel 184 E. G.

[4]) Genauer gesagt: der böse Glaube hindert die Ersitzung.

[5]) c. un. Cod. de usuc. transf. 7, 31.

[6]) § 620 I, 9 A. L. R.

[7]) Cosack a. a. O. S. 32, Gierke, der Entwurf und das deutsche Recht S. 341.

[8]) §§ 913—920.

Zusammenhalt mit der Eigenthumsverfolgung.[1]) Der Tradition sind Vindikationszession und constitutum possessorium gleichgestellt.[2]) Bei letzterem ist aber mit Recht die strengere Anforderung gestellt, daß ein Rechtsverhältniß vereinbart werden muß, vermöge dessen der Erwerber zum unmittelbaren Besitzer wird. Zur Eigenthumsübertragung genügt, abweichend vom preußischen Recht, der dingliche Vertrag ohne causa,[3]) welcher zu den systematischen Grundlagen des Entwurfs gehört. Ich versage mir, auf denselben hier einzugehen, da der Punkt schon eingehend erörtert ist und sich in Kürze nicht abthun läßt.[4]) Nur der Bemerkung der Motive der ersten Lesung,[5]) daß es sich dabei um nothwendige Konsequenzen handle,[5]) möchte ich entschieden widersprechen.

Viel wichtiger noch sind die Fragen nach der Abhängigkeit des Eigenthumserwerbs vom Rechte des Autors und nach den Schranken der Vindikation.

Prinzipiell scheint hier das römische Recht zu herrschen. Eigenthum kann nur vom Eigenthümer erworben werden.[6]) Der Eigenthümer vindizirt gegen jeden Besitzer.[7]) Der in erster Lesung beibehaltene Lösungsanspruch, den der gutgläubige Erwerber nach dem vermittelnden Standpunkt des lübischen und des preußischen Rechts hat,[8]) ist in zweiter Lesung aufgegeben.[9]) Es handelt sich dabei aber nur um einen Schein von Romanismus, verursacht dadurch, daß man die theoretische Form des ersten Entwurfs beibehalten hat.

Der Inhalt ist, und mit Recht, durchaus germanisch. Nur das deutsche Recht entspricht hier auch den modernen Bedürfnissen und An-

---

[1]) §§ 969—981, 983—991.

[2]) §§ 914, 915, vergl. auch § 854. Die völlige Gleichstellung der Vindikationszession ist trotz des § 970 Abs. 2 eine, in ihren Konsequenzen keineswegs unbedenkliche Neuerung.

[3]) § 913 gegenüber § 1 I, 10 A. L. R.

[4]) Vergl. in erster Linie Strohal in Jhering's Jahrbüchern 27 S. 335 ff., auch Wendt das. 29 S. 46 ff., Kindel, das Recht an der Sache S. 158 ff., Rocholl, Vorschläge I S. 3 u. Rechtsfälle 2 S. 441 ff., Gierke, das bürgerliche Gesetzbuch S. 28.

[5]) Mot. 3 S. 187.

[6]) §§ 913—916.

[7]) § 969.

[8]) § 939 erster Lesung. Vergl. §§ 17 ff. I, 15 A. L. R.

[9]) Ueber die Gründe dieser zu billigenden Aenderung vergl. Greiff a. a. O. 62 S. 74. Einen Vorbehalt für die Landesgesetze zu Gunsten der öffentlichen Pfandleihanstalten macht Art. 94 Abs. 2 E. G.

schauungen. Der Entwurf geht in der ihm durch die zweite Lesung gegebenen erheblich veränderten Gestalt von folgenden drei Sätzen aus, welche eigentlich alle vorgenannten Prinzipien wieder über den Haufen werfen:

1. Der gutgläubige Erwerb vom Nichteigenthümer wird in ähnlicher Weise allgemein anerkannt wie der Erwerb vom Kaufmann nach Handelsrecht.[1])

2. Jedem Besitzer, auch dem ehemaligen ist eine Vermuthung des Eigenthums für seine Besitzzeit zur Seite gestellt.[2])

3. Jeder gutgläubige Besitzer, der nicht mit seinem Willen aus dem Besitz gelangt ist, hat Anspruch auf Herausgabe gegen den bösgläubigen und überhaupt gegen denjenigen Besitzer der nicht Eigenthum erwerben konnte.[3])

Das Ergebniß dieser allerdings nicht ganz durchsichtigen Regelung, welcher man es anmerkt, daß sie in ein eigentlich dazu gar nicht passendes System nachträglich eingeschaltet wurde,[4]) ist nun Folgendes.

1. Für den Eigenthumserwerb. Eigenthum erwirbt man auch durch Uebertragung seitens eines Nichteigenthümers. Ausnahmen bestehen nur für den böswilligen Erwerb und für abhanden gekommene Sachen, für letztere aber wieder mit Ausschluß des Erwerbs in öffentlicher Versteigerung und des Erwerbs von Geld und von Inhaberpapieren.

2. Für die Vindikation. Kläger kann sich zunächst einfach auf ehemaligen Besitz berufen, da ihm die Eigenthumspräsumtion zur Seite steht. Beklagter, für dessen Passivlegitimation unmittelbarer Besitz erforderlich ist,[5]) kann ihn aber schon durch Berufung auf die ihm ebenfalls zur Seite stehende Eigenthumspräsumtion schlagen, und nun muß Kläger allerdings damit heraus, daß Beklagter bösgläubig erworben habe, oder daß die Sache (sofern es sich nicht um Geld oder Inhaberpapiere handelt) ihm abhanden gekommen sei. In der Duplik kann dann Beklagter seinen älteren Besitz oder die Bösgläubigkeit des Klägers oder dessen böswillige Besitzaufgabe vorbringen. Die Eigenthumsfrage spielt also im Mobiliar-Vindikationsprozeß eine ganz untergeordnete, mehr dekorative Rolle. Die eigentlichen Fragen sind: Alter und Gut-

[1]) §§ 916—920. Vergl. auch Artikel 168 E.G.

[2]) § 990. Dagegen wendet sich Pflüger, „Die Verfolgung beweglicher Sachen" nach dem Entwurf des bürgerlichen Gesetzbuchs in Iherings Jahrbüchern Bd. 35 S. 451 ff. Er hält § 990 mit Rücksicht auf § 991 für entbehrlich.

[3]) § 991.

[4]) Vergl. dazu Cosack a. a. O. S. 25 f.

[5]) §§ 969, 970.

gläubigkeit des Besitzerwerbs und Freiwilligkeit des Besitzverlustes. Man steht also ganz auf dem Boden des deutschen Rechts und hat praktisch das Eigenthum als Fundament der Vindikation aufgegeben.

Bezüglich des Umfanges der Vindikationsforderung sei nur bemerkt,[1]) daß der Verwendungsersatz[2]) sachgemäß geregelt ist. Insbesondere gewährt der Entwurf auch dem Besitzer nicht nur das im Entwurf zum Obligationenrecht gezogene[3]) Zurückbehaltungsrecht,[4]) sondern es ist ihm auch Befriedigung aus der Sache gestattet[5]) und über das römische Recht hinaus auch eine direkte Forderung gegen den Vindikanten gegeben,[6]) welche allerdings davon abhängt, daß dieser die Verwendungen genehmigt oder die Sache behält, und welche außerdem mit Recht kurz befristet ist.

Von den Vorschriften über den Inhalt des Eigenthums beziehen sich auch auf Mobilien nur zwei Regeln ganz allgemeiner Natur, nämlich einmal die Vorschrift, daß die Einwirkung eines Dritten auf die Sache im Falle eines Nothstandes gegen Schadensersatz zu gestatten ist,[7]) und sodann ein erst vom Bundesrath in letzter Stunde hinzugefügtes Chikanenverbot. § 887 Abs. 1 sagt jetzt: „Eine Ausübung des Eigenthums, die nur den Zweck haben kann, einem Anderen Schaden zuzufügen, ist unzulässig".

Die Bestimmung entspricht dem preußischen Recht[8]) und ist von der Kritik mit Recht gefordert worden. Ein dagegen in der „Vossischen Zeitung" erhobener Angriff erscheint verfehlt. Die beiden Vorwürfe, die Bestimmung sei unpraktisch und sie berge Gefahren in sich, heben sich insofern offenbar auf, als eine Bestimmung, die nicht zum praktischen Gebrauch gelangt, auch nicht gefährlich werden kann. In der That aber liegt die mit jedem richterlichen Ermessen verbundene Gefahr des Mißbrauchs, welche doch gewiß nicht zur Beseitigung jedes richterlichen Ermessens führen kann, hier weniger vor, als in manchen anderen Fällen, da doch das Erforderniß, daß **nur** der Zweck der Schadenszufügung vorliegen kann, dieses Ermessen in recht enge Schranken bannt.

Das Miteigenthum ist für den Regelfall als römisches Eigenthum zu ideellen Antheilen gedacht. Wohl mit Recht. Doch hätte man ver-

---

[1]) Im Uebrigen insbesondere wegen der Herausgabe der Nutzungen vergl. §§ 971—977.

[2]) §§ 978—987.

[3]) § 267. Auch hier fehlt natürlich der Besitzesschutz gegen Dritte nicht, soweit er dem Gegenstande nach möglich ist.

[4]) § 984.

[5]) § 987.

[6]) §§ 985, 986.

[7]) § 888.

[8]) §§ 27, 28 I, 8 A. L. R.

tragsmäßige Abweichungen zulassen können. Die Vorschriften sind ganz ungemein kurz.[1]) Sie finden aber ihre Ergänzung durch den Titel des Obligationenrechts über die Gemeinschaft,[2]) in welchen das römische individualistische Prinzip nicht unerheblich modifizirt ist.[3])

Unerträglich ist es übrigens, wenn zur Bezeichnung dieses getheilten Rechts von Bruchtheilen einer Sache gesprochen wird.[4]) Getheilt ist doch nicht die Sache, sondern das Recht.[5]) Die schon berührte Verwechslung von Sache und Recht zeigt sich hier von einer ganz besonders schlimmen Seite. Sogar von „Bruchtheilen eines Grundstücks" ist, wie hier vorgreifend bemerkt werden mag, die Rede,[6]) womit man die ideellen Antheile oder Quoten wiedergeben will. Als ob man sich das Grundstück wie eine Tafel Chokolade und den Antheil des Miteigenthümers wie ein Stück Bruchchokolade vorstellen könnte. Durch solche Verdeutschungen wird das Gesetz nicht verständlicher. Keinem Laien, der Miteigenthümer eines Grundstücks ist, wird man es begreiflich machen können, daß ihm, wie doch das Gesetz ausdrücklich sagt, nur ein Bruchtheil des Grundstücks gehöre.

Von dinglichen Rechten an fremden Mobilien kennt der Entwurf, wie schon bemerkt wurde, nur das Pfandrecht[7]) und den Nießbrauch,[8]) beide regelmäßig durch den Sachbesitz ersichtlich gemacht.[9])

---

1) §§ 992, 993, 995. Uebergangsbestimmungen in Artikel 173 u. 181 Abs. 2 E.G.

2) §§ 728—745.

3) Insbesondere in den §§ 732, 736, 737.

4) § 992.

5) Das sagt schon Celsus: nec quemquam partis corporis dominum esse, sed totius corporis pro indiviso pro parte dominium habere (fr. 5 § 15 D. commodati 13, 6).

6) Der überhaupt sehr unglücklich gefaßte § 1097, welcher an die Stelle des freilich noch weniger glücklichen § 1063 getreten ist, sagt nämlich: „Ein Bruchtheil eines Grundstücks kann mit einer Hypothek nur belastet werden, wenn er in dem Antheil eines Miteigenthümers besteht". Aehnlich §§ 1078, 1089. Sachlich würde an und für sich daraus folgern, daß die bei Verkoppelungen in Preußen übliche sogenannte ideelle Subrepartition, bei welcher die Belastungen der bisherigen Einzelgrundstücke auf ad hoc gebildete ideelle Antheile der Gesammtabfindung eingetragen werden, fortan unzulässig wird. Doch steht dem der Vorbehalt in Art. 112 des E.-G. entgegen.

7) §§ 1187—1255.

8) §§ 1013, 1015—1020, 1022—1030, 1032—1038, 1040—1044, 1040 bis 1050.

9) §§ 1188, 1015. Das von mehreren Seiten z. B. von Gierke, („Der Entwurf und das deutsche Recht" S. 389) geforderte Registerpfand ist nicht aufgenommen, weil man dafür ein Bedürfniß nicht anerkannt hat (Greiff a. a. O. 62 S. 379).

Aus der Gestaltung des vertragsmäßigen Faustpfandrechts ist namentlich hervorzuheben, daß das Recht des Gläubigers zum Pfandverkauf ohne Ermächtigung und Mitwirkung des Gerichts oder Gerichtsvollziehers anerkannt ist. Indeß hat der Gläubiger eine Reihe von zum Schutze des Schuldners gegebenen Vorschriften zu beobachten.[1])

Eines der doktrinären Gebilde, die dem zweiten Entwurf als Erbe des ersten geblieben sind, findet sich auch in diesem Abschnitt[2]): „Die Einrede, durch welche die Geltendmachung des Pfandrechts dauernd ausgeschlossen ist". Seine Beibehaltung ist einer der schwersten systematischen Fehler, der dem Entwurfe noch anhaftet.[3]) Formell wenig gelungen ist auch § 1231: „Bei dem Verkauf des Pfandes gilt zu Gunsten des Pfandgläubigers der Verpfänder als der Eigenthümer, es sei denn, daß der Pfandgläubiger weiß, daß der Verpfänder nicht der Eigenthümer ist".

Die Bestimmungen über das Pfandrecht an Kauffahrteischiffen und Schiffsparten[4]) müssen in das Handelsgesetzbuch übertragen werden, wo das Schiffspfand bereits zum Theil geregelt ist. Eine gute Ordnung ist nicht nur für den Rechtsunterricht, sondern auch für die praktische Handhabung bedeutsam.[5])

Dem Vertragspfand treten die gesetzlichen Pfandrechte des Werkmeisters an dem Werk[6]), des Pächters an dem Inventar[7]) und des Vermiethers und Verpächters an dem Eingebrachten und den Früchten hinzu.[8]) Sie sind jetzt auch durch § 1240 in die nothwendige Beziehung zum Vertragspfand gebracht. Das Pfandrecht des Vermiethers ist bekanntlich lebhaft umstritten.[9]) Es dürfte aber, in der verbesserten Gestalt, die ihm der Entwurf gegeben, wohl beizubehalten sein. Insbesondere würde der in seiner gänzlichen Aufhebung liegende Bruch mit dem

---

[1]) §§ 1217—1224, auch §§ 1226 ff. Gegen den Entwurf Gierke „Das Bürgerliche Gesetzbuch und der Deutsche Reichstag" S. 28. — Einen Vorbehalt zu Gunsten der gewerblichen Pfandleihe macht Artikel 94 E. G.

[2]) Bei der Verjährung ist es glücklich beseitigt. Vergl. § 217 gegenüber § 182 der ersten Lesung.

[3]) Vergl. Fischer „Recht und Rechtsschutz" S. 94, Heymann „Das Vorschützen der Verjährung" S. 162 ff. u. A.

[4]) §§ 1242—1255.

[5]) Art. 757 ff. H.G.B. Vergl. Cosack a. a. O. S. 80.

[6]) § 637.

[7]) § 583.

[8]) §§ 552—556, 878. Nachgebildet ist das Pfandrecht des Gastwirths in § 691.

[9]) Gegen die Beibehaltung namentlich Thomsen, Verhandlungen des 20. Deutschen Juristentages 3 S. 152 ff.

geltenden Recht dem kleinen Mann kaum zum Vortheil ausschlagen, wenn man nicht, was doch wohl kaum ausführbar ist, auch die Vereinbarung der Vorausbezahlung der Miethe gänzlich verbieten wollte.[1])

Der Nießbrauch[2]) ist im Gegensatz zum Faustpfand kein Institut des geschäftlichen Verkehrs. Er dient der persönlichen lebenslänglichen Versorgung, meistens auf erbrechtlicher Grundlage und in Folge der familienrechtlichen Ordnung.[3]) Doch läßt der Entwurf nicht nur Erwerb durch Vertrag, sondern bei Mobilien sogar Entstehung durch Ersitzung zu.[4]) Er ist in jedem Falle nach absoluter Rechtsvorschrift unvererblich.[5]) Den für juristische Personen gegebenen, regelmäßig vermachten Nießbrauch hatte der erste Entwurf auf 100 Jahre normirt. Nach dem zweiten Entwurf soll er fortdauern.[6])

Erheblicher scheint eine andere Differenz zwischen den beiden Entwürfen.[7]) Im ersten Entwurf hieß es: „Der Nießbrauch kann veräußert und belastet werden".[8]) Im zweiten Entwurf dagegen ist bestimmt: „Der Nießbrauch ist nicht übertragbar, die Ausübung kann einem anderen überlassen werden".[9]) Inhaltlich läßt sich zwischen beiden Bestimmungen, da in jedem Falle gänzliche und auch pfandweise Ueberlassung zulässig bleibt, ohne Weiteres kein Unterschied finden. Die neue Bestimmung sieht aus wie ein Rückfall in ältere theoretische Anschauungen. Früher lehrte man bekanntlich von der Forderungszession allgemein, daß sie nicht das Recht, sondern nur die Ausübung des Rechts übertrage. Diese von den Römern übernommene Vorstellung haben die moderne Doktrin und der Entwurf für die Zession im Allgemeinen aufgegeben. Für den Nießbrauch dagegen wird sie in der gemeinrechtlichen Doktrin noch weiter fortgeschleppt.[10]) Warum hat sie aber der Entwurf wieder

---

[1]) Das Institut der Privatpfändung verbleibt dem Landesrecht, Artikel 89 E. G.

[2]) Gierke, „Das Bürgerliche Gesetzbuch und der Deutsche Reichstag" S. 28, findet ihn auch jetzt noch als zu romanistisch gestaltet.

[3]) Der erste Entwurf hatte zwei Fälle gesetzlichen Nießbrauchs, für den Ehemann und den Fiduziar (§§ 1292, 1815 des ersten Entwurfs). Jetzt ist nur noch das Recht des Ehemanns an Grundstücken als Nießbrauch gestaltet. Vergl. §§ 1361, 2087.

[4]) §§ 1015, 1016.

[5]) § 1044.

[6]) § 1044 gegenüber § 1014 des ersten Entwurfs:

[7]) Vergl. darüber von Blume in Ihering's Jahrbüchern 34 S. 281 ff.

[8]) § 1011.

[9]) § 1042.

[10]) Dagegen überzeugend Blume a. a. O.

zu beleben gesucht, nachdem er sie in erster Lesung beseitigt hatte? Ich lese in dem Greiff'schen Bericht:[1]) „Die Mehrheit der Kommission ging davon aus, daß die Uebertragbarkeit des Nießbrauchs dem Wesen des Verhältnisses nicht entspreche. Der Nießbrauch sei seiner Natur nach zum Verkehrsgegenstand und zur Kreditgrundlage nicht geeignet. Derjenige, welchem der Nießbraucher die Ausübung des Nießbrauchs zu obligatorischem Recht überlassen habe, sei auch gegen diese ausreichend sichergestellt, so daß für die Zulassung der Uebertragung selbst kein Bedürfniß bestehe". Darnach soll der Mangel der Dinglichkeit den Unterschied bilden. Sie würde aber thatsächlich dem Miether des Nießbrauchers doch nicht fehlen, und es ist nicht ersichtlich, warum sie der Entwurf als schädlich ansieht. Es scheint, als ob man den durchaus zu billigenden Zweck gehabt habe, Altentheile und ähnliche Versorgungen höchst persönlichen Charakters unübertragbar zu machen. Wollte man aber dieses Ziel erreichen, so mußte man die Ueberlassung für den Nießbrauch, oder gewisse Arten desselben, ganz verbieten, also ähnlich wie in § 1075 hinsichtlich der beschränkten Personalservituten bestimmen: „Die Ausübung kann nur überlassen werden, wenn dieses besonders gestattet ist". Wollte man das nicht, so konnte man auch bei dem ersten Entwurf stehen bleiben.

Eine cautio usufructuaria, die im römischen Recht übrigens in erster Linie der Begründung, nicht bloß der Sicherung der Pflichten des Nießbrauchers diente, ist nicht aufgenommen. Man ist hierin dem preußischen Recht gefolgt.[2])

Der sogenannte quasi ususfructus ist, wie in den Pandektenwerken, am Schluß angefügt,[3]) obwohl hier der Berechtigte Eigenthümer wird und nur einige Bestimmungen des Nießbrauchsrechts Anwendung finden können.[4])

Auf den Einfluß der Konsolidation beim Mobiliarpfandrecht und beim Mobiliarnießbrauch soll aus praktischen Rücksichten erst später eingegangen werden.[5])

---

[1]) 62 S. 230.

[2]) § 19 1, 21 A.L.R.

[3]) § 1050.

[4]) Vergl. auch Gierke „Der Entwurf und das deutsche Recht" S. 360.

[5]) Siehe u. S. 39.

§ 4. Das Recht der Grundstücke.

Das durchaus auf vaterländischem Boden erwachsene Grundbuchwesen verdankt seine Durchbildung für die Bedürfnisse der Gegenwart den preußischen Gesetzgebern. Die Hypothekenordnung von 1783, das epochemachende Werk unseres immer noch nicht gewürdigten Svarez, hat in Zusammenhalt mit den materiellen Bestimmungen des Landrechts die Grundlage für Einrichtungen abgegeben, welche sich schon jetzt in fast ganz Deutschland und darüber hinaus eingebürgert haben. Theorie und Praxis haben dieses Recht bestens gefördert, womit ich freilich nicht leugnen will, daß sich gerade in die neuere preußische Gesetzgebung einzelne unpassende Romanismen eingeschlichen haben, wie der Gebrauch der Worte: Klage und Einrede für materielle Rechte, die Beseitigung des Rechts zur Sache u. dergl.[1]) Es war daher von vornherein außer Frage, daß das Grundstücksrecht des Entwurfs nur auf der Grundlage des preußischen Rechts geschaffen werden konnte und das Dasein des Grundbuchs zur Voraussetzung haben mußte.[2]) Mit dieser wohlthätigen Einrichtung des Grundbuchs ist nun ganz nothwendig ein gewisser Formalismus gegeben. Ohne ihn ist der Zweck des Grundbuchs, die Sicherung des Grundstücksrechts und Grundstücksverkehrs, auch gar nicht zu erreichen. Wer das Grundbuch will, muß sich auch diesen Formalismus gefallen lassen. Und nur gegen unnöthige Uebertreibungen[3]) kann sich der Kampf richten.

Das Immobiliar-Sachenrecht des Entwurfs hat einen allgemeinen Theil mit der Ueberschrift: „Allgemeine Vorschriften über Rechte an Gründstücken". Derselbe ist allerdings nicht an die Spitze gestellt, sondern in die Ordnung der einzelnen Rechtsverhältnisse zwischen Besitz und Eigenthum eingeschoben, was wohl damit zusammenhängt, daß bei der Regelung des Besitzes auf das Grundbuch keine Rücksicht genommen wird.[4]) Da die rein formelle Ordnung der Buchführung der Grundbuchordnung überlassen bleibt, so handelt es sich in diesem, in zweiter Lesung erheblich umgestalteten Abschnitte um materielle Grundsätze allgemeiner Natur, insbesondere das Konsensprinzip,[5]) die Form der Bewilligungen und Anträge, gerichtliche oder notariell, soweit nicht das

---

[1]) Vergl. §§ 4, 7, 37—39, 41 des Eigenthumserwerbsgesetzes vom 5. Mai 1872.

[2]) Für den Uebergang vergl. Art. 185, 188 E.-G.

[3]) Gierke: „Das Bürgerliche Gesetzbuch" S. 26.

[4]) Siehe oben S. 20.

[5]) §§ 857—862. Dazu Art. 142 E.-G. Der abstrakte dingliche Vertrag wurde schon oben S. 30 berührt. Gegen die unverständliche, doktrinäre Fassung des § 860 Strohal in Ihering's „Jahrbüchern", 34 S. 350 ff.

Landesrecht ein Anderes bestimmt[1]), den Ausschluß der Konsolidation.[2]) den Rang,[3]) Vormerkungen und definitive Eintragung,[4]) Wirkung der Eintragung[5]) und in Verbindung damit Grundbuchberichtigung[6]) und um den Ausschluß der Verjährung.[7])

Die Entwickelung der Konsolidation gewährt meiner Ansicht nach ein besonderes Interesse.

Der ältere römisch geschulte Jurist war an die Regel nemini res sua servit so gewöhnt, daß er den Satz, daß Niemand an seinem Eigenthum noch anderweite dingliche Rechte haben könne, gewissermaßen als Naturgesetz betrachtete,[8]) obwohl derselbe der zwingenden logischen Grundlage durchaus entbehrt.[9]) Die Römer haben aber offenbar auch eine ähnliche Anschauung gehegt. Sie trieben den Satz auf die Spitze, indem sie z. B. auch dem Miteigenthümer grundsätzlich Servituten an dem Gemeingut versagten[10]), während sie allerdings eine Grundgerechtigkeit bestehen ließen, wenn der für ein anderes Grundstück Servitutberechtigte Miteigenthümer des dienenden Grundstücks wurde, und umgekehrt.[11]) Und als sie bei der Hypothek doch, durch praktische Rücksichten genöthigt, den Satz nicht aufrecht erhalten konnten, gaben sie dafür eine mehr als kümmerliche theoretische Rechtfertigung.[12])

---

[1]) § 857 mit Art. 141, 142 des E.-G.

[2]) § 873.

[3]) §§ 863—866.

[4]) §§ 867—872.

[5]) §§ 875—877.

[6]) §§ 878—883. Dazu Strohal in Ihering's „Jahrbüchern", 34 S. 369 ff.

[7]) §§ 885, 886. Ueber § 884 siehe unten S. 43. Ueber den Ausschluß der Verjährung bei Grundgerechtigkeiten siehe unten S. 49.

[8]) Puchta („Pandekten", 12. Aufl., § 202 Nr. 1) nennt das Pfandrecht an eigener Sache einen „monströsen Begriff", Bremer: „Hypothek und Grundschuld", sagt noch 1869, daß der Begriff des Pfandrechts an einer Sache einen Widerspruch in sich selbst enthalte.

[9]) Gut nachgewiesen bei Friedmann: „Die Wirkungen der confusio", insbesondere S. 20. Vergl. Fischer: „Preußisches Privatrecht" S. 142.

[10]) Paulus (fr. 26 D. de serv. praed. urb. 8, 2): In re communi nemo dominorum iure servitatis neque facere quicquam invito altero potest, neque prohibere quominus alter faciat: nulli enim res sua servit.

[11]) Paulus (fr. 8 § 1 D. de serv. 8, 1): Si praedium tuum mihi serviat sive ego partis praedio tui dominus esse coepero, sive tu mei, per partes servitus retinetur, licet ab initio per partes adquiri non potest.

[12]) Die berühmte lex Latinus Largus (fr. 80 § 1 D. de exc. rei jud.

Bekanntlich hat das preußische Recht zuerst bei Grundgerechtigkeiten [1]) und, in nachlandrechtlicher Zeit, noch viel bedeutsamer bei der Hypothek [2]) sich über die Konsolidation hinweggesetzt, und zwar obwohl die damalige Theorie und Praxis sich außer Stande sahen, das zu konstruiren.[3]) Der Entwurf hat sich hier nun so frei von der römischen Anschauung gemacht, daß er ganz generell bestimmt: [4]) „Ein Recht an einem fremden Grundstück erlischt nicht dadurch, daß der Eigenthümer das Recht oder der Berechtigte das Eigenthum an dem Grundstück erwirbt." Die Bestimmung enthielt übrigens schon der erste Entwurf.[5])

Dagegen ist, wie hier eingeschaltet werden mag, hinsichtlich der Konsolidation bei Mobilien für den ganz befriedigenden Inhalt die doktrinäre Form beibehalten. § 1046 bestimmt: „Der Nießbrauch an einer beweglichen Sache erlischt, wenn er mit dem Eigenthum in derselben Person zusammentrifft. Der Nießbrauch gilt als nicht erloschen, soweit der Eigenthümer ein rechtliches Interesse an dem Fortbestehen des Nießbrauchs hat." [6])

Der Zusammenhalt mit dem Immobilienrecht zeigt wohl ganz

44, 2) meint: ius pignoris exctinctum est, actio tamen pigneraticia competit, und beruft sich zur Begründung dieses logischen Widersinns auf den Wortlaut der formula hypothecaria: verum est enim et pignori datum et satisfactum non esse, mit dem man natürlich ebenso gut beweisen könnte, daß die actio hypothecaria überhaupt nur durch satisfactio untergehe. Vergl. dazu Wieszner: „Das Pfandrecht an der eigenen Sache nach römischem Recht", Breslau 1895.

[1]) §§ 53, 54 I, 22 A. L. R.

[2]) Anh. § 52 zu § 484 I, 16 A. L. R. Dekl. vom 3. April 1824, jetzt §§ 63, 67 E. E. G.

[3]) Noch am 30. September 1868 äußerte der Justizminister Leonhardt, daß die Hypothek des Eigenthümers sich jeder juristischen Konstruktion entziehe und allen juristischen Begriffen widerspreche (Stenographische Berichte des Abgeordnetenhauses), und die naturwissenschaftliche Jurisprudenz ist mit der ganz ernst gemeinten Erfindung der schlafenden oder scheintodten Forderung bereichert, welche durch die Trennung von Eigenthum und Gläubigerrecht, wie Dornröschen durch den Kuß des Königsohns oder Schneewittchen durch den Unfall bei ihrer Beerdigung, zum Erwachen und neuen Leben erweckt wird. Vergl. Eccius: „Preußisches Privatrecht" III § 200 S. 605 der 6. Aufl., wo man die erbauliche Konstruktionsgeschichte im Weiteren nachlesen kann. Orthodox romanistisch auch jetzt noch Kindel a. a. O. S. 292, 439, 440.

[4]) § 873.

[5]) § 835.

[6]) Ganz ähnlich § 1239 hinsichtlich des Pfandrechts.

deutlich, daß weder die Regel des ersten Absatzes noch die Fiktion des zweiten nothwendig war. Es hätte genügt zu sagen: „Der Nießbrauch an einer beweglichen Sache bleibt bei dem Zusammentreffen mit dem Eigenthum in derselben Person bestehen, soweit der Eigenthümer ein rechtliches Interesse an dem Fortbestehen des Nießbrauchs hat." Inhaltlich kommt beides ganz auf dasselbe heraus.

Bezüglich der Rangordnung ist das Prioritätsprinzip streng durchgeführt.[1]) Eine praktische Neuerung gegenüber dem preußischen Recht ist die Einrichtung, daß der Eigenthümer sich die Befugniß vorbehalten kann, eine Hypothek oder ein anderes dingliches Recht voreintragen zu lassen.[2]) Für Prioritätseinräumungen wird die dingliche Wirkung anerkannt.[3]) Die lebhaft umstrittene Bestimmung ist in zweiter Lesung wesentlich verbessert.[4])

Was die Spezialität anbelangt, so hat man an den Antheils- und Korrealbelastungen, den cruces der Subhastationsrichter, festgehalten.[5]) Für den zersplitterten Grundbesitz mögen allerdings der Beseitigung unüberwindliche Schwierigkeiten entgegenstehen.

Was die Wirkung der Eintragung anbetrifft, so ist es mir sehr zweifelhaft, ob die von Manchen, z. B. von Bekker[6]), geforderte absolute Uebereinstimmung von Eintrag und Recht und die Beseitigung jeder sogenannten Duplizität des Eigenthums und der dinglichen Rechte sich jemals erreichen lassen wird. Der Entwurf begnügt sich damit, als generelle Wirkung der Eintragung und Löschung nur eine praesumtio iuris für das Bestehen bezw. Nichtbestehen des Rechts auszusprechen.[7]) Die Formel gefällt mir theoretisch nicht ganz, ebenso wenig wie bei der Todeserklärung.[8]) Sie entspricht nicht der Bedeutung der Präsumtion, die als Befreiung vom Beweise wesentlich Prozeßinstitut ist[9]),

---

[1]) § 863. Eine nothwendige Ergänzung giebt § 49 des Entwurfs der Grundbuchordnung. Eine Ausnahme für Darlehen aus öffentlichen Mitteln unter Durchbrechung des formalen Grundbuchprinzips in Art. 117 E.-G.

[2]) § 865.

[3]) § 864.

[4]) Vergl. Krech: „Die Rechte an Grundstücken", Heft 14 von Bekker und Fischer, Beiträge S. 44 ff., Greiff a. a. O. 61 S. 253 ff.

[5]) §§ 1097, 1115. Ueber die verfehlte Form des § 1097 siehe oben S. 33. Ueber andere Bedenken unten S. 54 f.

[6]) Zuletzt in Ihering's „Jahrbüchern" 34 S. 5. Vergl. auch Strohal, daselbst 28 S. 373.

[7]) § 875.

[8]) § 18.

[9]) Fischer: „Recht und Rechtsschutz" S. 23.

während es sich hier doch um Statuirung materieller, allerdings der Remedur fähiger Rechtswirkungen handelt.[1] Praktisch mag man aber damit auskommen können. Der öffentliche Glaube des Grundbuchs[2] schützt den gutgläubigen Dritten hinlänglich. In letzterem Punkte ist aber der Entwurf insoweit über das preußische Recht hinausgegangen, als er den unrichtigen Inhalt des Grundbuchs auch zu Gunsten eines unentgeltlichen Erwerbers aufrecht erhält. Das widerspricht der Gerechtigkeit, die Kritik war fast einhellig dagegen[3], und ich würde wünschen, daß unter Beseitigung dieses Beschlusses, der nur mit Stimmengleichheit gefaßt ist[4], bestimmt würde, daß dem unentgeltlichen Erwerber diese Begünstigung nicht gewährt wird. In einem anderen hierher gehörigen Punkte ist dagegen ein Fortschritt gegen den ersten Entwurf zu verzeichnen, indem der Ausschluß der Anfechtung bei Scheineintragungen wieder aufgehoben ist.[5]

Die Haftung des Staates und der Grundbuchbeamten ist in die Grundbuchordnung verwiesen.[6] Zu empfehlen wäre, daß den Betheiligten nur der Staat haftet, der dann seinerseits Regreß an die Beamten nimmt.[7]

Für die einzelnen Rechte an Grundstücken folge ich aus praktischen Rücksichten den drei Abtheilungen des Grundbuchblatts, welche vermuthlich auch unter der neuen Grundbuchordnung beibehalten werden[8]. Zunächst also Besitz und Eigenthum.

Beim **Besitz** handelt es sich, wie gesagt, nur um einzelne Modifikationen des Mobiliarbesitzes.[9]

Wichtig ist, daß der Besitzer eines Theils des Grundstücks, z. B.

---

[1] Fischer a. a. O. S. 27.

[2] § 876. Spezielle Anwendung bei Familienfideikommissen und anderen unveräußerlichen oder nicht zu belastenden Gütern in Art. 59 E.-G.

[3] Krech a. a. O. S. 41; Gierke: „Der Entwurf und das deutsche Recht“ S. 319; Bähr: „Zur Beurtheilung des Entwurfs“ S. 119 ff.

[4] Greiff a. a O. 61 S. 251.

[5] Durch Streichung des § 832 des ersten Entwurfs, Greiff a. a. O. 61 S. 76, Krech S. 32, Gierke S. 315, Kindel S. 232, Bähr S. 132, Strohal in Ihering's „Jahrbüchern“ 28 S. 374.

[6] Greiff a. a. O. 62 S. 859.

[7] Klewitz: „Die Entschädigungsansprüche aus rechtswidrigen Amtshandlungen“ S. 113 ff. Vergl. auch Art. 75, 76 E.-G.

[8] Vergl. § 863, auch § 16 des Entwurfs der Grundbuchordnung.

[9] §§ 843 Abs. 2, 851.

einer Wohnung, den Besitzesschutz genießt.[1] Insofern ist auch hier[2] die Regel des § 89, daß wesentliche Bestandtheile einer Sache nicht Gegenstand besonderer Rechte sein könnten, mit Fug durchbrochen. Dann wird auch dem Besitzer vertikaler Flächen, z. B. zur Anbringung von Schildern und Photographiekasten, der Besitzesschutz zustehen. Im Weiteren ist aber für Grundstücke auch der sogenannte Rechtsbesitz, der Besitzesschutz für Servituten anvertraut, wozu bei Mobilien ein Bedürfniß nicht besteht, da der Nießbraucher Sachbesitzer ist. Einmalige Ausübung des Servitut im letzten Jahre begründet den possessorischen Schutz.[3] Die Bestimmung steht am Schluß des Titels von den Servituten. Das weicht zwar von der Stellung des Sachbesitzes ab, ist aber an und für sich systematisch nicht unrichtig, da man sehr wohl die schwächere Rechtsposition der stärkeren folgen lassen kann. Gegen die Bestimmung ergiebt sich aber ein großes, von der Kritik[4] mit sehr guten Gründen erhobenes, leider aber durch die zweite Lesung[5] nicht beseitigtes Bedenken. Den Besitzesschutz erhält nur die eingetragene Servitut. Gerade so gut hätte man auch den Sachbesitz bezüglich derjenigen Grundstücke versagen können, für die ein Eigenthümer nicht eingetragen ist. Im Uebrigen hängt die Bestimmung auf das Engste zusammen mit dem noch zu besprechenden absoluten Eintragungszwang für Grundservituten.

Das **Grundeigenthum**, zu dem nunmehr überzugehen ist, konnte auf der Grundlage der Grundbuchverfassung, namentlich was die äußeren Dinge, Erwerb, Verlust und Schutz, anbelangt, ungemein einfach gestaltet werden. Es zeigt sich das gleich bei der Ordnung von Erwerb und Verlust.

Der derivative Erwerb unter Lebenden erfolgt einzig auf Grund der auf die Idee des abstrakten dinglichen Vertrages[6] aufgebauten Auflassung,[7] welche nach wie vor seitens des bisherigen eingetragenen Eigen-

---

[1]) § 849.

[2]) Siehe auch oben S. 27.

[3]) § 1012 und 1073 Abs. 2.

[4]) Gierke, Der Entwurf S. 357, 358 und Gierke, Das Bürgerliche Gesetzbuch S. 28, Wendt, Archiv für die ziv. Praxis S. 174—176, Strohal in Ihering's Jahrbüchern 29 S. 337, Meisner, Das preuß. A. L. R. und der Entwurf S. 52.

[5]) Greiff, 62 S. 221. Nur für die Uebergangszeit hilft Artikel 190 des E. G.

[6]) Siehe oben S. 30. Ueber Erwerbsbeschränkungen für juristische Personen und Ausländer Art. 86—88 E. G.

[7]) § 909.

thümers nur ohne Zeitbestimmung und Bedingung zulässig ist. Die Form ist bei der Schlußredaktion leider wieder dahin verschärft worden, daß die Auflassung vor dem Grundbuchamt erfolgen muß. Doch bestehen in dieser Hinsicht Vorbehalte, insbesondere zu Gunsten der notariellen und und der allgemein gerichtlichen Form und zu Gunsten formloser Uebertragung an öffentliche Anstalten.[1]) Praktisch ist die Neuerung, daß sich die Auflassung gleich anderen das Grundstück betreffenden Geschäften präsumtiv auch auf das Zubehör erstreckt.[2]) Der Entwurf steht dabei grundsätzlich auf dem Standpunkt, daß das Grundeigenthum beliebig getheilt[3]) und vereinigt[4]) werden kann. Doch ergeben sich hier weitgehende Vorbehalte zu Gunsten des Landesrechts.[5])

Von den originären Erwerbsarten enthält das Sachenrecht selbst für Grundstücke nur die Ersitzung und in Verbindung damit das Aufgebot, sowie die Okkupation. Grundlage der Ersitzung[6]) ist 30jähriger Besitz, aber ohne Titel und guten Glauben. Er führt zum vollen Eigenthum und heilt also namentlich die Mängel des Bucheigenthums. Ist ein Anderer Bucheigenthümer, so muß ein Aufgebot hinzutreten. Merkwürdigerweise, und wohl nur durch ein Versehen, ist aber einer von den beiden dieses Institut behandelnden Paragraphen als lex fugitiva in den Allgemeinen Theil des Sachenrechts gerathen.[7])

Die Okkupation ist bei Grundstücken dem Staat vorbehalten, soweit nicht das Landesrecht ein Anderes bestimmt.[8]) Voraussetzung ist aber bei Grundstücken, welche im Eigenthum standen, ein sogar ins Grundbuch einzutragender Verzicht[9]) (Dereliktion.).

Natürlich sind nun aber damit die Eigenthumserwerbsarten nicht

---

1) Art. 125, 126, 143.

2) § 910. Vergl. §§ 1014, 1045, 1079.

3) § 874.

4) Im Allgemeinen § 118 E.G. Ueber Bahneinheiten § 111 E.G. Weitere Ausnahmen gehören dem Recht der Familienfideikommisse, Land- und Rentengüter u. s. w. an.

5) Die bei Theilveräußerungen ganz unentbehrliche lastenfreie Abschreibung auf Grund eines s. g. Unschädlichkeitsattestes ist dem Landesrecht überlassen. Art. 119 E.G.

6) §§ 884 Abs. 1, 911.

7) Der Zusammenhang mit § 884 Abs. 2 kann das gesetzestechnisch nicht rechtfertigen.

8) § 912 Abs. 2 mit Art. 128, 189 E.G.

9) § 912 Abs. 1. Uebrigens ist der Paragraph gegenüber dem § 872 des ersten Entwurfs insbesondere durch Weglassung des Grundstücksvertreters verbessert. Vergl. Fischer, Recht und Rechtsschutz S. 43 ff.

erschöpft. Manche, wie die des Bergrechts, des Wasserrechts, des Agrarrechts und die Enteignung verbleiben dem Landesrecht,[1]) andere, wie Zwangsversteigerung,[2]) Gütergemeinschaft,[3]) Beerbung,[4]) werden üblicher und zweckmäßiger Weise außerhalb des engeren Sachenrechts bei der betreffenden Materie geregelt.

In dem in zweiter Lesung ganz wesentlich verbesserten Abschnitt über den Inhalt des Eigenthums treten den schon erwähnten beiden allgemeinen Regeln[5]) weitere Vorschriften hinzu, welche, wie ich schon hervorhob, lediglich für Grundstücke von Bedeutung sind.[6]) Die Grundlage bildet der schon bei der Besprechung des Fruchterwerbs gestreifte römische Satz: superficies solo credit, und gegen diesen Satz wird man nichts einzuwenden haben, wenn er nur als modifikationsfähiger Ausgangspunkt, und nicht als unwandelbares Prinzip aufgefaßt wird.[7])

Es sind durchweg sachgemäß geordnet: Immission,[8]) drohender Schade auf der trefflichen Grundlage des römischen, dem preußischen Recht unbekannten cautio damni infecti,[9]) freilich ohne Berücksichtigung des feinen römischen Gedankens, daß auch an sich unverschuldeter Schaden dann zu ersetzen ist, wenn der Beschädigte zuvor auf die Gefahr aufmerksam gemacht hat,[10]) ferner der Nothweg,[11]) während die sonstigen nothwendigen Servituten des preußischen Rechts in Wegfall kommen, Grenzverhältnisse, insbesondere Grenzregulirung,[12]) Grenzüberbauung,[13]) welche eine etwas komplizirte Rentenentschädigung zur Folge hat, und der Baum[14]) an und auf der Grenze unter Anerkennung des deutschrechtlichen Ueberhangs und Ueberfalls, und endlich gemeinschaftliche Ein-

---

[1]) Art. 63—66, 108, 112, auch 50—52 E. G.

[2]) § 130 des Entwurfs eines Gesetzes betr. die Zwangsvollstreckung in das unbewegliche Vermögen.

[3]) § 1421.

[4]) § 1898.

[5]) Siehe oben S. 32.

[6]) §§ 889—908.

[7]) Vergl. Biermann, superficies solo cedit in Ihering's Jahrbüchern, 34 S. 169 ff.

[8]) §§ 890, 891.

[9]) §§ 892, 893, in der Hauptsache eine Errungenschaft der zweiten Lesung.

[10]) Einen guten Beleg giebt eine Entscheidung des Reichsgerichts Bd. 30 S. 114 der Entsch. in Zivilsachen.

[11]) §§ 901, 902.

[12]) §§ 903, 904.

[13]) §§ 896—900. Der landrechtliche Grundstückserwerb durch Inädifikation (§ 332 I, 9 A.L.R.) ist damit beseitigt.

[14]) §§ 894, 895, 907.

richtungen auf der Grenze.[1]) Das preußische Licht- und Fensterrecht[2]) ist nicht aufgenommen. Es bestehen aber auf diesem, von örtlichen Interessen erheblich beeinflußten Gebiete sehr weitgehende Vorbehalte zu Gunsten der landesrechtlichen Eigenthumsbeschränkungen,[3]) ebenso hinsichtlich der Bäume an der Grenze,[4]) der Nothwege zum Wasser und zur Eisenbahn[5]) und des, nach dem Entwurf unzulässigen[6]) realen Theileigenthums bei Gebäuden[7]) (des sogenannten Stockwerkseigenthums).

Aus den besonderen Bestimmungen über Miteigenthum[8]) an Grundstücken ist nur hervorzuheben, daß die näheren Abmachungen im Miteigenthumsverhältniß in ihrer Wirkung gegenüber dem Sondernachfolger von deren Eintragung im Grundbuch abhängig sind.

Der Schutz des Eigenthums ist in seiner Grundlage[9]) vollständig anders wie bei den Mobilien. Mit Rücksicht auf das Grundbuch ist es bei Grundstücken möglich, die Vindikation ebenso wie die Negatorienklage in römischer Weise einfach auf das Fundament des Eigenthums zu stellen, sodaß hier gutgläubiger oder älterer Besitz und freiwilliger oder unfreiwilliger Besitzverlust keine Rolle spielen.

Dabei ist ein erheblicher Fehler des neueren preußischen Rechts vermieden. Dieses hatte nämlich in Ueberspannung des Auflassungsprinzips die Einrede abgeschnitten, daß der Beklagte auf Grund eines den Eigenthumserwerb bezweckenden Rechtsgeschäfts den Besitz des Grundstücks erhalten habe.[10]) Der Entwurf hat das beseitigt, indem er durch jede Berechtigung zum Besitze die Vindikation ausgeschlossen sein läßt.

Bezüglich des Umfangs des Vindikationsanspruchs treten nur Bestimmungen von untergeordneter Bedeutung dem Recht der Mobiliarvindikation hinzu.[11])

---

[1]) §§ 905, 906.

[2]) § 142—147 I, 8 A. L. R.

[3]) Art. 123 E.-G. Sache der Landesgesetzgebung ist demgemäß die Wahrung der „unverjährbaren Rechte der Gesammtheit am Boden" (Gierke, Das Bürgerliche Gesetzbuch und der Deutsche Reichstag S. 27).

[4]) Art. 121 E.-G.

[5]) Art. 122 E.-G.

[6]) Auch eine superficies kann nicht reell getheilt werden, § 998.

[7]) Art. 182, auch 130 E.-G.

[8]) § 994, Vorbehalte zu Gunsten des Landesrechts in Art. 130, 181 Abs. 2, 182 E.-G.

[9]) §§ 969, 970, 988.

[10]) § 7 Abs. 2 des preußischen Eigenthumserwerbsgesetzes vom 5. Mai 1872.

[11]) §§ 982, 987.

Meine Herren, ich wende mich nun zur zweiten Abtheilung des Grundbuchblatts, zu den dinglichen Rechten an fremden Grundstücken mit Ausschluß der Pfandrechte.

Der Entwurf kennt fünf feste Kategorien: Vorkaufsrecht, Reallasten, Erbbaurecht, Grundgerechtigkeiten, sowie Nießbrauch und andere Personalservituten.

Das vertragsmäßige dingliche Vorkaufsrecht[1]) entspricht im Großen und Ganzen der landrechtlichen Einrichtung, welche bekanntlich aus einer Vereinigung des römischen Vorkaufsrechts mit dem deutschen Näherrecht entstanden ist. Jedoch bezieht es sich, abweichend vom preußischen Recht, im Zweifel nicht auf einen zweiten oder folgenden Verkaufsfall.[2]) Es kann auch aktiv mit einem Grundstück verbunden werden.[3]) Daß es bei der Zwangsversteigerung wegfällt,[4]) ist theoretisch schon dadurch begründet, daß hier gar kein Kaufvertrag abgeschlossen wird.[5]) Es ist aber auch, und das muß den Ausschlag geben, praktisch gerechtfertigt, weil der Berechtigte durch die Versteigerung in die Lage gesetzt, beim Bieten sein Interesse wahrzunehmen, und im anderen Fall der gute Erfolg der Zwangsversteigerung ernstlich in Frage gestellt würde. Uebrigens gehört die Vorschrift eigentlich in die Subhastationsordnung. Weggefallen sind die beiden noch bestehenden gesetzlichen Vorkaufsrechte des Landrechts, und zwar das des Miteigenthümers leider unbedingt,[6]) während für das Vorkaufsrecht des Theilexpropriaten Raum in der Spezialgesetzgebung bleibt.

Ein dingliches Wiederkaufsrecht, das von manchen Seiten gewünscht wurde,[7]) ist in den Entwurf nicht aufgenommen.

Für die Reallasten fehlte es im preußischen Recht an einer allgemeinen Regelung. Der Entwurf[8]) hält in Uebereinstimmung mit der herrschenden Lehre mit Recht daran fest, daß der Eigenthümer für die in seine Besitzzeit fallenden Leistungen im Zweifel auch persönlich haftet.[9]) Der bisher streitige Fall der Theilung des Grundstücks ist

---

[1]) §§ 1077—1087. Das persönliche Vorkaufsrecht ist im Obligationenrecht geregelt (§§ 499—509).

[2]) § 1080.

[3]) § 1086.

[4]) § 507.

[5]) Krech u. Fischer, Kommentar S. 23 ff.

[6]) Gierke, Der Entwurf und der Reichstag S. 26.

[7]) Gierke, Der Entwurf und das deutsche Recht S. 353, Fuchs, Das Wesen der Dinglichkeit S. 129.

[8]) §§ 1088—1095. Ein Vorbehalt für Altentheile u. dgl. in Art. 96 E. G.

[9]) § 1091 Abs. 1.

besonders und befriedigend geordnet.[1]) Uebrigens bestehen Vorbehalte für das Landesrecht, welche auch Ausnahmen vom Eintragungszwang zulassen.[2])

Die superficies, vom Entwurf Erbbaurecht[3]) genannt, ist als selbständige Gerechtigkeit mit besonderem Grundbuchblatt gedacht und gehört daher, streng genommen, nicht an diese Stelle, sondern, an die Spitze des iura in re, wohin sie der Entwurf auch gestellt hat[4]). Nach dem Entwurf handelt es sich dabei lediglich um ein Gebäuderecht, so daß man vielleicht auch diesen Namen hätte wählen können.

Bei den Grundgerechtigkeiten[5]) (der Entwurf nennt sie in römischer Weise Grunddienstbarkeiten) hat man sich über den römischen Satz, daß der Belastete nicht zu einem Thuen verpflichtet werden könne, soweit es erforderlich ist mit Recht hinweggesetzt[6]).

In keinem anderen Punkte ist man dagegen gegenüber dem gemeinen und preußischen Recht zum reinen römischen Recht zurückgekehrt. Nach einem zwingenden Rechtssatz[7]) kann die Servitut in quali und quanto nicht über das für die Benutzung des herrschenden Grundstücks Vortheilhafte hinaus erstreckt werden. Ob man den Satz auch so streng nehmen wird, wie die Römer, die bekanntlich z. B. ein Recht auf Entnahme von Thon nur soweit zuließen, als die zu fertigenden Töpfe auf dem herrschenden Grundstücke verwendet wurden[8]), nicht aber zum Verkauf von Töpfen, muß die Zukunft lehren. Grundsätzlich bin ich aber ganz einverstanden, da im Leben viel zu weitgehende, für den Eigenthümer unerträgliche und darum kulturschädliche Grundgerechtigkeiten vorkommen, wie z. B. das Recht zur schrankenlosen Entnahme von Sand und Lehm von einem ganzen Ackergute[9]).

---

[1]) §§ 1091 Abs. 2, 1092. Dazu Art. 120 E.=G.

[2]) Art. 113—115, 131 E.=G.

[3]) §§ 996—1001.

[4]) Weitere derartige selbständige Gerechtigkeiten sind dem Landesrecht überlassen, vergl. Art. 195 E.=G. Ueber das Recht an Kirchensitzen und Begräbnißplätzen siehe Art. 132 E.=G.

[5]) §§ 1002—1012.

[6]) §§ 1005, 1006.

[7]) § 1003. Weitere landesgesetzliche Verbote und Beschränkungen der Grundgerechtigkeiten werden durch Art. 114 E.=G. aufrecht erhalten.

[8]) fr. 6 D. de S. P. R. 8, 3.

[9]) Nicht unbedenklich erscheint von diesem Standpunkte aus Art. 66 E.=G, der dauernd das Landesrecht aufrecht erhält, welches die Belastung eines Grundstücks mit dem vererblichen und veräußerlichen Rechte zur Gewinnung

Das Hauptbedenken hinsichtlich der Grundgerechtigkeiten liegt in dem aus den allgemeinen Bestimmungen des Grundstücksrechts des Entwurfs[1]) sich ergebenden strikten und ausnahmslosen Erforderniß der Eintragung zur Entstehung der Grundgerechtigkeiten und dem damit verbundenen Ausschluß jeder auch der unvordenklichen Ersitzung einer nicht eingetragenen Grundgerechtigkeit bezw. eines Titels auf Eintragung wobei allerdings für die bereits bestehenden Grundgerechtigkeiten in umfassender Weise Fürsorge getroffen ist[2]); ohne daß man es freilich wird hindern können, daß dieselben durch Wegfall des Beweismittels für die Entstehung thatsächlich zum Untergang gelangen. Der von der Kritik überwiegend bekämpfte Standpunkt des ersten Entwurfs ist hier in zweiter Lesung mit 14 gegen 6 Stimmen beibehalten[3]). Ich gebe dem Entwurf gern zu, daß seine Regelung die einfachste ist und die Prozesse erheblich vermindern wird. Auch fürchte ich mit ihm keine zu große Belastung der Grundbücher. Aber seinen Hauptgrund, die Rücksicht auf den Grundstücksverkehr halte ich nicht für durchschlagend, da Grundstücke nicht in erster Linie dazu bestimmt sind, daß mit ihnen Handel getrieben wird. Ebenso wenig sehe ich darin ein Unglück, wenn aus einer langjährigen nachbarlichen Duldung endlich unbewußt ein Recht wird. Es ist vielmehr nur zu fördern, daß sich das Recht in solcher Weise dem thatsächlichen Bedürfniß anpaßt. Vor allem aber — und das ist für mich durchschlagend — wird die Gebrauchsfähigkeit der Grundstücke in empfindlicher Weise gestört. Es werden ganz berechtigte, schützenswerthe Interessen ohne genügenden Grund verletzt. Grundstückseigenthümer, die sich jahrzehnte lang im ungestörten Gebrauch äußerst werthvoller und unentbehrlicher Befugnisse befanden, sind, wenn die Eintragung unterblieben ist, der Chikane und Erpressung jedes neuen Erwerbes eines Nachbargrundstücks schutzlos preisgegeben. Ich sehe in diesem, in keinem mir bekannten Rechte durchgeführten Grundbuchformalismus[4]) mit Gierke[5]) eine

---

eines den bergrechtlichen Vorschriften nicht unterliegenden Minerals gestattet. Jedenfalls ist das zweideutige Wort „Mineral" näher zu bestimmen. Denn sonst kann auf diesem Wege, und sogar unentgeltlich, dem Eigenthümer Sand und Lehm, ja die ganze Ackerkrume genommen werden.

[1]) § 857.

[2]) Art. 127, 186, 190 E.-G.

[3]) Greiff a. a. O. 62 S. 214.

[4]) Auch das österreichische Recht läßt wenigstens die Ersitzung als Titel für die Eintragung zu. Vergl. §§ 480, 481, 1470 österr. Allg. bürgerl. Gesetzbuchs.

[5]) „Der Entwurf und der deutsche Reichstag" S. 40, wo namentlich auch auf die ländlichen Verhältnisse hingewiesen ist.

soziale Gefahr und würde daher noch im letzten Augenblick zu dem in ganz Deutschland geltenden (gemeinen, preußischen und französischen) Recht zurückkehren. So radikale Abweichungen sind meines Erachtens nur gestattet, wenn sie einen allseitig anerkannten Fortschritt bedeuten. Wenigstens aber müßte für Gerechtigkeiten, welche durch dauernde Anlagen erkennbar gemacht sind, eine Ausnahme gemacht werden, da hier selbst die Rücksicht auf den Verkehr nicht mehr Platz greift, und es sich um bloßen Formalismus handelt.

Im Zusammenhange mit dem Eintragungsprinzip steht der wohl ebenfalls nicht zu billigende Satz, daß auch der Untergang eingetragener Servituten durch Verjährung mittelst Nichtgebrauchs ausgeschlossen ist.[1]) Gefallen ist auch die sehr viel zur Anwendung gelangende, freilich zu Mißbrauch Anlaß gebende Bestimmung des preußischen Rechts, daß Grundgerechtigkeiten alsbald untergehen, wenn der Berechtigte es duldet, daß entgegenstehende Anlagen gemacht werden.[2])

Die besondere Regelung des Grundstücksnießbrauchs[3]) erscheint durchweg sachgemäß, insbesondere die Bestimmungen über den Einfluß der Beendigung des Nießbrauchs in Bezug auf Mieth- und Pachtverhältnisse,[4]) die Ordnung des Nießbrauchs an Wäldern und Bergwerken,[5]) die dem preußischen Recht entsprechende, vom gemeinen Recht abweichende Vorschrift, daß der Nießbraucher auch die Hypothekenzinsen zu tragen hat.[6])

An Personalservituten[7]) treten neben den Nießbrauch noch beschränkte Nutzungsrechte oder sonstige Befugnisse, welche auch den Inhalt einer Grundgerechtigkeit bilden könnten, speziell das Wohnungsrecht.[8])

Sie bedürfen gleich dem Nießbrauch der Eintragung. Sie endigen auch, wie der Nießbrauch nach zwingender Vorschrift mit dem Tode des Berechtigten.[9]) Im Zweifel sind sie auch hinsichtlich der Ausübung unübertragbar[10]) und vom persönlichen Bedürfnisse abhängig.[11]) Damit

---

[1]) Ueber die ebenfalls zu beklagende Beschränkung des Besitzesschutzes auf eingetragene Servituten. Siehe oben S. 42.

[2]) § 43 I, 22 A.L.R.

[3]) §§ 1014, 1020, Abs. 2, 1021, 1022, 1026, 1027, 1031, 1036, 1039, 1045.

[4]) § 1039.

[5]) § 1021.

[6]) § 1030.

[7]) §§ 1073—1076.

[8]) § 1076.

[9]) § 1073 Abs. 2 mit § 1044.

[10]) § 1075.

[11]) § 1074.

sind die reichsrechtlichen Kategorien der dinglichen Rechte an Grundstücken außerhalb des Pfandrechts erschöpft.[1]) Und diese Kategorien sind, wie sich gezeigt hat, ganz fest abgeschlossen. Es ist daher nicht möglich, anderen Rechten zum Gebrauch von Grundstücken durch Eintragung dingliche Wirkung zu geben. Das geht doch wohl zu weit[2]), und es scheinen auch mehr formelle wie sachliche Erwägungen dafür ausschlaggebend gewesen zu sein. Die Miethe hat z. B. allerdings schon ohne Eintragung dingliche Wirkung. Aber warum ist es verboten, sie zur größeren Sicherheit und um sie gegen die aus dem öffentlichen Glauben des Grundbuchs drohenden Nachtheile zu schützen, auch noch eintragen zu lassen?[3]) Auf einem Umwege wird es sich freilich so ziemlich machen lassen, indem man sich für sich, Frau und Kinder ein übertragbares und vom persönlichen Bedürfnisse unabhängiges Wohnungsrecht bestellen und eintragen läßt. Aber auf solche Umwege sollte man doch nicht von vornherein verwiesen werden.

Das Immobiliarpfandrecht, welches den Schluß dieser Uebersicht bilden muß — ich verstehe darunter sämmtliche nach dem bisherigen und wohl auch künftigen Rechte in die dritte Abtheilung des Grundbuchs gehörige Rechte — enthält den für den Verkehr wichtigsten Theil des Grundstücksrechts. Statt der einfachen Ueberschrift: Grundstückspfand, findet sich im Entwurf die dreifache: Hypothek, Grundschuld, Rentenschuld.[4]) Das preußische Recht[5]) zeigt bei genauer Betrachtung fünf Formen des Grundstückspfandes: Grundschuld, Briefhypothek, Hypothek ohne Brief, Sicherungshypothek und Vormerkung. Die Vormerkung ist nicht zu übersehen; denn sie giebt bei dem Vorhandensein ihrer Voraussetzungen wahres, unbedingtes Pfandrecht.[6]) Und die Sicherungshypothek bildet auch jetzt schon eine ganz besondere Klasse.[7]) In dem entscheidenden Punkte, dem Verhältniß zur persönlichen Forderung, ist der Abstand

---

[1]) Ueber das Nutzungsrecht der Realgemeinden, vergl. Art. 164 E. G.

[2]) Vergl. Gierke „Das Bürgerliche Gesetzbuch und der Deutsche Reichstag" S. 26, 42.

[3]) Für die Uebergangszeit gestattet Art. 187 Abs. 2 E. G., daß durch landesherrliche Verordnung bestimmt werden kann, daß Pacht- und Miethrecht zur Erhaltung der Wirksamkeit gegenüber dem öffentlichen Glauben des Grundbuchs nicht der Eintragung bedürfen. Das lautet so, als ob die Eintragung im Allgemeinen möglich wäre. Die Bestimmung enthält also eine Antinomie.

[4]) Darüber Fischer „Recht und Rechtsschutz" S. 92.

[5]) §§ 18, 19, 22, 24 E. E. G., § 122 G. B. O.

[6]) Fischer „Preuß. Privatrecht" S. 245.

[7]) Fischer a. a. O. S. 244, „Recht und Rechtsschutz" S. 92.

zwischen der streng accessorischen Sicherungshypothek und der gewöhnlichen Hypothek größer, als der Unterschied zwischen Grundschuld und gewöhnlicher Hypothek, da auch bei der Letzteren das Accessorium kaum viel mehr hervortritt, als bei der Grundschuld.

Alle diese fünf Arten kennt auch der Entwurf.[1]) Es war auch nicht zu vermeiden, daß der zweite Entwurf noch die Rentenschuld[2]) hinzugenommen hat, weil damit einem dringenden Bedürfniß entsprochen wird. Es handelt sich dabei um eine ewige Rente, welche jedoch seitens des Eigenthümers abgelöst werden kann, soweit nicht das Kündigungsrecht zeitweise beschränkt ist.[3])

Ich glaube allerdings mit dem 22. Deutschen Juristentage,[4]) daß man mit der Grundschuld, dem Sicherungspfand, der Rentenschuld und den entsprechenden Vormerkungen hätte auskommen können, so daß die gewöhnliche Hypothek mit und ohne Brief, ein auch nach der Regelung des Entwurfs keineswegs durchsichtiges Institut, erspart würden. Ich würde auch in dieser Vereinfachung einen Vortheil nicht nur für die Rechtspflege, sondern auch für den Verkehr sehen, und halte es für irrig, wenn man die Beibehaltung für die Zukunft durch die Rücksicht auf die Gewöhnung des Verkehrs rechtfertigen will, da eine solche in der angenommenen Weise nicht besteht. Aber ein entscheidendes Gewicht kann man auf diesen Punkt allerdings nicht legen.

Was die Einzelheiten anbetrifft, so ist die bewährte Grundlage des preußischen Rechts durchweg beibehalten und auf dieser Grundlage inhaltlich im Ganzen Gutes und Brauchbares geschaffen, ohne daß es aber zu durchgreifenden Reformen gekommen wäre, wie sie etwa in der Schöpfung eines Heimstättenrechts oder in der Festsetzung einer Ver-

[1]) Grundschuld §§ 1174—1181, gewöhnliche Hypothek mit und ohne Brief §§ 1096—1166, Sicherungshypothek §§ 1168—1173. Für Vormerkungen die allgemeinen Bestimmungen in den §§ 867—872.

[2]) §§ 1182—1186. Gegen ihren Anschluß an die Grundschuld Gierke, „Das Bürgerliche Gesetzbuch" S. 26.

[3]) Eine siebente Art ist die sog. Revenuenhypothek, deren Zulassung dem Landesrecht gestattet ist, aber nur bei Familienfideikommissen und anderen Grundstücken, deren Belastung nur beschränkt zulässig ist. Art. 58 E.G. Art. 111 E.G. macht auch einen Vorbehalt bezüglich der Belastung der „Bahneinheiten". Auch können die landschaftlichen Darlehnspfänder einen abweichenden Charakter annehmen, da Art. 167 E.G. alle die landschaftlichen Kreditanstalten betreffenden Vorschriften aufrecht erhält. — Die Uebergangsbestimmungen finden sich in den Art. 191—194 E.G.

[4]) Bd. 4 S. 54, 408.

schuldungsgrenze zu finden gewesen sein würde.[1]) Doch ist der Landesgesetzgebung hier Raum gelassen.[2]) Technisch ist freilich noch Verschiedenes mangelhaft, so daß eine Revision in dieser Beziehung höchst wünschenswerth wäre.[3]) Für das System des Immobiliarpfandrechts konnte man in zweifacher Weise vorgehen, nämlich einmal so, daß man nach vorgängiger kurzer Unterscheidung der Arten des Pfandrechts, die für alle Formen gemeinsame Bestimmungen voranstellte[4]) und sodann auch in der Weise, daß man die erste Art vollständig regelte und bei den übrigen Arten auf das Zutreffende verwies. Der Entwurf ist in der zweiten Art verfahren, aber meines Erachtens insofern nicht glücklich, als er das Zwitterding der gewöhnlichen Briefhypothek, und nicht das viel klarere Institut der Grundschuld, bei der freilich in übertriebener Weise und im Gegensatz zum preußischen Rechte jede Beziehung zu der zu Grunde liegenden persönlichen Forderung abgeschnitten ist. Auch sind Sicherungshypothek und gewöhnliche Hypothek in der näheren Durchführung nicht genügend auseinander gehalten. Formell mangelhaft ist, um auf Einzelnes einzugehen, auch die Angabe des Inhalts des Pfandrechts mit den Worten daß eine Geldsumme aus dem Grundstücke zu zahlen sei.[5]) Außerhalb der Zwangsvollstreckung läßt sich dabei nichts denken. Im Weiteren ist in formeller Beziehung zu beanstanden, daß gerade in diesem Abschnitt so viel mit dem unfaßbaren Begriffe der Einrede operirt wird.[6]) Daß Grundschulden jetzt auf den Inhaber ausgestellt werden können,[7]) während das bisherige preußische Recht nur Blankoabtretung gestattete, ist kaum eine Neuerung.

Die allerdings dem bisherigen preußischen Recht entsprechende Bestimmung,[8]) daß ein pactum de non alienando oder de non amplius oppignerando im Allgemeinen zwar gültig ist, aber dann nichtig wird,

---

[1]) Vergl. Gierke „Das Bürgerliche Gesetzbuch" S. 26, 27.

[2]) Vergl. Art. 116 E. G.

[3]) Z. B. eine bessere Fassung des für mich geheimnißvollen § 1121, sowie des § 1168, welcher verordnet, daß die Verordnung: „Die §§ 400—402 finden auf das Rechtsverhältniß zwischen dem Eigenthümer und dem neuen Gläubiger in Ansehung der Hypothek keine Anwendung" auf Sicherungshypotheken keine Anwendung findet. Diese doppelte Negation ist gesetzestechnisch unmöglich.

[4]) Vergl. den Vorschlag bei Fischer „Recht und Rechtsschutz" S. 93.

[5]) § 1096. Dagegen auch Gierke „Das Bürgerliche Gesetzbuch" S. 17.

[6]) Siehe oben S. 34. Gegen § 1152, in erster Lesung § 1093, u. § 1237 (1192 I), Fischer „Recht und Rechtsschutz" S. 110, 116.

[7]) § 1178.

[8]) § 1119 gegenüber § 48 E. E. G.

wenn der Mitkontrahent ein Pfandrecht an dem Grundstück hat, ist in dieser Form ziemlich werthlos und leicht zu umgehen. Erheblich verbessert ist das Recht des Pfandgläubigers auf die Versicherungsgelder.[1]) Auch bestehen jetzt besondere Bestimmungen über Sicherungshypotheken für Inhaber- und Ordreforderungen.[2])

Im Uebrigen möchte ich, eben wegen der nahen Verwandtschaft des Entwurfsrechts mit dem preußischen Recht, auf Einzelheiten nicht näher eingehen, und nur noch einen grundsätzlich wichtigen Punkt erwähnen, der theoretisch mit dem schon gestreiften[3]) Ausschluß der Konsolidation zusammenhängt, nämlich die Eigenthümerhypothek.[4]) Es scheint mir das um so mehr erforderlich, als die zweite Lesung hier sehr eingreifende Aenderungen und Neuerungen gebracht hat, welche sachlich zwar im Ganzen zu billigen, aber, vielleicht in Folge der so schwierigen Materie, formell nicht so durchsichtig sind, daß sich ihre Bedeutung auf den ersten Blick ergäbe.[5])

§ 1175 Abs. 1[6]) bestimmt: „Auf die Grundschuld finden die Vorschriften über die Hypothek entsprechende Anwendung, soweit sich nicht daraus ein Anderes ergiebt, daß die Grundschuld nicht eine Forderung voraussetzt". Der hier angedeutete Unterschied zwischen der ordentlichen Hypothek, die, wie gesagt, von der Sicherungshypothek in diesem Punkte sorgfältigst zu unterscheiden ist, und der Grundschuld bestand, wenigstens grundsätzlich nach dem Entwurf der ersten Lesung insofern, als damals zur Entstehung der Hypothek, wie nach preußischem Recht[7]), eine persönliche Forderung erforderlich war, und, enger wie das preußische Recht[8]), § 1092 besagte: „Mit dem Erlöschen der Forderung erlischt die für dieselbe bestehende Hypothek, soweit nicht das Gesetz ein Anderes bestimmt, insbesondere unbeschadet der Vorschrift des § 1083".

In zweiter Lesung hat man die accessorische Natur der ordentlichen Hypothek, und zwar nach der anderen Seite über das preußische Recht hinausgehend, abgeschwächt, ja fast aufgegeben. Die ordentliche Hypothek bedarf jetzt weder zum Fortbestehen noch auch zum Entstehen des Bestandes einer persönlichen Forderung. Fehlt die Forderung von vornherein oder geht sie auf irgend eine Weise, insbesondere durch Verzicht

---

[1]) §§ 1111—1113.
[2]) §§ 1170—1172.
[3]) Siehe oben S. 38.
[4]) §§ 1146 ff. Vergl. Fischer „Recht und Rechtsschutz" S. 91 ff.
[5]) Vergl. Greiff 62 S. 724 ff.
[6]) In erster Lesung § 1186.
[7]) § 19 E.E.G.
[8]) §§ 63, 64 E.E.G.

oder Befriedigung unter, so besteht die Hypothek als Eigenthümerhypothek ohne zu Grunde liegende Forderung.[1]) Nur wenn die Befriedigung durch Zwangsvollstreckung aus dem Grundstück erfolgt, erlischt, in Uebereinstimmung mit dem preußischen Recht[2]), die Hypothek.[3]) Das ist aber auch bei der Grundschuld der Fall.[4]) Dagegen ist insofern wieder die Beziehung zu persönlicher Forderung etwas stärker betont, wie im preußischen Recht, als bei der Weiterbegebung der Eigenthümerhypothek für eine andere persönliche Forderung diese neue Forderung eingetragen werden muß.[5])

Bekanntlich hatte das neueste römische Recht hypotheca und pignus soweit ausgeglichen, daß ein freilich cum grano salis anzuwendendes Sprichwort sagen konnte: Inter pignus et hypothecam nominis tantum sonus differt.[6]) Ein ähnliches Sprichwort kann man jetzt auch für das Verhältniß von Grundschuld und Briefhypothek, natürlich ebenfalls cum grano salis, anwenden. Beide sind selbständige Grundstückspfandrechte ohne wesentliche Unterschiede.

Nach preußischem Recht gewährte die Sicherungshypothek dem Eigenthümer keine Eigenthümerhypothek.[7]) Das hat der Entwurf mit Recht beseitigt.[8]) Die strenge Abhängigkeit der Sicherungshypothek von der persönlichen Forderung[9]) hat aber damit eine ganz wesentliche Verschiebung erfahren. Das Bestehen der persönlichen Forderung ist nicht mehr Voraussetzung des Daseins der Sicherungshypothek, sondern sie ist lediglich für die Frage, ob die Sicherungshypothek dem Gläubiger oder dem Eigenthümer zusteht, von Einfluß und zwar in durchgreifenderer Weise als bei der ordentlichen Hypothek. Auch die Sicherungshypothek ist in ihrem Bestande als dingliches Recht selbständig geworden.

Besondere Schwierigkeiten entstehen in Bezug auf die Frage nach der Konsolidation und dem Eigenthümerpfand bei den Korrealpfandrechten. Soweit ihre Befriedigung im Wege der Zwangsvollstreckung, wenn auch nur aus einem der verhafteten Grundstücke erfolgt, müssen sie auf

---

[1]) §§ 1146—1153. Man hat aber übersehen, daß dadurch die Fassung des § 1175 Abs. 1 unhaltbar geworden ist.

[2]) § 124 der Zw.-O. v. 13. Juli 1883.

[3]) § 1164 Abs. 1.

[4]) Nach § 1175 Abs. 1.

[5]) § 1163.

[6]) fr. 5 § 1 D. de pign. 20. 1.

[7]) § 67 E.E.G.

[8]) Die Anwendung der §§ 1146 ff. auf die Sicherungshypothek ist nicht ausgeschlossen.

[9]) §§ 1167, 1168.

sämmtlichen Grundstücken erlöschen,[1]) wenn nicht, wie der Entwurf[2]) einschränkend hinzugefügt hat, dem Eigenthümer des versteigerten Grundstücks ein besonderer Ersatzanspruch gegen die mitverhafteten Eigenthümer zusteht. Es können, da der Gläubiger seine Befriedigung beliebig aus einem jeden Grundstücke für das Ganze suchen kann[3]) dadurch freilich Härten entstehen. Aber diese auszugleichen hat sich die preußische Gesetzgebung vergeblich bemüht und schließlich alle Versuche als erfolglos aufgegeben.[4]) Es wird also im Allgemeinen daran nichts zu ändern sein, wenn man sich nicht entschließt, die Korrealpfandrechte ganz aufzugeben.

Dagegen ist der Entwurf in einem weiteren erheblichen Punkte vom preußischen Rechte abgewichen. Nach preußischem Recht wird, ebensowenig wie eine einfache Hypothek in Folge der Befriedigung erlischt, auch eine Korrealhypothek, wenn einer der verpflichteten Grundstückseigenthümer den Gläubiger befriedigt, weder an seinem eigenen, noch an den übrigen Grundstücken, zum Untergang gebracht.[5]) In Uebereinstimmung damit bestimmte der erste Entwurf[6]): „Ist der den Gläubiger befriedigende Eigenthümer zugleich der persönliche Schuldner, so wird nur die Hypothek auf ihn übertragen. Die Eigenthümerhypothek erstreckt sich auch auf das mitbelastete Grundstück eines Dritten". Dagegen ist nun in zweiter Lesung[7]) verordnet: „Befriedigt der Eigenthümer eines der mit einer Gesammthypothek belasteten Grundstücke den Gläubiger, so erwirbt er die Hypothek an seinem Grundstücke; die Hypothek an den übrigen Grundstücken erlischt. Der Befriedigung des Gläubigers durch den Eigenthümer steht es gleich, wenn das Gläubigerrecht auf den Eigenthümer übertragen wird oder wenn sich Forderung und Schuld in der Person des Eigenthümers vereinigen".[8]) Diese Aenderung scheint einem Antrage von Bingner[9]) ihre Entstehung

---

[1]) § 1164 Abs. 2 u 3.

[2]) § 1165.

[3]) § 1115 Abs. 1.

[4]) Vergl. § 42 E. E. G. § 204, Zw.-O.; Krech u. Fischer, „Kommentar zur Zw.-O." S. 562 ff. Achilles-Strecker, „Kommentar zu den Grundbuchgesetzen" S. 227 ff.

[5]) Entgegenstehende Meinungen sind jetzt allseitig aufgegeben. Vergl. Achilles-Strecker a. a. O. S. 230.

[6]) § 1094.

[7]) § 1156. Die Bestimmung gilt nach § 1175 Abs. 1 auch für Grundschulden.

[8]) Daran schließt sich noch der Fall des § 1157.

[9]) Zusammenstellung der gutachtlichen Aeußerungen, 3 S. 336.

zu verdanken, während von Krech[1]) klar und überzeugend ausgeführt war, daß der zahlende Eigenthümer in derselben Stellung bleiben müsse, wie der befriedigte Gläubiger. Die Neuerung ist auch in der That so unhaltbar, jedes Grundes entbehrend und dem Interesse aller Betheiligten so offensichtlich widersprechend, daß sie unbedingt wieder aus dem Entwurf entfernt werden muß.[2])

Zufolge dieser Bestimmung wird nun, wenn sie stehen bleiben sollte, allerdings die Eigenthümerhypothek bei Korrealpfändern bedeutend eingeschränkt. Es handelt sich nur um die Fälle, daß die Forderung von vornherein nicht zur Entstehung gelangt ist oder auf andere Weise als durch Befriedigung oder Konfusion erlischt oder der Gläubiger auf das Pfand verzichtet oder im Aufgebotsverfahren ausgeschlossen wird.[3]) Die Eigenthümerhypothek steht dann, wie in Ergänzung des bisherigen Rechts verordnet wird, den verhafteten Eigenthümern gemeinschaftlich zu. Sie können die Theilung nach dem Verhältnisse des noch unbelasteten Werthes ihrer Grundstücke verlangen.

Eine bedenkliche Lücke bleibt dagegen insofern bestehen, als das in mancher Beziehung analoge, jedenfalls sehr schwierige Verhältniß der Totalhypotheken zu den auf demselben Grundstücke bestehenden Antheilshypotheken[4]) jeglicher besonderen Ordnung entbehrt.

---

[1]) a. a. O. S. 136.

[2]) Greiff a. a. O. 62. S. 734 berichtet darüber: „Ist endlich der Eigenthümer des einen Grundstücks, der den Gläubiger befriedigt, nicht der persönliche Schuldner, so würde nach dem sachlich beibehaltenen § 1094 Abs. 2 des Entwurfs der Eigenthümer zugleich mit der Forderung die Gesammthypothek erwerben. Er könnte alsdann die Hypothek auf seinem Grundstück löschen lassen und die Hypothek an einem der anderen Grundstücke geltend machen; der in Anspruch genommene Eigenthümer dieses Grundstücks würde durch Befriedigung des ersten Eigenthümers wieder die Forderung um die Gesammthypothek, soweit sie noch besteht, erwerben. Das Ergebniß wäre, daß der zuletzt in Anspruch genommene Eigenthümer in Ermangelung eines Ersatzanspruchs gegen einen der anderen Eigenthümer schließlich den Schaden tragen müßte und auf die persönliche Forderung angewiesen wäre. Die Mehrheit hielt es demgegenüber für billiger, daß der erste Eigenthümer, welcher zur Anwendung der Zwangsversteigerung seines Grundstücks den Gläubiger befriedigt, in Ermangelung eines Ersatzanspruchs gegen einen der anderen Eigenthümer den Schaden endgiltig trage". — Daß „den Letzten die Hunde beißen" ist ja auch nicht angenehm für ihn, aber bei einer derartigen Lage der Dinge unzweifelhaft viel billiger und zweckmäßiger als die jetzt vorgeschlagene Regelung, welche den Eigenthümer der verpfändeten Grundstücke jede freiwillige Zahlung unmöglich macht.

[3]) §§ 1155, 1158 mit § 1146.

[4]) Vergl. Krech u. Fischer a. a. O. S. 36, 214, 358.

Schließlich möchte ich noch ein paar praktisch bedeutsame Punkte kurz berühren, welche, obwohl sie in dem von dem Immobiliarpfandrecht handelnden Abschnitt des Entwurfs nicht genannt werden, doch im engsten Zusammenhange damit stehen. Zunächst den viel besprochenen Schutz der Bauhandwerker.[1]) Entwurf I gab ihnen gar nichts, Entwurf II den Anspruch auf Einräumung einer Sicherungshypothek, also einen gesetzlichen Titel zum Pfandrecht, während man im Uebrigen — von der Zwangshypothek abgesehen — mit diesen Titeln aufgeräumt hat.[2]) Daß bei dem in den großen Städten betriebenen Bauschwindel eine ganz empörende, systematische Ausbeutung und Schädigung der Bauhandwerker durch die Bauspekulanten stattfindet, unterliegt für mich nicht dem geringsten Zweifel. Ebenso, daß die Bauhandwerker sich selbst dagegen nicht schützen können und als die wirthschaftlich Schwächeren des staatlichen Schutzes bedürfen.

Ganz sicher ist auch, daß mit diesem Pfandtitel des Entwurfs nicht geholfen ist, da er ja auch jetzt, da wo er besteht, das Uebel nicht zu beseitigen vermocht hat.[3]) Will man ernstlich einschreiten, so sind viel eingreifendere Maßnahmen erforderlich, und zwar in der Richtung des Entwurfs II der im vorigen Jahre vom preußischen Justizministerium vorgelegten 5 Entwürfe[4]). Die Bauerlaubniß darf nur dann ertheilt werden, wenn, sei es durch Sicherungshypothek auf dem Grundstück, sei es durch Bürgschaft der Baugeldgeber oder auf andere Weise: die nöthige Sicherheit für die Befriedigung der Bauhandwerker beschafft ist. Ebenso muß die Regulirung der ganzen Angelegenheit unter bauamtlicher Mitwirkung erfolgen. Eine nähere Rechtfertigung dieser Ansicht läßt sich hier nebenher natürlich nicht geben. Ich bemerke nur, daß mich weder die Aussicht auf Verminderung der Bauthätigkeit noch auch die Vermehrung

---

[1]) Vergl. dazu Gierke, „Das Bürgerl. Gesetzbuch" S. 42.

[2]) Doch hat Art. 91 E. G. einen Vorbehalt zu Gunsten der Forderungen öffentlicher juristischer Personen. Bezüglich der bestehenden gesetzlichen Hypotheken giebt Art. 187 Abs. 1 E. G. eine Uebergangsbestimmung.

[3]) Gierke, Das Bürgerliche Gesetzbuch S. 42 ff.

[4]) Der Entwurf lautet:

§ 1.

Der Eigenthümer eines Grundstücks, welcher einen Neubau auf demselben aufführen will, hat vor dem Beginn des Baues für die Forderungen der Unternehmer des Bauwerks, welche durch die Ausführung des Baues gegen ihn begründet werden, eine Hypothek an dem Grundstück mit dem Range vor den voreingetragenen Hypotheken und Grundschulden zu bestellen.

Zur Bestellung der Hypothek genügt, außer der Einwilligung der voreingetragenen Gläubiger (die Erklärung des Eigenthümers gegenüber dem

der Arbeit der Behörden schreckt, da meiner Ueberzeugung nach nur so geholfen werden kann und geholfen werden muß.[1]) Offenbar gehört aber diese in das öffentliche Recht herübergreifende Regelung nicht in

---

Grundbuchamt, daß er die Hypothek bestelle), und die Eintragung im Grundbuch. Ein Höchstbetrag, bis zu welchem das Grundstück haften soll, wird zunächst nicht eingetragen.

Willigt ein voreingetragener Gläubiger in den Vorrang der Hypothek nicht ein, so ist der Eigenthümer berechtigt, ihm das Kapital zur sofortigen Auszahlung zu kündigen.

§ 2.

Die baupolizeiliche Genehmigung darf nicht vor Eintragung der im § 1 bezeichneten Hypothek ertheilt werden.

§ 3.

Die Unternehmer des Bauwerks müssen ihre Forderungen gegen den Eigenthümer des Grundstücks vor Ablauf von drei Monaten nach der polizeilichen Abnahme des Baues unter Angabe des Betrages der Forderungen bei dem Grundbuchamt anmelden. Die Anmeldung ist nur wirksam, wenn ihr ein schriftliches Anerkenntniß der Forderung seitens des Eigenthümers beigefügt ist. Das Anerkenntniß des Eigenthümers kann ersetzt werden durch eine einstweilige Verfügung, welche die Zulässigkeit der Anmeldung anordnet. Nach Ablauf der Frist ist der Betrag der angemeldeten Forderungen von dem Grundbuchamt als Höchstbetrag, bis zu welchem das Grundstück kraft der Hypothek haftet, in das Grundbuch einzutragen. Forderungen mehrerer Unternehmer haben gleichen Rang. Werden vor Ablauf der Frist Forderungen überhaupt nicht angemeldet, so erlischt die Hypothek.

Forderungen für Baugelder, die zur Berichtigung von Forderungen verwendet werden, für die nach § 1 die Hypothek haftet, treten an die Stelle dieser Forderungen.

§ 4.

Durch Königliche Verordnung werden die Bezirke, in denen die Vorschriften der §§ 1 bis 3 gelten sollen, sowie der Zeitraum, für welchen die Verordnung in Kraft treten soll, bestimmt.

[1]) Inzwischen ist am 11. März 1896 im preußischen Abgeordnetenhause durch den Abgeordneten Wallbrecht ein Antrag zum Schutz der Bauhandwerker eingebracht und nach eingehender Berathung im Plenum einer Kommission überwiesen. Der Antrag lautet:

Das Haus der Abgeordneten wolle beschließen, die Königliche Staatsregierung zu ersuchen, einen Gesetzentwurf vorzulegen, welcher die Stadt- und Landgemeinden ermächtigt, Ortsstatuten einzuführen, welche die nachstehenden Bestimmungen enthalten: I. Die baupolizeiliche Genehmigung eines Neu- oder Umbaues darf von der Polizeibehörde nur dann ertheilt werden, wenn von den Bauschöffen der Polizeibehörde gegenüber die Erklärung abdas Bürgerliche Gesetzbuch,[1]) sondern in ein Spezialgesetz für die Großstädte. Deshalb war es einerseits unrichtig, wenn man früher und zum Theil auch jetzt noch den Bauhandwerker auf das Bürgerliche

---

gegeben worden ist, daß bezüglich der Zahlungsfähigkeit des Gesuchstellers keine Bedenken obwalten. II. Die Bauschöffen sind aus der Zahl der Gemeindemitglieder durch die Gemeindevertreter zu wählen. Sie bilden das Bauschöffenamt. Die näheren Bestimmungen über die Zusammensetzung und Geschäftsführung des Bauschöffenamts regelt das mit Genehmigung der Aufsichtsbehörde zu erlassende Ortsstatut. III. Von dem die Baugenehmigung Nachsuchenden sind der Polizeibehörde außer den Bauplänen ordnungsmäßige Kostenanschläge einzureichen. Die Polizeibehörde übermittelt das Gesuch mit den Bauplänen und Kostenanschlägen dem Bauschöffenamt. Sofern das Bauschöffenamt Bedenken wegen der Zuverlässigkeit oder der Zahlungsfähigkeit des Unternehmers hat, ist dasselbe berechtigt, von demselben Sicherheit wegen Bezahlung der Forderungen der Bauhandwerker, Lieferanten und Arbeiter zu verlangen. Die Sicherheit kann auch durch Bürgschaft bestellt werden. Im Uebrigen bestimmt das Bauschöffenamt die Art und Höhe der Sicherheit nach freiem Ermessen. Sofern der Unternehmer die verlangte Sicherheit bestellt, ist das Bauschöffenamt nicht berechtigt, die Baugenehmigung zu beanstanden. IV. Derjenige, welchem die polizeiliche Genehmigung zum Bau ertheilt ist, haftet allen Handwerkern, Lieferanten oder Arbeitern, deren Lieferungen oder Arbeiten auf den Bau verwendet sind, als Selbstschuldner. Seine Haftung bleibt bei Veräußerung des Baugrundstücks bestehen. In gleicher Weise haftet die etwa bestellte Sicherheit. Zessionen, Beschlagnahmen oder sonstige Verfügungen über die Sicherheit sind den gedachten Forderungen gegenüber unwirksam. V. Die gegen die Verweigerung der polizeilichen Genehmigung zulässigen Rechtsmittel können insbesondere darauf begründet werden, daß das Bauschöffenamt die Zahlungsfähigkeit des Konzessionsuchenden ohne Grund in Zweifel gezogen habe. VI. Das Gesetz findet keine Anwendung a. auf Reparaturbauten, b. auf Bauten des Deutschen Reichs, des Staates, der Provinzen, der Kreise, der Gemeinden und ähnlicher Verbände.

Auch dieser Antrag bewegt sich in der Richtung, wie ich ihn im Anschluß an den Justizministerialentwurf 2 fordere. Ueberhaupt sollte man irgend einen Weg wählen, um endlich zu helfen, und nicht durch den Streit über die Art der Hilfe jede Hilfe hintertreiben. Der Antrag Wallbrecht bedarf aber, um wirksam zu werden, einer doppelten Ergänzung. 1. Die Ortsstatuten müssen erzwungen werden. Denn den Vertretungen der großen Städte fehlt wenn nicht der gute Wille, so doch die Kraft zu ihrer freiwilligen Schöpfung. 2. Die Bauschöffen haben für jeden bei Ausübung ihres Amtes begangenen Mangel an Sorgfalt zu haften.

[1]) A. M. Gierke a. a. O. S. 43.

Gesetzbuch vertröstete. Andererseits kann aber aus dieser Materie ein Einwand gegen den Entwurf nicht entnommen werden.

Ein anderer Pfandrechtstitel — oder vielmehr im Sinne der Reichsgerichtsjudikatur: nur etwas dem Aehnliches[1]) — wird konservirt in der sogenannten Zwangshypothek, welche Jedem offen steht, der für eine persönliche Forderung ein Urtheil, einen anderen vollstreckbaren Schuldtitel oder auch nur einen Arrestbefehl erlangt hat. Systematisch weiß man mit der Einrichtung so recht nicht zu bleiben. Im preußischen Recht steht sie in der Subhastationsordnung,[2]) im ersten Entwurf war sie dem Bürgerlichen Gesetzbuch überwiesen,[3]) jetzt soll sie in der Zivilprozeßordnung untergebracht werden.[4]) Der geschichtlichen Entwicklung nach handelt es sich um ein reines Privatrechtsinstitut, das also in das Bürgerliche Gesetzbuch gehören würde. Neuerdings ist aber allerlei Beiwerk aus der Zwangsvollstreckung dazu gekommen, das dem ursprünglichen Institut ganz fremd war.[5])

Ich möchte die Streichung des ganzen Instituts, die sich ja jetzt, ohne dem Entwurf zu nahe zu treten, ausführen läßt, mit der starken Minderheit der Kommission[6]) entschieden befürworten, da dafür dringende Erwägungen der Zweckmäßigkeit und Gerechtigkeit sprechen.[7])

Im französischen Recht war die Judikatshypothek an die Stelle des beseitigten Pfändungspfandrechts getreten.[8]) So stand es auch im früheren preußischen Recht, welches bekanntlich ebenfalls mit der Pfändung ein Vorzugsrecht nicht verband. Nachdem nun durch die Reichszivilprozeßordnung[9]) dieses Vorzugsrecht wieder hergestellt war, fehlte es an jedem Grunde für die Aufrechterhaltung der Judikatshypothek. Daß sie trotzdem beibehalten ist, lag nur darin, daß man das Institut einmal hatte und der geschichtliche Grund seiner Entstehung in Vergessenheit gerathen war. Der jetzt vielfach für die Zwangshypothek ins Treffen geführte Grund, daß dadurch Zwangsversteigerungen vermieden würden, trifft, wie jeder Sachkundige weiß, thatsächlich nicht zu. Die Zwangs-

---

[1]) Entscheidungen des Reichsgerichts in Zivilsachen 32 S. 65.

[2]) §§ 6 bis 12 Zw. O.

[3]) §§ 1130 ff.

[4]) Als §§ 757, 757a, 811.

[5]) Siehe Recht und Rechtsschutz S. 46 ff., Krech und Fischer a. a. O. S. 94 ff.

[6]) Greiff, a. a. O. 62 S. 483.

[7]) Literatur über diese Frage bei Krech und Fischer a. a. O. S. 95 f.

[8]) Krech und Fischer a. a. O. S. 94.

[9]) § 709.

hypotheken sind stets so schlecht, daß ihr Inhaber bei Geltung des Deckungsprinzips eine Subhastation gar nicht riskiren kann. Erste Voraussetzung jeder Reform des Realkredits aber ist es, mit den schlechten Hypotheken aufzuräumen, sie wenigstens nicht gesetzlich zu fördern. Die Zwangshypothek nun, mit der namentlich auch zu Gunsten geringfügiger fiskalischer Kostenforderungen, vom wirthschaftlichen Standpunkt betrachtet, großer Mißbrauch getrieben wird, ist ein Institut, das praktisch lediglich auf Schaffung ganz schlechter Hypotheken abzielt und das der rechtlich wie wirthschaftlich gleich unerträglichen Verquickung von Personal- und Realkredit weiteren Vorschub leistet.

Ein Fortschritt ist aber doch bezüglich der Zwangshypothek gemacht worden. Sie wird nicht mehr als Gesammthypothek eingetragen, sondern ist von vornherein auf die einzelnen Grundstücke zu vertheilen.[1])

Von der Subhastationsordnung, welche das Immobilienpfandrecht des Entwurfs ergänzt, kann ich im Einzelnen nicht mehr sprechen.[2]) Die preußische Subhastationsordnung von 1883 ist wohl als ein besonders schweres Gesetz bezeichnet worden. Jedenfalls ist sie aber ein äußerst durchdachtes, wissenschaftlich und gesetzestechnisch hochstehendes Werk, das seinen Verfassern die größte Ehre macht. Das Deckungs- und Uebernahmeprinzip hat ungemein segensreich gewirkt. Es ist daher durchaus richtig, daß der Entwurf der Reichssubhastationsordnung sich auf den Boden dieses Gesetzes gestellt hat.

§ 5. Schluß.

Meine Herren! Ich stehe am Ende. Vielleicht hat der Eine oder der Andere von Ihnen den Eindruck gewonnen, als wäre des Tadels mehr gewesen als des Lobes. Dem möchte ich zum Schluß noch nachdrücklichst widersprechen. Es liegt in der Natur der Sache, daß von Einzelheiten mehr das Bedenkliche hervorgehoben wird, während die Zustimmung zu ganzen, großen und wichtigen Partien in kurzen Worten erledigt werden konnte.

Meiner festen Ueberzeugung nach ist das Sachenrecht des Entwurfs nicht bloß ein erträgliches, sondern ein entschieden gutes Werk.

Für uns preußische Juristen bringt es inhaltlich wenige durchgreifende Neuerungen, sondern es läßt uns im großen Ganzen unser

---

[1]) § 757 Abs. 2 C.P.O. in der neuen Fassung.

[2]) Sie liegt bis jetzt erst in erster Lesung vor. Inzwischen ist der fertiggestellte Entwurf dem Bundesrath zugegangen.

bewährtes Sachenrecht. Und was die Aenderungen anbetrifft, so überwiegen dabei jedenfalls die Verbesserungen ganz bedeutend.

Das Sachenrecht des Entwurfs bildet meines Erachtens kein Hinderniß für die alsbaldige gesetzliche Verabschiedung des ganzen Werks. Möge der Entwurf eines Bürgerlichen Gesetzbuchs bald zum Gesetz werden und bald und unter günstigen Auspizien ins Leben treten.

Druck der Norddeutschen Buchdruckerei, Berlin, Wilhelmstr. 32.

Sammlung von Vorträgen

über den

Entwurf eines Bürgerlichen Gesetzbuchs

in der Fassung der dem Reichstag

gemachten Vorlage.

Heft VII.

Dr. Th. Niemeyer, Das internationale Privatrecht.

Berlin SW.48.
Wilhelmstraße 119/120.
J. Guttentag, Verlagsbuchhandlung.
1896.

Das internationale Privatrecht

im

Entwurf eines Bürgerlichen Gesetzbuchs.

Von

Dr. Th. Niemeyer,

Professor der Rechte an der Universität Kiel.

Berlin SW.48.

Wilhelmstraße 119/120.

J. Guttentag, Verlagsbuchhandlung.

1896.

Das internationale Privatrecht hat bei der Entstehung des Entwurfes äußerlich und innerlich eine sehr wechselnde Behandlung erfahren.

Dr. Gebhard, der Redaktor des allgemeinen Theils in der ersten Kommission, hatte in seinem Vorentwurf dem internationalen Privatrecht die §§ 5 bis 40 (bezw. 39) des Gesetzbuches gewidmet. Die Kommission, welche diese Vorschläge in der 691. bis 699. Sitzung vom 9. bis 28. September 1887 und in der 733. Sitzung vom 16. Dezember 1887 berieth, gestaltete sie in der Weise um, daß 26 Paragraphen mit der Ueberschrift: „Räumliche Herrschaft der Rechtsnormen" als ein besonderer Entwurf beschlossen und in selbstständiger Form neben dem Entwurf des Bürgerlichen Gesetzbuchs dem Reichskanzler vorgelegt wurden. Diese Behandlung machte es der Reichsregierung möglich, die von der Kommission beschlossenen Vorschriften über das internationale Privatrecht von der laut Bundesrathsbeschlusses vom 31. Januar 1888 erfolgten Veröffentlichung des Entwurfes einfach auszuschließen, ohne daß der übrige Inhalt des Kodifikationswerkes äußerlich dadurch berührt wurde. Wie es scheint, hat der Reichskanzler jene 26 Paragraphen gar nicht an den Bundesrath gelangen lassen. Jedenfalls unterblieb stillschweigend die Veröffentlichung, allem Anschein nach deswegen, weil man die Kodifizirung des internationalen Privatrechts aus diplomatischen Gründen für bedenklich hielt.

Die öffentliche Kritik hat von dem Fehlen der Bestimmungen auffallend wenig Notiz genommen. Nur einzelne Stimmen haben die Regelung des internationalen Privatrechts im Bürgerlichen Gesetzbuch als eine Nothwendigkeit bezeichnet.

Uebereinstimmend mit dieser letzteren Ansicht faßte die zweite Kommission alsbald nach ihrem Zusammentreten im Frühjahr 1891, und zwar vor Beginn der Berathung der einzelnen Paragraphen des ersten Entwurfes, den Beschluß:

„Die Kommission erachtet es für nothwendig, daß das internationale Privatrecht im Bürgerlichen Gesetzbuche geregelt wird, und ersucht den Referenten des allgemeinen Theils, die erforderlichen Vorschläge vorzubereiten und der Kommission seinerzeit zu unterbreiten."

In dem Entwurfe zweiter Lesung (Frühjahr 1895) bildeten die Bestimmungen über das internationale Privatrecht ein besonderes, sechstes, Buch mit der Ueberschrift: „Anwendung ausländischer Gesetze", 30 Paragraphen (§§ 2236—2265) umfassend.

In der Reichstagsvorlage vom 17. Januar 1896 ist das sechste Buch weggefallen und anstatt dessen im Einführungsgesetz in Gestalt der Artikel 6 bis 30 eine Reihe von Bestimmungen gegeben, welche das internationale Privatrecht betreffen. Ob für diese Vorschriften die Bezeichnung Kodifizirung zutreffend sei, läßt sich aus später zu erörternden Gründen bezweifeln. Indessen das Wesen der Sache wird dadurch ja nicht berührt. Der gegebene Ausgangspunkt für eine praktische Darstellung der in Rede stehenden Materie ist die Frage: Wie wird sich in Deutschland die Behandlung der Fragen des internationalen Privatrechts gestalten, wenn die Reichstagsvorlage Gesetz wird? In dieser Frage liegen einbegriffen die Fragen, welche durch die Vorlage nicht unmittelbar geregelt sind, die aber dennoch auf dem Boden des Entwurfes praktisch eine Lösung finden müssen. Eine Darlegung auch dieser Fragen — wenigstens in den Grundzügen — gehört zur Darlegung des Inhaltes des Entwurfes.

Es soll in Folgendem ein solcher Standpunkt erstrebt werden, wie ihn ein guter Richter in Zukunft einnehmen muß, um aus den Vorschriften des B.G.B. das Beste herauszuholen, oder, um mit Sohm zu reden: „Mit aller Kraft wird die Auslegung darauf gerichtet werden, die Bestimmungen des Entwurfs zu Sinn zu machen, zu dem Sinne, welcher den Forderungen des Rechtslebens entsprechend ist".

Bei der Auslegung der Artikel 6 bis 30 des Einführungsgesetzes ist der Interpret in der besonderen Lage, keine „Materialien" im herkömmlichen Sinne zur Verfügung zu haben. Auch die sogenannten „kürzeren Motive" („amtliche Ausgabe") zum Entwurf der ersten Lesung fehlen hier. Die der Reichstagsvorlage des Einführungsgesetzes beigegebenen Materialien ferner beziehen sich nur auf das Verhältniß des Bürgerlichen Gesetzbuchs zu den Landesgesetzen. Allem Anschein nach würden auch die Protokolle der zweiten Lesung, wenn sie bekannt gegeben werden sollten, Niemand in die Versuchung bringen, sie zum Zwecke der Auslegung zu gebrauchen oder zu mißbrauchen.

Wenn nicht die Anzeichen trügen, so beruht die jüngste Gestaltung der Dinge nicht auf dem Willen der Kommission, sondern auf einer

Intervention — sei es des Reichskanzlers, sei es des Bundesraths — veranlaßt durch diplomatische Erwägungen, wobei nicht ausgeschlossen ist, daß in letzter Stunde auch seitens einiger Bundesregierungen Amendements gestellt sind Soviel ist sicher, daß die jetzige Fassung auf neuer und selbständiger Basis steht, so daß auch das frühere sechste Buch für die Auslegung der jetzt vorliegenden Bestimmungen kaum in Betracht kommt.

Wir haben das Fehlen von Materialien nicht sonderlich zu beklagen. Die Benutzung von Motiven und Vorverhandlungen pflegt die Unbefangenheit und die Sehschärfe der Interpreten nicht zu stärken. Jedenfalls ist ein Vakuum in Bezug auf die Kenntniß der Vorgeschichte für die Rechtsanwendung zuträglicher, als ein lückenhaftes und hybrides Material, wie die „kürzeren Motive" zur ersten Lesung und die Denkschrift zur Reichstagsvorlage; womit kein Tadel gegen die Veröffentlichung dieser Drucksachen ausgesprochen, sondern lediglich konstatirt sein soll, daß die Möglichkeit ihres Mißbrauchs in unserem Gebiete nicht vorhanden ist.

Es sei mir gestattet, mich im Folgenden des Ausdrucks „Kollisionsnormen" zu bedienen, um die positiven Rechtssätze zu bezeichnen, welche den Anwendungsbereich der Rechtssätze in internationaler Hinsicht oder, altmodisch gesprochen, die „Statutenkollision" regeln.

Das Wesen dieser Vorschriften wird verschieden aufgefaßt. Eine kurze Erörterung darüber ist hier unerläßlich. Es kann und soll dabei die allgemeine Theorie des internationalen Privatrechts aus dem Spiel bleiben und es soll lediglich die von der einzelnen Rechtsordnung ausgehende Regelung ins Auge gefaßt werden.

Zweierlei unterschiedliche Betrachtung ist dabei möglich.

Man kann einerseits fragen: Welches sind die objektiven Verhältnisse, die den Gesetzgeber zur Aufstellung von Kollisionsnormen veranlassen? Die Antwort auf diese Frage läßt sich kurz dahin formuliren: Die Veranlassung liegt in der Koexistenz verschiedener Rechtsordnungen, deren jede für sich den Anspruch der Gleichberechtigung erhebt. Um die hierdurch gegebenen Zweifel, die man als Kollisionsfragen bezeichnen kann, zu lösen, stellt der Gesetzgeber Kollisionsnormen auf.

Der Gesetzgeber würde an und für sich in der Lage sein, gegenüber der Existenz anderer Rechtsordnungen sich gänzlich ablehnend zu verhalten. Er könnte an und für sich von seinen Rechtspflegeorganen die absolute und ausschließliche Anwendung seiner eigenen Rechtsvorschriften verlangen. Daß sich dessen aber ein moderner Gesetzgeber unterfinge, ist thatsächlich so zweifellos ausgeschlossen, daß hier die Frage gar nicht aufgeworfen zu werden braucht, ob solches Verhalten, wie Einige behaupten, durch das positive Völkerrecht, oder wie Andere meinen, durch die Macht der immanenten Gerechtigkeit, oder durch das unabweisbare praktische Bedürfniß ausgeschlossen ist. Die gegenwärtige Lage ist thatsächlich die, daß der Gesetzgeber zwingende Veranlassung hat, zu den Kollisionsfragen, die sich aus der Koexistenz der Rechtsordnung ergeben, Stellung zu nehmen.

Dies die Betrachtung, welche auf den objektiven Gegenstand und die Veranlassung der Kollisionsnormen gerichtet ist. Damit ist aber das Wesen der Kollisionsnormen nicht klargestellt. Um diesem näher zu kommen, muß man sich einer anderen Betrachtungsweise zuwenden und die Frage aufwerfen: Welches ist der wesentliche Inhalt der Kollisionsnormen? Und hierauf läßt sich summarisch die Antwort geben: „Feststellung des Anwendungsbereiches der Rechtssätze". Diese Formulirung schließt zwei weitere der Lösung bedürftige Fragen in sich. Einerseits bedarf der Begriff des Anwendungsbereichs einer Erklärung und zweitens bleibt zu bestimmen, welche Rechtssätze in ihrem Anwendungsbereich durch die Kollisionsnormen bestimmt werden müssen.

Was den Begriff „Anwendungsbereich" betrifft, so ist die früher gang und gäbe Vorstellung heute notorisch unhaltbar, daß es sich nur um den örtlichen Anwendungsbereich der Rechtssätze handle. Das Savigny'sche Bild vom Sitze der Rechtsverhältnisse im Raum ist unzureichend geworden, seitdem die Staatsangehörigkeit im internationalen Privatrecht eine dominirende Stellung erlangt hat. Das positive internationale Privatrecht wird nicht mehr ausschließlich durch das Prinzip der Territorialität beherrscht, wie es zu Savigny's Zeit der Fall war. Vielmehr ist heute das uralte Prinzip der Personalität der Rechte zu neuem Leben erwacht, da an die Stelle der lex domicilii als Personalstatut in weitem Maße das Recht des Staates getreten ist, mit dem eine Person durch Staatsangehörigkeit verbunden ist. Daß die Staatsangehörigkeit eine räumliche Beziehung darstelle, wird zwar vielfach angenommen. Aber die Annahme beruht auf fälschlicher Identifizirung der Begriffe Staat und Staatsgebiet. Man muß sich vergegenwärtigen, daß die Staatsangehörigkeit nicht die Zugehörigkeit zum Staatsgebiet, sondern nur eine Summe von Rechtsbeziehungen zu den Personen und Behörden des Staates bezeichnet. Somit bezieht sich das gesetzgeberische Problem des Anwendungsbereiches der Rechtssätze auf die Feststellung der räumlichen und der persönlichen Momente, derjenigen Thatbestände, auf welche die Kollisionsnormen sich beziehen. Daneben kommen auch die zeitlichen Beziehungen jener Thatbestandsmomente in Frage, und sie spielen in vielen Beziehungen (man denke an das eheliche Güterrecht und die Testamentserrichtung) eine höchst wichtige Rolle. Doch hierauf braucht nicht näher eingegangen zu werden.

Was die vorhin bezeichnete zweite Frage betrifft, für welche Rechtssätze die Kollisionsnormen den Anwendungsbereich regeln, so ist man vielleicht bereit zu antworten: Nun, selbstverständlich für alle Rechtssätze, inländische und ausländische; denn das ist ja gerade die Veranlassung zur Aufstellung von Kollisionsnormen, daß der Herrschaftsbereich der verschiedenen Rechtsordnungen gegen einander abgegrenzt werden soll. Aber diese Antwort würde vorschnell sein. Die genauere Betrachtung des logischen Verhältnisses und des positiven Rechts lehrt, daß die Kollisionsnormen einer bestimmten Rechtsordnung sich darauf beschränken können, den räumlichen und persönlichen Anwendungsbereich lediglich der inländischen Rechtssätze zu regeln. Ein solches einseitiges Verfahren wird erstlich in den Fällen eingeschlagen, wo die Anwendung einheimischer Rechtssätze in absoluter Weise vorgeschrieben wird. Ich nenne solche Bestimmungen: „absolutistische Kollisionsnormen". Jenes Verfahren liegt zweitens auch dann vor, wenn für die einheimischen Rechtssätze zwar nur ein beschränkter Anwendungsbereich vorgeschrieben wird, aber nicht bestimmt wird, welches Recht für diejenigen Thatbestände maßgebend sein soll, auf welche die inländischen Rechtssätze keine Anwendung finden sollen. Die Kollisionsnormen dieser Art will ich „einseitige Kollisionsnormen" nennen. Drittens ist ein Verfahren der angegebenen Art auch dann gegeben, wenn für solche Thatbestände, auf die wegen ihrer ausländischen Beziehungen das regelmäßig anzuwendende einheimische Recht nicht Anwendung finden soll, besondere Vorschriften gegeben werden. Für dieses Vorgehen liefert ein allbekanntes Beispiel das römische Peregrinenrecht. Aus moderner Zeit gehört die ägyptische Fremdengesetzgebung hierher. Es kommen aber auch Vorschriften dieser Art für einzelne Thatbestände vor. Ich wähle für derartige Bestimmungen den Ausdruck: „spezielles Fremdenrecht".

Die drei genannten Arten von Kollisionsnormen haben, wie gesagt, gemeinsam, daß sie lediglich den Anwendungsbereich der heimischen Rechtssätze bestimmen. Die erste und dritte Art stimmen ferner darin überein, daß sie die Anwendung ausländischen Rechtes ablehnen. Die zweite Art hingegen lehnt die Anwendung und Anerkennung ausländischen Rechtes nicht ab. Sie läßt nur die Frage offen, inwiefern ausländisches Recht anzuwenden sei, läßt also in diesem Sinne die Anwendung ausländischen Rechtes zu; aber auch sie regelt nicht den Anwendungsbereich ausländischen Rechtes; sie bestimmt nicht, welche von mehreren in Betracht kommenden ausländischen Rechtsordnungen auf die in Frage stehenden Thatbestände angewendet werden sollen. Alle drei genannten Gattungen von Vorschriften möchte ich mit dem Ausdruck Kollisionsnormen niederer Ordnung zusammenfassen, weil sie die internationalistische Frage nicht internationalistisch lösen, vielmehr die Berücksichtigung ausländischen Rechtes theils völlig ablehnen, theils doch von der Normirung seiner Anwendung absehen. Es soll dabei nicht unerwähnt bleiben, daß einzelne Schriftsteller die einseitigen Kollisionsnormen als die einzig sachgemäße und wahrhaft internationalistische Art der Normirung betrachten, indem sie davon ausgehen, daß die einzelne Gesetzgebung ihre Zuständigkeit überschreite, wenn sie das Anwendungsgebiet ausländischer Rechtssätze normire. Diese Auffassung halte ich für gründlich falsch. Mit ihr abzurechnen ist hier nicht der Ort. Wer die einseitigen Kollisionsnormen im Sinne eines Werthurtheils für vollkommen hält, der mag in dem vorstehend gewählten Prädikat „unvollkommen" immerhin nur den Ausdruck des quantitativ geringeren Inhaltes finden. In diesem Sinne liegt die Unvollkommenheit klar zu Tage.

Den unvollkommenen Kollisionsnormen stelle ich als „vollkommene Kollisionsnormen" diejenigen Bestimmungen gegenüber, welche die internationalistische Frage inhaltlich erschöpfend regeln, das heißt, welche sowohl den Anwendungsbereich der inländischen Rechtssätze bestimmen als auch das ausländische Recht bezeichnen, das auf die übrigen Thatbestände Anwendung finden soll.

Wenn man die in Gesetzen und Gesetzesvorschlägen formulirten Kollisionsnormen dem vorstehend angegebenen Maßstab unterwirft und demgemäß festzustellen sucht, welcher der bezeichneten Gattungen jede einzelne Kollisionsnorm angehört, so wird man allerdings öfters in Verlegenheit gerathen und es wird nicht immer gelingen, die Subsumtion reinlich zu bewerkstelligen. Manchmal wird es ganz und gar zweifelhaft bleiben, welcher Gattung eine Bestimmung angehört. Auch ist nicht einmal immer mit Sicherheit zu entscheiden, ob eine gegebene Bestimmung überhaupt als Kollisionsnorm zu qualifiziren ist. Aber je klarer die gegebenen Sätze sind, um so leichter und zweifelloser wird die Subsumtion sein, und durch Auflösung und Umformelung der gegebenen Sätze wird man, wofern überhaupt der Inhalt klar feststellbar ist, stets eine den obigen Unterscheidungen adäquate Formulirung herstellen können.

Nicht anders verhält es sich auch mit denjenigen Rechtsgrundsätzen, die ich als „konkludente Kollisionsnormen" bezeichne. Ich verstehe darunter die Rechtsregeln über den Anwendungsbereich der Rechtssätze, die nicht als solche speziell formulirt sind, die sich vielmehr durch Interpretation aus anderen Rechtssätzen ergeben. Z. B. der § 779 des Entwurfes des Bürgerlichen Gesetzbuchs („Im Inland ausgestellte Schuldverschreibungen auf den Inhaber .... dürfen nur mit staatlicher Genehmigung in den Verkehr gebracht werden“) ist gewiß keine Kollisionsnorm. Es ergibt sich aber aus ihm mit Evidenz die Kollisionsregel: „Der § 779 des Bürgerlichen Gesetzbuchs findet auf im Auslande ausgestellte Schuldverschreibungen u. s. w. keine Anwendung“ und ferner wird man durch Interpretation daraus weiter den Satz folgern dürfen: „Inwiefern die im Auslande ausgestellten Schuldverschreibungen u. s. w. der staatlichen Genehmigung bedürfen, bestimmt sich nach dem am Ort der Ausstellung geltenden Recht“. Ist diese Interpretation richtig, so steckt konkludent in dem § 779 eine Kollisionsnorm, welche zu der Gattung gehört, die wir als vollkommene Kollisionsnormen bezeichneten, nämlich der Grundsatz: „Inwiefern Schuldverschreibungen u. s. w. der staatlichen Genehmigung bedürfen, bestimmt sich nach dem am Ort der Ausstellung gegebenen Recht“. Sollte die vorstehende Interpretation fehlgehen, so hätte man nur eine Kollisionsnorm von der Gattung der einseitigen. Konkludente Kollisionsnormen können sich auch aus ausdrücklichen Kollisionsnormen ergeben. Insbesondere können sich aus Kollisionsnormen, die ihrem Wortlaut nach einseitige sind, durch Interpretation vollkommene Kollisionsnormen ergeben. In dieser Weise hat z. B. die französische Praxis den Artikel 3 Alinea 3 des code civil („Les lois concernant l'état et la capacité des personnes régissent les français, même résidant en pays étranger“) interpretirt. Die Vorschrift spricht im Wortlaut nur vom Anwendungsbereich der französischen Gesetze. Die französische Praxis aber hat aus dieser formell einseitigen Kollisionsnorm den Grundsatz eruirt, daß für die Rechts- und Handlungsfähigkeit der Ausländer gleichfalls deren loi nationale maßgebend sei und so durch Interpretation eine vollkommene Kollisionsnorm des Inhalts statuirt: „État et capacité richten sich nach dem Nationalrecht“.

Nach diesen Ausführungen darf ich sagen: Die Artikel 6—30 ergeben, wenn man lediglich auf den Wortlaut des Gesetzestextes sieht, nachfolgende Statistik:

1. „Vollkommene Kollisionsnormen“ sind enthalten in: Artikel 6 Absatz 1, Artikel 10 Absatz 1, Artikel 16, Artikel 20.

2. „Einseitige Kollisionsnormen“ sind enthalten in Artikel 7, 8, 13, 15, 17, 18, 19, 21.

3. „Spezielles Fremdenrecht“ statuiren die Artikel 8 Absatz 2 und 3, Artikel 9, 11, 12 Absatz 2, 22, 23 Absatz 2, 25, 30.

4. „Absolutistische Kollisionsnormen" sind nur in Gestalt der clausula generalis des Artikels 39 vorhanden.

Es wird sich bei näherer Betrachtung ergeben, daß die Mehrzahl der in dieser Uebersicht nicht genannten Vorschriften dem Wortlaute nach allerdings keiner der aufgestellten Kategorien angehört, der Sache nach aber vollkommene Kollisionsnormen darstellt.

Bevor wir untersuchen, wie sich zu der Statistik der äußeren Fassung der durch Interpretation zu gewinnende Inhalt verhält, ist noch ein vorbereitender Blick auf diejenigen Begriffe angezeigt, die ich als Anknüpfungsmomente der Kollisionsnormen bezeichne. Es sind darunter die — lokalen und personalen — Thatbestandsmomente zu verstehen, an welche die Kollisionsnormen den Anwendungsbereich der Rechtssätze anknüpfen. Der Entwurf verwendet folgende Anknüpfungsmomente:

1. Staatsangehörigkeit einer physischen Person (Artikel 6, 8, 12, 13, 14, 16, 17, 18, 19, 20, 21, 22, 23, 24).
2. Staatsangehörigkeit eines Vereins (Artikel 9).
3. Wohnsitz (Artikel 7, 15, 23 Absatz 2, Artikel 28).
4. Aufenthaltsort (Artikel 28).
5. Ort der Vornahme eines Rechtsgeschäfts (Artikel 6 Absatz 3, Artikel 10, Artikel 12 Absatz 3).
6. Ort des Vermögens (Artikel 8 Absatz 2) oder einer Sache (Artikel 27).

Wie diese Statistik erkennen läßt, sind Anknüpfungsmomente lokaler Natur (Nr. 2 bis 6) nur in geringem Maße verwerthet. Das personale Anknüpfungsmoment der Staatsangehörigkeit herrscht augenfällig vor. Die nähere Betrachtung lehrt, daß diese Bevorzugung nicht nur quantitativer Art ist, sondern daß die Zugrundelegung der Staatsangehörigkeit das leitende Prinzip des Entwurfs in der Behandlung des internationalen Privatrechts ist. In Anlehnung an die bekannte Terminologie kann man sagen: Der Entwurf bevorzugt das Prinzip der Personalität gegenüber dem Prinzip der Territorialität, oder anders ausgedrückt: Der Entwurf steht auf dem Standpunkt des Nationalitätsprinzips. Mit dem Schlagwort des Nationalitätsprinzips ist auf dem Gebiete des internationalen Privatrechts vielfach Mißbrauch getrieben worden. Die Uebertreibungen der italienischen Jurisprudenz und deren Bekämpfung durch Strisower sind bekannt genug. Doch der Tadel ist nur gegenüber dem Mißbrauch berechtigt. Das Prinzip entspricht als legislatorisches

Leitmotiv durchaus dem modernen Bedürfniß und dem internationalen Rechtsbewußtsein. Es gehört ihm sicher die Zukunft. Daß dabei die Nationalität lediglich den exakten juristischen Begriff der **Staatsangehörigkeit** bedeuten darf, ist selbstverständlich.

Es konnte keinem ernstlichen Zweifel unterliegen, daß das Bürgerliche Gesetzbuch auf dem besonderen Gebiet, das man als dasjenige des **Personalstatuts** zu bezeichnen pflegt, das gemeinrechtliche Prinzip des **Wohnsitzrechts** (lex domicilii) durch das Prinzip des **Heimathrechts** (dieser Ausdrücke werde ich mich fortan bedienen) ersetzen mußte. Die Reichsgesetzgebung hat in der Wechselordnung (Artikel 84) und in den Gesetzen vom 11. Juni 1870 und vom 9. Januar 1876 (§§ 61, 62), sowie in einer Reihe von Verträgen mit ausländischen Staaten bereits das Prinzip des Heimathrechts angenommen. Im Verhältniß der deutschen Staaten gilt es mehrfach zufolge der Militärkonventionen. Partikularrechtlich herrscht es in den Gebieten des französischen Rechts (nur die rheinpreußische Praxis vertritt eine abweichende Anschauung) und im Königreich Sachsen. Die überwiegende Mehrzahl ferner der ausländischen Staaten huldigt dem gleichen Grundsatz. Die Annahme desselben im Bürgerlichen Gesetzbuch liegt in der Richtung der Entwicklungstendenz und trägt ein Wesentliches zur internationalen Harmonisirung des Rechts bei. Zugleich ist seine Aufnahme aber auch vom nationalen Standpunkt aus mit Freuden zu begrüßen. Bisher gilt im größten Theil Deutschlands (im Gebiet des gemeinen Rechts und in sämmtlichen preußischen Landestheilen) das Wohnsitzprinzip hinsichtlich der Fragen der Rechts- und Handlungsfähigkeit, sowie für die meisten Fragen des Eherechts, insbesondere für das eheliche Güterrecht, endlich für Vormundschaftsrecht und Erbrecht. Deutsche Gerichte haben demzufolge die Rechtsverhältnisse der im Ausland wohnenden Deutschen gerade in solchen Fragen, die mit nationalen und ethischen Anschauungen zusammenhängen, vielfach nach ausländischem Recht zu beurtheilen, während die ausländischen Gerichte, soweit für sie das Heimathprinzip gilt, ebendieselben Fragen grundsätzlich nach deutschem Recht zu beurtheilen haben. Das ist unerfreulich und widersinnig. Bei den im Ausland lebenden Deutschen wird dadurch das nationale Gefühl und das Vertrauen auf den nationalen Rechtsschutz nicht gestärkt. Umgekehrt wird durch Einführung des Prinzips des Heimathrechts dem in letzter Zeit gern herangezogenen „Civis Romanus sum“ ein energischer Nachdruck gegeben.

Aber, wie gesagt, die Rezeption des Heimathprinzips bedeutet im Entwurf nicht etwa nur die Stellungnahme in Betreff einer speziellen gesetzgeberischen Kontroverse. Vielmehr handelt es sich um die Grundlage des gesetzgeberischen Baues. Diesem Gesichtspunkt entspricht es, wenn im Folgenden das Recht des Entwurfs in der Weise erörtert wird, daß vorerst und hauptsächlich die Tragweite der Staatsangehörigkeit untersucht und sodann nur in den Umrissen das Gebiet der lokalen Anknüpfungsmomente festgestellt wird. Diese Darstellungsweise fügt sich nicht dem hergebrachten System, wonach die einzelnen Materien des internationalen Privatrechts nach der üblichen Ordnung des Civilrechts vorgetragen zu werden pflegen. Das Verfahren hat aber den Vorzug, das Neue und Eigenartige des Entwurfs schärfer zur Anschauung zu bringen und es schließt sich unmittelbar dem Vorgehen des Entwurfs an. Denn abgesehen von etlichen allgemeinen Grundsätzen, die der Entwurf für das ganze Gebiet des Privatrechts aufstellt, legt der Entwurf für die sämmtlichen ex professo geregelten Materien, nämlich für das Personen-, Familien- und Erbrecht lediglich das Staatsangehörigkeitsprinzip zu Grunde, während er die Gebiete des Sachen- und Obligationenrechtes, für welche augenscheinlich das Prinzip des „Sitzes des Rechtsverhältnisses im Raum" gelten soll, von der Regelung prinzipiell ausschließt und bezüglich ihrer nur einzelne und zwar solche Bestimmungen giebt, die wiederum das Staatsangehörigkeitsprinzip zur Anwendung bringen. Man kann also sagen, daß der Entwurf die Kodifizirung des internationalen Privatrechts grundsätzlich nur insoweit unternimmt, als das Prinzip der Staatsangehörigkeit reicht. Soweit das Savigny'sche Prinzip vom räumlichen Sitz der Rechtsverhältnisse weiterhin herrschen soll, greift der Entwurf nicht ein. Sieht man von Einzelheiten ab und nimmt es mit der Formulirung nicht zu genau, so kann man sagen: die Darstellung der Kollisionsnormen des Entwurfes ist die Erörterung des von dem Staatsangehörigkeitsprinzip beherrschten Theiles des künftig in Deutschland Geltung gewinnenden internationalen Privatrechts. Als Korrelat dazu erübrigt die Darstellung der Grundsätze über den räumlichen Anwendungsbereich der Gesetze. Diese hat der Entwurf nicht kodifizirt, sondern der Feststellung durch Praxis und Wissenschaft überlassen. Ihre Handhabung wird künftig in Anwendung auf das Bürgerliche Gesetzbuch nicht weniger Zweifel und Schwierigkeiten bereiten, als bisher.

Der Entwurf enthält, wie aus der vorhin aufgenommenen Statistik hervorgeht, nur wenige Kollisionsnormen, die ihrer Fassung nach „vollkommene" im Sinne der oben bezeichneten Terminologie sind. Was die Staatsangehörigkeit angeht, so zählen dahin nur die Artikel 6, 16 und 20. Nur in ihnen ist ausdrücklich und allgemein ausgesprochen, daß in den betreffenden Materien (Geschäftsfähigkeit, Ehescheidung, Alimentationspflicht des unehelichen Erzeugers) das Heimathrecht nicht nur für Deutsche, sondern auch für Ausländer maßgeblich sein solle. Die übrigen an die Staatsangehörigkeit anknüpfenden Kollisionsnormen bestimmen theils lediglich die Maßgeblichkeit der deutschen Gesetze für deutsche Staatsangehörige, theils lassen sie doch hinsichtlich eines erheblichen Kreises von Thatbeständen, an denen Ausländer betheiligt sind, die Frage nach dem anzuwendenden Recht unbeantwortet. In dem früheren VI. Buch verhielt es sich anders. Dort war das Heimathrecht fast durchgängig in Gestalt vollkommener Kollisionsnormen zur Geltung gebracht. Die Bestimmung des Anwendungsbereichs der ausländischen Gesetze stand bei den Redaktoren jenes VI. Buches sogar dermaßen im Vordergrund des Interesses, daß dem Buch die Ueberschrift gegeben wurde „Anwendung ausländischer Gesetze", während es sich doch hierum erst in zweiter Linie handelte und in erster Linie vielmehr der Anwendungsbereich der inländischen Gesetze bestimmt werden mußte und in jenen Vorschriften auch thatsächlich bestimmt war. Welche Erwägungen dazu geführt haben, nunmehr dem entgegengesetzten Extrem zu huldigen, läßt sich nur vermuthen. Die Umstände sprechen dafür, daß diplomatische Bedenken entscheidend gewesen sind, wahrscheinlich die Besorgniß vor Konflikten mit anderen Staaten und die Meinung, daß die Aktionsfreiheit der Reichsregierung beim Abschluß von Staatsverträgen durch das frühere Verfahren beengt sein würde. Es ist hier nicht der Ort, zu prüfen, inwieweit diese Bedenken begründet sind und ob sie das jetzt eingeschlagene Verfahren rechtfertigen. Für die Deutung der Vorschriften selbst sind ja solche Beweggründe überhaupt nur mit größter Vorsicht zu verwenden und sie kommen ganz gewiß nur dann in Betracht, wenn sie zuverlässig feststehen, was hier nicht der Fall ist. Nun ist nur so viel aus den Bestimmungen des Entwurfs deutlich zu entnehmen, daß einerseits in bewußter Tendenz und in weitestem Umfang die Maßgeblichkeit des deutschen Rechts für Deutsche hat zum Ausdruck gebracht werden sollen, daß andererseits die Maßgeblichkeit des Heimathrechts für Ausländer im Allgemeinen nicht hat ausgesprochen werden sollen. Von dem letzteren Gesichtspunkt weichen indessen nicht nur die Artikel 6, 16, 20, sondern auch die Artikel 12, 14, 22, 24 ab. Ausnahmsweise ist in den genannten Artikeln die Maßgeblichkeit des Heimathrechts ausdrücklich auch für Ausländer ausgesprochen hinsichtlich solcher rechtlicher Thatbestände, an denen außer Ausländern auch Deutsche unmittelbar betheiligt sind, oder die sich in Deutschland ereignen (Artikel 12), oder die in Folge des Wohnsitzes der Ausländer im Deutschen Reich (Artikel 14, 24) oder sonstiger eigenartiger Veranlassung (Artikel 22) dem Gesetzgeber besonders nahe legten, eine Erstreckung des Nationalitätsprinzips auch auf Ausländer auszusprechen. Es sind aber freilich weder diese Gesichtspunkte im Einzelnen methodisch durchgeführt, noch ist ersichtlich, welche besonderen Gründe dafür maßgebend gewesen sind, gerade in den Materien der Artikel 6, 16, 20 statt des sonstigen hinkenden Verfahrens das schlanke Mittel vollkommener Kollisionsnormen zu wählen.

Um das Wesen und die Konsequenzen des vom Entwurf eingeschlagenen Verfahrens klarzulegen und die daraus für die Rechtsanwendung resultirenden eigenthümlichen Probleme vor Augen zu führen, ist es nöthig, die Artikel 7, 8, 12, 13, 14, 17, 18, 19, 21, 22, 23, 24 im Einzelnen Revue passiren zu lassen.

Artikel 7 bestimmt, daß die deutschen Entmündigungsvorschriften auch auf Ausländer Anwendung finden, die im Inland Domizil oder — falls sie Vagabunden im Rechtssinn sind — Aufenthalt haben. Die Vorschrift ist insofern eigenthümlich, als die Hauptfrage, wie weit der Anwendungsbereich der deutschen Entmündigungsbestimmungen geht, nur bruchstückweise beantwortet ist. Es ist nicht ausgesprochen, daß Deutsche nach den deutschen Vorschriften entmündigt werden können, auch wenn sie im Auslande Wohnsitz beziehungsweise Aufenthalt haben. Daß dies der Fall sein soll, ist aber konkludent mit Bestimmtheit ersichtlich. Die Vorschrift will offenbar nur bestimmen, daß darüber hinaus die deutschen Bestimmungen auch auf Ausländer Anwendung finden sollen, wenn diese im deutschen Reich Domizil beziehungsweise als Domizillose Aufenthalt haben.

Der Artikel bestimmt nicht, welches Recht Anwendung finden soll auf Ausländer, die außerhalb Deutschlands domiziliren oder dort als vagabundi sich aufhalten; es ist aber klar, daß die deutschen Entmündigungsvorschriften hier keine Anwendung finden sollen. Ergänzend tritt allerdings Artikel 6 ein, nach welchem der gemäß seinem Heimathrecht entmündigte Ausländer so weit in der Geschäftsfähigkeit beschränkt ist, als es nach Inhalt seines Heimathrechtes der Fall ist. Ob und inwieweit aber im Uebrigen die Wirkungen ausländischer Entmündigungen anzuerkennen sind, bleibt eine offene Frage.

Artikel 8 bestimmt, daß die deutschen Vorschriften über die Todeserklärung Anwendung finden:

a) wenn ein Verschollener bei Beginn der Verschollenheit Deutscher war,

b) wenn ein Verschollener bei Beginn der Verschollenheit Ausländer war, aber im Inland seinen Wohnsitz hatte und seine Ehefrau Deutsche ist oder es bis zur Verheirathung war, vorausgesetzt, daß die Ehefrau ferner in Deutschland geblieben oder dahin zurückgekehrt ist, und daß sie die Todeserklärung beantragt.

Absatz 2 führt als spezielles Fremdenrecht eine Todeserklärung besonderer Art ein und kann hier einstweilen außer Betracht bleiben.

Der Artikel trifft keine Bestimmung darüber, welches ausländische Recht maßgebend sein soll bezüglich der Verschollenheit eines Ausländers, soweit die zu b) bezeichneten Thatbestandsmomente nicht vorliegen. Es bleibt also die Frage offen, ob und inwieweit von deutschen Rechtspflegeorganen eine von ausländischen Behörden ausgesprochene Verschollenheits-, Abwesenheits-, Todeserklärung anzuerkennen ist; desgleichen die Frage, inwieweit ohne eine solche Erklärung Verschollenheit anzunehmen ist und mit welchen Wirkungen; (so z. B. treten nach dem Recht mancher Gliedstaaten von Nordamerika gewisse Wirkungen der Verschollenheit ohne Weiteres nach fünfjähriger, siebenjähriger, fünfzehnjähriger nachrichtloser Abwesenheit ein). Man kann nicht sagen, daß die Anwendung der deutschen Gesetze auf jene Thatbestände durch Artikel 8 offenbar ausgeschlossen sei. Denn es ist die Auffassung an sich möglich, daß sich aus dem Absatz 2 die Konsequenz völliger Ablehnung des ausländischen Rechtes ergebe. Davon kann hier aber abgesehen werden, wo es sich lediglich darum handelt, die Vorschriften festzustellen, welche ihrem *Wortlaut* nach einseitige Kollisionsnormen sind. Diese Feststellung präjudizirt nicht der Möglichkeit, durch Interpretation die scheinbar einseitigen Kollisionsnormen als *absolutistische* zu entlarven.

Artikel 12 bestimmt, daß für die *Eingehung der Ehe* in Ansehung jedes der Verlobten dessen Heimathrecht maßgebend ist:

a) bei allen im Inland eingegangenen Ehen;

b) bei allen Ehen, bei denen ein deutscher Nupturient betheiligt ist.

Von der Ausnahmevorschrift des zweiten Absatzes kann einstweilen abgesehen werden.

Der Artikel bestimmt nicht, welches Recht maßgebend sein soll für die Eingehung einer Ehe im Auslande zwischen Ausländern (abgesehen von dem im zweiten Absatz enthaltenen Spezialfall). Doch ist nach der Fassung und dem Zusammenhang so viel zweifellos, daß für solche Eheschließungen die deutschen Gesetze nicht maßgebend sein sollen.

Artikel 13 bestimmt, daß das deutsche Recht maßgebend sein soll für die *persönlichen Rechtsbeziehungen*

a) deutscher Ehegatten,

b) wenn früher beide Ehegatten Reichsangehörige gewesen sind später aber der Ehemann die Reichsangehörigkeit verloren, die Frau jedoch sie behalten hat.

Der Artikel bestimmt nicht, welches Recht Anwendung finden soll auf Ehen, in denen auch nur ein Theil nicht das deutsche Indigenat besitzt, ausgenommen den zu b) bezeichneten Fall.

Artikel 14 bestimmt, daß für das eheliche Güterrecht das Heimathrecht des Ehemannes zur Zeit der Eheschließung maßgebend sein soll:

a) wenn der Ehemann zur Zeit der Eheschließung Deutscher war,

b) wenn der Ehemann nach Eingehung der Ehe die Reichsangehörigkeit erwirbt,

c) wenn (und so lange) ausländische Ehegatten ihren Wohnsitz im Inlande haben.

Der Artikel bestimmt nicht, welches Recht für das eheliche Güterrecht maßgebend sein soll, wenn der Ehemann zur Zeit der Eheschließung Ausländer war und weder der Ehemann später die Reichsangehörigkeit erworben hat, noch auch die Eheleute Wohnsitz im Inlande genommen haben.

Artikel 17 bestimmt, daß die deutschen Gesetze für die Ehelichkeit eines Kindes maßgebend sein sollen, wenn der Ehemann der Mutter zur Zeit der Geburt Deutscher ist. Wenn der Vater Ausländer ist, sollen die deutschen Gesetze nicht Anwendung finden. Welche Gesetze in diesem Fall zu Grunde gelegt werden sollen, ist nicht ausgesprochen.

Artikel 18 bestimmt, daß die deutschen Gesetze für das Rechtsverhältniß zwischen Eltern und ehelichen Kindern maßgebend sein sollen:

a) wenn der Vater Deutscher ist, und nach dem Tode des Vaters, wenn die Mutter Deutsche ist,

b) wenn das Kind die deutsche Reichsangehörigkeit besitzt und der Vater (und nach dessen Tode die Mutter) die Reichsangehörigkeit zwar nicht besitzt, aber sie früher besessen hat.

Der Artikel bestimmt nicht, welches Recht maßgebend sein soll, wenn der Vater (bezw. die Mutter) die Reichsangehörigkeit nicht hat (ausgenommen den unter b bezeichneten Fall). Daß andererseits die deutschen Gesetze hier nicht maßgebend sein wollen, liegt auf der Hand.

Artikel 19 bestimmt, daß die deutschen Gesetze maßgebend sein sollen für das Rechtsverhältniß einer deutschen Mutter zu ihrem unehelichen Kinde. Er bestimmt nicht, welches Recht maßgebend sein soll, wenn die Mutter Ausländerin ist.

Artikel 21 bestimmt:

a) daß die deutschen Gesetze Anwendung finden sollen auf die Legitimation und Adoption, wenn der Erzeuger bezw. der Adoptivvater die Reichsangehörigkeit besitzt,

b) daß die deutschen Vorschriften, welche die Einwilligung des Kindes oder eines Dritten fordern, zu dem das Kind in einem familienrechtlichen Verhältniß steht (also §§ 1702 ff., 1723 ff. B.G.B), Anwendung finden sollen, wenn das Kind die Reichsangehörigkeit besitzt, der Erzeuger bezw. Adoptivvater aber Ausländer ist.

Die deutschen Gesetze sollen also nicht Anwendung finden, wenn der Erzeuger bezw. Adoptivvater Ausländer ist, ausgenommen in der unter b) bezeichneten Hinsicht und unter der dort angegebenen besonderen Voraussetzung. Welches Recht Anwendung finden soll, ist nicht gesagt.

Artikel 22 zeigt sich gegenüber der hier angestellten Untersuchung im ersten Moment spröde. Der Artikel bestimmt, daß unter gewissen Voraussetzungen im Inland eine Vormundschaft oder Pflegschaft auch über einen Ausländer angeordnet werden kann. Dem Wortlaut nach ist somit hier der Anwendungsbereich des materiellen Vormundschaftsrechts gar nicht bestimmt. Es wäre an und für sich denkbar und ist durch den Wortlaut des Artikels nicht ausgeschlossen, daß für die Führung einer über Ausländer eingeleiteten Vormundschaft das Heimathrecht des Bevormundeten als maßgebend behandelt würde. Indessen kommt diese Möglichkeit praktisch nicht ernstlich in Betracht. Solche Behandlung würde unausführbar sein. Der Artikel 22 selbst giebt übrigens wenigstens Anhaltspunkte für die allein rationelle Annahme, daß die im Inland eingeleitete Vormundschaft auch gemäß dem inländischen materiellen Vormundschaftsrecht zu führen ist. Einmal spricht dafür die Wendung „auch über einen Ausländer". Hier tritt der Gedanke zu Tage, daß wie regelmäßig für Inländer gerade so ausnahmsweise auch für Ausländer die Vormundschaft oder Pflegschaft eingeleitet und geführt werden könne. Ferner spricht kraft argumentum e contrario für die Maßgeblichkeit des deutschen Rechts hinsichtlich der Führung der Vormundschaft die Voraussetzung, daß der Ausländer nach den Gesetzen seines Staates der Fürsorge bedarf. Sollte auch für die Führung selbst das Auslandsrecht maßgebend sein, so hätte das gegensätzlich hervorgehoben werden müssen.

Hiernach bestimmt der Artikel zwar nicht wörtlich, aber doch sachlich den Anwendungsbereich des deutschen Vormundschaftsrechts, und zwar dahin, daß die deutschen Vorschriften für die Führung aller im Inland geführten Vormundschaften maßgebend sein sollen. In diesem Sinn bestimmt der Artikel, daß die deutschen Gesetze Anwendung finden sollen:

a) auf alle Deutsche (arg. „auch über einen Ausländer"),

b) auf Ausländer:

I. wenn sie nach ihrem Heimathrecht der vormundschaftlichen Fürsorge bedürfen und der Heimatastaat diese Fürsorge nicht übernimmt,

II. wenn sie im Inland entmündigt sind.

Es ist hiernach klar, daß die deutschen Gesetze nicht Anwendung finden sollen auf die im Ausland über Ausländer geführten Vormundschaften, ferner auch nicht für die Frage, inwieweit ohne Einleitung einer Vormundschaft gesetzliche Vormundschaften über Ausländer anzuerkennen sind, sei es, daß diese im Ausland oder im Inland leben. Welches Recht hier maßgebend sein soll, spricht der Artikel nicht aus.

Artikel 23 und 24 bestimmen:

a) daß die deutschen Gesetze auf die Beerbung aller deutschen Staatsangehörigen Anwendung finden, ohne Rücksicht auf den Wohnsitz,

b) daß für die Giltigkeit letztwilliger Verfügungen eines Deutschen der früher Ausländer war, das Recht des Staates maßgebend sein soll, dem er zur Zeit der Errichtung angehörte,

c) daß, wenn ein Ausländer sein letztes Domizil im Inlande hatte, für seine Beerbung das Heimathrecht maßgebend sein soll.

Hiernach bleibt die Frage offen, welches Recht maßgebend sein soll, wenn Ausländer sterben, die beim Tode nicht in Deutschland domiziliren.

Hinsichtlich aller der Thatbestände, für die nach Vorstehendem das maßgebliche Recht in den besprochenen Artikeln nicht bestimmt ist, erhebt sich nun die Frage, wie sich die Rechtsanwendung dem Schweigen des Gesetzes gegenüber zu gestalten habe. Es ist nicht die Aufgabe dieses Vortrages, eine Kasuistik dieser Frage zu geben. Andererseits würde auch eine lediglich abstrakte Darlegung der theoretischen Grundlagen den hier verfolgten Zwecken nicht entsprechen. Es sollen darum im Folgenden Stichproben aus den einzelnen Materien gegeben werden, welche ein Bild davon gewähren, in welcher Weise deutsche Rechtspflegeorgane sich mit den im Gesetz nicht ausdrücklich normirten Thatbeständen zu befassen haben werden.

Entmündigung. — Ein Beispiel: Art. 330 des italienischen Zivilgesetzbuchs schreibt vor, daß der Ehegatte einer wegen Geisteskrankheit entmündigten Person gesetzlicher Vormund der letzteren ist. Wenn nun ein Italiener von einem italienischen Gericht, dem italienischen Recht entsprechend, entmündigt worden ist, ist dann seine Ehefrau in Deutschland als gesetzliche Vertreterin zuzulassen? Die Frage ist durch den Wortlaut des Artikels 7 (vergl. auch Artikel 6 und 22) nicht gedeckt. Sachlich ist an der Bejahung nicht zu zweifeln, zumal in diesem Fall gemäß Artikel 22 die Einleitung einer Vormundschaft oder Pflegschaft in Deutschland nicht zulässig ist, da ja durch jenen Artikel 330 der italienische Staat die Fürsorge übernommen hat.

Todeserklärung. — Ueber einen Franzosen ist von einem französischen Gericht „jugement de déclaration d'absence“ ausgesprochen.

Die Ehefrau und minderjährige Kinder sind zurückgeblieben. Nach Artikel 141 des code civil tritt die Ehefrau in alle Rechte des Verschollenen bezüglich der Minorennen ein. Sie wird nicht Vormünderin, sondern gesetzliche Vertreterin kraft Spezialrechts. Ist sie als solche vor deutschen Behörden zuzulassen? Daß die französische „déclaration d'absence“ als wirksam anzuerkennen sei, ist in Artikel 8 und 22 nicht ausgedrückt. Die Bejahung unterliegt trotzdem auch hier keinem Zweifel.

Eheschließung. — Nach den geltenden Kompetenzbestimmungen (§ 568 C. P. O.) können deutsche Gerichte jeden Tag in die Lage kommen, die Giltigkeit von Ehen zu beurtheilen, die im Auslande von Ausländern geschlossen sind. Der Entwurf trifft für diesen Thatbestand keine Bestimmung. Nebenbei bemerkt ist vom Standpunkt des Entwurfs aus nicht recht verständlich, warum dies nicht wenigstens für den Fall geschehen ist, daß die Eheleute später Deutsche geworden sind. Durch Heraushebung dieses Thatbestands würde sich freilich die hinkende Methode des Entwurfs besonders unvortheilhaft präsentirt haben. Aber in der Sache selbst würde solche Bestimmung gegenüber dem sonstigen Verfahren des Entwurfs nur konsequent sein. Es unterliegt auch hier keinem Bedenken, den in Artikel 12 für Eheschließungen von Deutschen und von Ausländern in Deutschland ausgesprochenen Grundsatz auf die von Ausländern im Ausland geschlossenen Ehen auszudehnen.

Persönliche Rechtsbeziehungen der Ehegatten zu einander. — Im Sinne des Artikels 13 sind unter dieser Bezeichnung nur die Vorschriften der §§ 1336, 1337, 1338, 1339 B. G. B. (Pflicht zur Lebensgemeinschaft, zur ehelichen Folge, Familienname, Haushaltungspflicht) zu verstehen, wie sich daraus ergiebt, daß die Vorschriften der §§ 1340, 1345 (Schlüsselgewalt, Muzianische Präsumtion), die nicht einen Bestandtheil des ehelichen Güterrechts im speziellen Sinn des Wortes bilden, in Artikel 15 dem ehelichen Güterrecht im Sinn des Artikels 14 zugerechnet sind. Sofern die Verletzung jener persönlichen Verpflichtungen im Wege des Scheidungsverfahrens geltend gemacht wird, tritt Artikel 16 maßgebend ein. Als wichtigster nach Artikel 13 zu beurtheilender Gegenstand ergiebt sich hiernach der Anspruch auf Herstellung des ehelichen Lebens. Dieser Anspruch kann nach geltendem Recht auch in Bezug auf eine reine Ausländerehe vor deutschen Gerichten geltend gemacht werden, und der Entwurf, der für solche Ehen das maßgebliche Recht nicht bestimmt, enthält somit auch hier eine von der Judikatur auszufüllende Lücke. Gehören beide Eheleute demselben auswärtigen Staat an, so liegt die Entscheidung nach Analogie des ersten Absatzes des Artikels 13 nahe. Gehören die Ehegatten verschiedenen Staaten an, so gelangt man mittels Analogie des zweiten

Absatzes des Artikels 14 zur Maßgeblichkeit des Heimathrechtes des Ehemannes.

Eheliches Güterrecht. — Deutsche Gerichte haben das in einer Ausländerehe geltende Güterrecht nicht nur für solche Fälle zu beurtheilen, in denen die Eheleute im Inland domiziliren, sondern auch für die Fälle ausländischen Domizils. So z. B. wenn Vermögen solcher Eheleute sich in Deutschland befindet, wegen Verbindlichkeiten des Mannes mit Arrest oder Zwangsvollstreckung in Anspruch genommen ist und die Ehefrau die Interventionsklage anstellt. — Es halten sich allezeit zahlreiche ausländische Ehepaare in Deutschland ohne Wohnsitzbegründung auf, theilweise in regelmäßiger Wiederholung und auf längere Zeit. Auf sie alle beziehen sich Artikel 14 und 15 nicht. Soll etwa für ihr eheliches Güterrecht, abweichend von dem Prinzip dieser Artikel, schlechthin die lex rei sitae zur Anwendung gebracht werden? Es ist Ausländern nicht verwehrt, Eigenthum oder Hypotheken an deutschen Immobilien zu erwerben, ohne Domizil in Deutschland zu nehmen. Soll, wenn solche Eheleute im Grundbuch eingetragen stehen, ihr Dispositionsrecht anders behandelt werden, als wenn sie in Deutschland Domizil hätten? Und ferner, wenn ein Ehepaar zur Zeit der Erwerbung eines Immobiliarrechtes seinen Wohnsitz in Deutschland hatte, soll die Verlegung des Wohnsitzes ins Ausland die Wirkung haben, daß das Güterrecht des Bürgerlichen Gesetzbuchs maßgebend wird? Die Antwort auf alle diese Fragen muß, wie ich meine, vernünftiger Weise verneinend lauten. Das in Artikel 14 enthaltene Prinzip muß weiter erstreckt werden, als der Wortlaut reicht. Selbstverständlich müssen gemäß Artikel 15 auch die §§ 1418, 1340, 1345, 1388 B. G. B. entprechend angewendet werden.

Eheliche Abstammung. — Die im Artikel 17 außer Betracht gelassene Frage der ehelichen Abstammung für den Fall, daß der Ehemann der Mutter Ausländer ist, kann für deutsche Rechtspflegeorgane z. B. als Vorfrage der Staatsangehörigkeit des Kindes praktisch werden. Sie ist ferner als Präjudizialfrage entscheidungsbedürftig in zahlreichen vermögensrechtlichen, insbesondere erbrechtlichen Streitfällen, bei denen es sich um ausländische Personen und inländisches Vermögen handelt. Auch können Legitimitäts- oder Illegitimitätsklagen nach geltendem Recht von Ausländern gegen Ausländer vor deutschen Gerichten angestellt werden, wenn der Beklagte seinen persönlichen Gerichtsstand in Deutschland hat. Dies entspricht auch entschieden dem Bedürfniß. Noch offenbarer ist das Bedürfniß der Zuständigkeit deutscher Gerichte dann, wenn der Ehemann der Mutter zur Zeit der Geburt Ausländer war und später Deutscher geworden ist. — Daß die deutschen Gerichte in allen diesen Fällen gleichfalls das Heimathrecht des Ehemanns zur Zeit der Geburt des

Kindes zu Grunde zu legen haben, ergiebt sich mit methodischer Nothwendigkeit.

Rechtsverhältniß zwischen Eltern und ehelichen Kindern. — Klagen auf Alimentation, Ausstattung, Herausgabe von Kindesvermögen können auch zwischen ausländischen Eltern und Kindern vor deutschen Gerichten angestrengt werden. Auch für die Ansprüche dritter Personen gegen das Kind ist z. B. die Frage des väterlichen Nießbrauchs (vergl. § 1636 B.G.B.) mitunter von größter Wichtigkeit, desgleichen die Unterhaltspflicht der Eltern (actio negotiorum gestorum, Versionsklage wegen Schulden eines Kindes gegen die Eltern!) Prinzipgemäß muß für alle diese Fragen das Heimathrecht des Vaters bezw. der Mutter zu Grunde gelegt werden.

Rechtsverhältniß zwischen unehelichen Kindern und deren Mutter. — Wenn die Mutter Ausländerin ist, so ist nach Artikel 19 das deutsche Recht nicht maßgebend. Es ist aber zweifellos, daß Alimentationsklagen zwischen Mutter und Kind, actio de partu agnoscendo, ferner die Vertretungsbefugniß der Mutter und andere einschlägige Fragen der Kognition deutscher Gerichte zufallen können, auch wenn die Mutter Ausländerin ist. Es leuchtet ein, daß auch hier das Heimathrecht der Mutter zu Grunde gelegt werden muß, obwohl wiederum der Artikel 19 es ablehnt, für solche Thatbestände das Prinzip allgemein auszusprechen.

Legitimation. Adoption. — Wie die eheliche Abstammung, so ist auch die Legitimation als Begründungsakt für die Staatsangehörigkeit von Ausländern gegebenen Falls von deutschen Behörden zu prüfen. Es ist kein Zweifel, daß diese Prüfung in Uebereinstimmung mit dem in Artikel 21 für Deutsche ausgesprochenen Prinzip gemäß dem Heimathrecht des Vaters zu erfolgen hat. In gleicher Weise haben deutsche Gerichte auch dann zu verfahren, wenn die Legitimation oder Adoption als Präjudizialpunkt eines zivilistischen Rechtsverhältnisses in Frage steht. Es handele sich z. B. um eine (gemäß Artikel 23 nach deutschem Recht zu beurtheilende) Erbschaft eines Deutschen. Dessen Sohn ist Bürger in einem Gliedstaat der Vereinigten Staaten von Amerika geworden, welcher die Legitimation nicht kennt. Der Sohn hat die Mutter seines vorehelich gezeugten Kindes geheirathet und ist vor seinem Vater gestorben. Sein Kind gilt nicht als legitimirt und ist demzufolge zur Erbschaft des Großvaters nicht berufen. Man wird nicht behaupten wollen, daß nach Artikel 23 auch die Vorfrage der Legitimation nach dem Heimathrecht des Erblassers zu beurtheilen sei. Denn Artikel 21 beschränkt hinsichtlich der Legitimation den Anwendungsbereich der deutschen Gesetze auf die Legitimation der Kinder deutscher Väter. Es ist daher nur die Frage offen, welches ausländische Recht zu Grunde zu legen sei, und diese Frage ist in dem bezeichneten Sinne zu beantworten.

Vormundschaft. — Unter den von Artikel 22 offen gelassenen Fragen ist von der größten praktischen Bedeutung für deutsche Rechtspflegeorgane die Legitimation eines im Auslande bestellten oder unmittelbar kraft Gesetzes berufenen Vormundes. Die Fassung des Artikels 23 ist derart, daß sich noch deutlicher als in den vorher erörterten Fällen das Heimathrecht der Person, deren Bevormundung in Frage steht, als maßgeblich erweist.

Erbrecht. — Wenn ein in Deutschland reisender Ausländer stirbt, so enthält für diesen Fall Artikel 24 keine Bestimmung, obwohl möglicher Weise (der Ausländer führt sein ganzes Vermögen bei sich, die Erben wohnen in Deutschland) die Nachlaßregulirung von Anfang bis zu Ende in Deutschland stattfindet. Offenbar ist der Fall von deutschen Gerichten nicht anders zu behandeln, als wenn der Ausländer sein Domizil in Deutschland gehabt hätte.

Aus den vorstehenden, nur von ungefähr herausgegriffenen Proben ergiebt sich soviel zur Genüge, daß Wissenschaft und Praxis dasjenige, was der Entwurf zu thun abgelehnt hat, alsbald ihrerseits nachholen müssen und werden. Es ergiebt sich aber auch, daß die Auffindung und Formulirung des Prinzips für die seitens des Entwurfs von der gesetzlichen Regelung ausgeschlossenen Thatbestände im Allgemeinen keine Schwierigkeit bereitet, daß die Lücken des Entwurfs in der angegebenen Beziehung nur Lücken in den Worten, nicht Lücken in der Sache sind. Der Jurisprudenz ist der einzuschlagende Weg deutlich vorgezeichnet. Sie wird mit den besprochenen Artikeln so verfahren, wie es die französische Jurisprudenz hinsichtlich des Artikels 3 Absatz 3 des code civil (siehe oben S. 11) gethan hat. Die Formulirungen des Entwurfs in den besprochenen Artikeln werden von der Jurisprudenz nur als sichtbare Theile eines im Uebrigen verhüllten, aber dennoch zweifellos vorhandenen und wirksamen Ganzen angesehen werden, wie bei den Kundigen feststeht, daß der Mond als Ball existirt, auch wenn er nur als Sichel erscheint.

Ein sachlicher Unterschied in der Behandlung der zuletzt besprochenen Materien und der in Gestalt vollkommener Kollisionsnormen in den Artikeln 6, 16, 20 geregelten Materien (Geschäftsfähigkeit, Ehescheidung, Alimentationspflicht) besteht demnach nicht. Es kann demnach einstweilen konstatirt werden, daß das Prinzip des Heimathrechts die Gebiete des Personenrechts, Familienrechts, Erbrechts beherrscht.

Allgemein bestimmt Artikel 28, daß für eine Person, die keinem Staat angehört, das Recht des Staates maßgebend ist, dem sie zuletzt angehört hat, und wenn sie auch früher einem Staat nicht angehört hat, das Wohnsitzrecht, in Ermangelung eines Wohnsitzes das Recht des Aufenthaltsorts. Diese Vorschriften sind sachgemäß, und nur in dem einen Punkt wäre wohl eine Aenderung erwünscht, daß in Ermangelung eines Wohnsitzes nicht ohne Weiteres der Aufenthaltsort, sondern der letzte frühere Wohnsitz als maßgebend erklärt würde, wie es in der Doktrin des internationalen Privatrechts ziemlich allgemein befürwortet wird.

Artikel 28 läßt Bestimmungen darüber vermissen, wie es zu halten ist, wenn eine Person mehreren Staaten angehört, sowie wenn sie keinem Staat angehörend ein mehrfaches Domizil hat. Der letztere Fall mag so selten vorkommen, daß von seiner Normirung ohne praktischen Schaden abgesehen werden kann. Dagegen spielt der erstere Fall praktisch eine wichtige Rolle. Namentlich ergiebt sich mehrfache Staatsangehörigkeit in den zahlreichen Fällen, wenn das Heimathrecht der Eltern bestimmt, daß auch im Ausland geborene Kinder den Eltern folgen, während das Recht des ausländischen Geburtsorts allen im Territorium geborenen Kindern die dortige Staatsangehörigkeit zuweist. Die in Argentinien, Brasilien, Chile, Peru geborenen Kinder deutscher Eltern haben zufolge solcher Rechtslage sämmtlich von der Geburt an doppelte Staatsangehörigkeit. Hier bietet nun die Fassung der Artikel 7, 8, 12, 13, 14, 17, 18, 19, 21, 22, 23, 24 den Vortheil, daß sie den richtigen Grundsatz zweifellos erkennen läßt: Wenn mit deutschem Indigenat ein fremdes konkurrirt, so ist lediglich die deutsche Staatsangehörigkeit maßgebend. Zweifel erübrigen nur für den Fall mehrfacher ausländischer Staatsangehörigkeit. Hier läßt uns der Entwurf thatsächlich im Stich. Die sachgemäße Entscheidung wird die sein, daß bei successiver Erwerbung der mehreren Staatsangehörigkeiten die zuletzt erworbene Staatsangehörigkeit entscheidend ist, bei gleichzeitiger Erwerbung aber das Wohnsitzrecht, äußerstenfalls das Recht des Aufenthaltsorts.

Der Entwurf läßt ferner die Frage unbeantwortet, wie es zu halten ist, wenn und soweit in dem Heimathland an verschiedenen Orten verschiedenes Recht gilt, eine Eventualität, die unter allen Gesetzgebungen allein das japanische Zivilgesetzbuch in Artikel 6 regelt und zwar dahin, daß das Recht des Domizils maßgebend sein soll. Es bleibt in der That schwerlich eine andere Entscheidung übrig, wenn man nicht etwa zu dem letzten Domizil im Heimathstaat greifen will, was aber doch zu willkürlich ist, um ohne gesetzliche Bestimmung zur Anwendung gebracht werden zu dürfen.

Eine fernere Frage von allgemeiner Bedeutung für die Durchführung des Staatsangehörigkeitsprinzips wird in Artikel 26 berührt. Das Problem ist unter dem Stichwort „Rück- und Weiterverweisungstheorie" neuerdings vielfach verhandelt worden. Der Artikel 26 giebt dem Grundsatz der Rückverweisung in gewissem Maße positive Geltung, indem er bestimmt, daß die in Artikel 6 Absatz 1, Artikel 12 Absatz 1, Artikel 14 Absatz 2, Artikel 16 Absatz 1, Artikel 24 enthaltene Verweisung auf ausländisches Recht außer Kraft treten und anstatt des dort für maßgeblich erklärten ausländischen Rechts das deutsche Recht Anwendung finden soll, wenn das in Bezug genommene ausländische Recht auf das deutsche Recht zurückverweist.

Beispiele mögen die Tragweite dieser Vorschriften veranschaulichen.

Ein Däne hat, im Alter von 24 Jahren stehend, während er in Kiel Domizil hatte, in Kopenhagen eine Schenkungsurkunde ausgestellt. Nach dänischem Recht ist er minderjährig, da in Dänemark die Großjährigkeit erst mit dem vollendeten 25. Lebensjahr eintritt. Deutsche Gerichte haben zufolge des Artikels 6 die Geschäftsfähigkeit regelmäßig nach dem Heimathrecht zu beurtheilen. Ohne die Bestimmung des Artikels 26 würde daher der Däne als Minderjähriger zu behandeln und auch die Frage, ob er als solcher zu Schenkungsakten fähig sei, nach dänischem Recht zu beurtheilen sein. Nach dänischem Gewohnheitsrecht ist aber die lex domicilii für die Beurtheilung der Geschäftsfähigkeit maßgebend. Dänische Gerichte würden den gegebenen Fall nach deutschem Recht beurtheilen. Demzufolge haben gemäß Artikel 26 die deutschen Gerichte die Geschäftsfähigkeit ebenfalls nach deutschem Recht zu beurtheilen.

Eine 15jährige Argentinierin will in Deutschland, während sie daselbst domizilirt, zur Ehe schreiten. Nach dem argentinischen Ehegesetz von 1889 (§ 9) tritt die Ehemündigkeit weiblicher Personen mit 12 Jahren ein. Gemäß Artikel 12 des Entwurfs ist die Eingehung der Ehe in Ansehung eines jeden der Verlobten nach dessen Heimathrecht zu beurtheilen. Nach dem argentinischen Zivilgesetzbuch (Artikel 7) ist aber die Geschäftsfähigkeit nach dem Wohnsitzrecht zu beurtheilen. Zufolge Artikel 26 ist deshalb für den gegebenen Fall das deutsche Recht maßgebend, und die Ehe kann nicht geschlossen werden. Würde es sich um eine 15jährige Italienerin handeln (nach Artikel 55 des italienischen Zivilgesetzbuchs werden weibliche Personen mit 15 Jahren ehemündig), so würde der Eheschließung nichts im Wege stehen, da nach Artikel 6 des italienischen Zivilgesetzbuchs die Fähigkeit zur Eheschließung sich nach dem Heimathrecht richtet.

Ein englisches Ehepaar hat sein erstes und einziges Domizil in

Deutschland. Nach Artikel 14 ist für das eheliche Güterrecht im Allgemeinen das Heimathrecht des Ehemannes maßgebend. Da aber das englische common law hinsichtlich des ehelichen Güterrechts die lex domicilii für maßgebend erklärt, so gilt gemäß Artikel 26 diese auch für uns als maßgebend. Das Ehepaar lebt also nach deutschem Güterrecht. Ein französisches Ehepaar würde unter gleichen Umständen nach französischem Güterrecht leben, da das französische Recht keine Vorschrift enthält, welche auf die lex domicilii verweist.

(Die französische Judikatur steht auf dem Standpunkt, daß die aus den obwaltenden Umständen sich ergebende Intention der Nupturienten für das eheliche Güterrecht maßgebend sei. Sie neigt dazu, auf dieser Basis das am ersten Ehedomizil geltende Güterrecht für maßgebend zu erklären. Ein entsprechender Rechtssatz existirt aber nicht.)

Ein Bürger der Vereinigten Staaten von Amerika stirbt, in Deutschland domizilirend. Nach Artikel 24 ist für die Erbfolge regelmäßig das Recht des Heimathstaates maßgebend. Da aber nach nordamerikanischem common law für das Erbrecht das Recht des letzten Wohnsitzes maßgebend ist, so hat es gemäß Artikel 26 dabei auch für Deutschland sein Bewenden. Die Erbfolge eines Franzosen, Italieners, Spaniers, Schweden müßte unter gleichen Umständen nach dem Heimathrecht beurtheilt werden.

Man sieht, daß, wenn der Entwurf Gesetz wird, die in Deutschland wohnenden Ausländer in zwei Klassen zerfallen: solche, die nach ihrem Heimathrecht und solche, die nach deutschem Recht beurtheilt werden. Zu der ersteren Klasse gehören Oesterreicher, Holländer, Belgier, Franzosen, Spanier, Portugiesen, Italiener, Griechen, Rumänen, Schweden, die Angehörigen der zentralamerikanischen und der meisten südamerikanischen Staaten; zu der zweiten Klasse gehören: Engländer, Nordamerikaner, Dänen, Norweger, Argentinier.

Zweifelhaft erscheint die Entscheidung für diejenigen Ausländer, in deren Heimathort örtliche Rechtsverschiedenheiten bezüglich der Grundsätze des internationalen Privatrechts bestehen, zum Beispiel für die Russen. Für Liv-, Est- und Kurland ist gesetzlich die lex domicilii bezüglich der Mehrzahl der in Rede stehenden Rechtsfragen maßgebend; es müßte also hiernach das deutsche Recht angewendet werden. Für das polnische Gebiet aber zufolge des code civil und für das übrige Rußland auf Grund einer konstanten Praxis gilt das Heimathrecht als maßgebend. Die grundsätzliche Lösung wird die sein müssen, daß das est-, liv- und kurländische Recht als ein bloßes Provinzialrecht nicht in Betracht gezogen wird und für alle Russen das Heimathrecht prinzipiell maßgebend ist, da man nicht sagen kann, daß „das Recht des russischen

Staates" die lex domicilii vorschreibe. Die Schwierigkeit ist damit aber nicht gelöst, sondern nur auf einen anderen Punkt gerückt, da sich ja nunmehr wieder von einer anderen Seite der Umstand geltend macht, daß in Rußland eine Mehrzahl von Lokal- (und Personal-) Rechten in Kraft ist, und insoweit die Staatsangehörigkeit als Anknüpfungsmoment den Dienst versagt. Stellt man sich dieser Schwierigkeit gegenüber auf den Standpunkt des japanischen Gesetzbuchs, so gelangt man zu einer dritten Klasse von Ausländern, für welche weder das Heimathrecht, noch das deutsche Recht, sondern das Wohnsitzrecht als solches maßgebend ist.

Eine weitere Schwierigkeit ergibt sich daraus, daß der Grundsatz der Rückverweisung in manchen ausländischen Staaten positive Geltung hat. Zur Veranschaulichung mag das schweizerische Recht dienen. Artikel 28 des schweizerischen Bundesgesetzes vom 25. Juni 1891 bestimmt: „Sind die . . Schweizer (. . . welche im Auslande ihren Wohnsitz haben . . . .) nach Maßgabe der ausländischen Gesetzgebung dem ausländischen Recht nicht unterworfen, so unterstehen sie dem Recht und dem Gerichtsstand des Heimathkantons." Man kann zweifeln, ob hier wirklich der Grundsatz der Rückverweisung in dem in Rede stehenden Sinn ausgesprochen ist. Wir wollen es demonstrationis causa annehmen. Das schweizerische Gesetz vom 25. Juni 1891 folgt im Uebrigen nicht dem Staatsangehörigkeitsprinzip, sondern dem Wohnsitzrecht. Wenn nun schweizerische Eheleute ihr erstes und einziges Domizil in Deutschland haben, nach welchem Recht haben deutsche Gerichte deren eheliches Güterrecht zu beurtheilen? Artikel 14 des Entwurfs erklärt grundsätzlich das schweizerische Recht für maßgebend. Nach Artikel 26 des Entwurfs ist aber das deutsche Recht maßgebend, wenn das schweizerische Recht die deutschen Gesetze für maßgebend erklärt. Es fragt sich, ob die letztere Voraussetzung trotz des Artikels 28 des schweizerischen Gesetzes vorliegt. Die Frage ist meines Erachtens zu bejahen. Es bleibt trotz Art. 28 des schweizerischen Gesetzes wahr, daß das schweizerische Recht die deutschen Gesetze für maßgebend erklärt. Jener Artikel 28 trifft nur Bestimmung für den Fall, daß das fremde — hier das deutsche — Recht seinerseits die ihm vom schweizerischen Recht zugewiesene Maßgeblichkeit ablehnt. Dieser Fall liegt aber von deutscher Seite nicht vor. Artikel 26 des Entwurfs acceptirt die Offerte des schweizerischen Rechts. Es ist also zu konstatiren, daß die in einem ausländischen Rechtsgebiet bestehende Geltung des Rückverweisungsprinzips die Handhabung des Artikels 26 nicht berührt.

Sehr wichtig und nicht ohne Schwierigkeit ist die Frage, ob die Rückverweisung nur in den von Artikel 26 speziell bezeichneten Fällen oder darüber hinaus in allen Fällen zu beobachten sein wird, in denen nach den vorher entwickelten Grundsätzen prinzipiell das Heimathrecht maßgebend ist.

Die Verneinung der Frage ist nicht etwa zu begründen durch eine auf die Artikel 20 und 22 gestützte Argumentation, die auf den ersten Blick nahe liegt und die man darauf zu stützen versucht sein könnte, daß der Entwurf selber, indem er in Artikel 26 die Artikel 20 und 22 nicht nenne, die Rückverweisung hier ablehne, somit für das Prinzip keineswegs verallgemeinerte Anwendung fordere. Diese Argumentation würde von einer falschen Voraussetzung ausgehen. Genaueres Zusehen lehrt, daß die Rückverweisung in Artikel 26 nur darum für Artikel 20 und 22 nicht ausgesprochen ist, weil der Effekt der Rückverweisung in den letztgenannten Artikeln ohnehin gegeben, bezw. sogar überboten ist. Wenn Artikel 20 vorschreibt, daß die Verpflichtungen des unehelichen Erzeugers falls die Mutter Ausländerin ist, sich nach deren Heimathrecht richten, daß aber „weitergehende Ansprüche als nach den deutschen Gesetzen begründet sind" („vor deutschen Gerichten" ist im Text hinzuzudenken), nicht geltend gemacht werden können, so ist der Grundsatz der Rückverweisung damit überboten. Denn die Bestimmung bedeutet im Effekt, daß das deutsche Recht an und für sich ausschließlich maßgebend sein soll, daß aber diejenigen dem Erzeuger vom deutschen Recht auferlegten Leistungen, auf welche das Heimathrecht der Mutter und des Kindes den letzteren keine Ansprüche gewährt, ausgeschlossen sind. Der Gedanke ist offenbar der: was das Ausland laut seinen eigenen Rechtsvorschriften nicht haben will, das wollen wir unsererseits ihm auch nicht gewähren —, also derselbe Grundgedanke wie bei der Rückverweisung. Laut Artikel 22 kann eine Vormundschaft oder Pflegschaft über einen Ausländer im Inlande eingeleitet werden, sofern der Ausländer nach den Gesetzen seines Heimathstaats der Fürsorge bedarf und der Heimathstaat die Fürsorge nicht übernimmt. Auf den ersten Blick scheint damit gesagt zu sein, daß ein Ausländer schlechtweg dann als vormundbedürftig anzusehen sei, wenn er es nach seinem Heimathrecht ist. Aber vergleicht man mit unserer Vorschrift die Artikel 6 und 26, so stellt sich heraus, daß diese Vorschriften jener Auffassung entgegenstehen und daß auch der Artikel 22 unter dem Grundsatz der Rückverweisung steht. Da für die Geschäftsfähigkeit nach Artikel 26 die Rückverweisung maßgebend ist, so kann hinsichtlich der Voraussetzungen der Bevormundung nichts anderes gelten. Es wäre widersinnig, einem 23jährigen Dänen zufolge der Rückverweisung die Handlungsfähigkeit eines Großjährigen zuzuerkennen, ihm aber einen Vormund zu geben. — Der Wortlaut des Artikels 22 stimmt damit überein. Die Worte: „wenn der Ausländer nach den Gesetzen dieses Staats der Fürsorge bedarf", gehen auf das Gesammtergebniß der die vormundschaftliche Fürsorge betreffenden Vorschriften jenes Staats, einschließlich der Kollisionsnormen. Wenn der Heimathstaat die Kollisionsnorm aufstellt, daß für die Voraussetzungen der Vormundschaft die lex domicilii maßgebend sei, so erklärt er damit, daß seine im Ausland lebenden Staatsangehörigen nur insoweit der Fürsorge bedürftig sein sollen, als es die lex domicilii bestimme. Ein Däne im Alter von 24 Jahren, der in Deutschland domizilirt, ist, obwohl nach dänischem Recht die Großjährigkeit erst mit 25 Jahren eintritt, dennoch nach dem dänischen Recht selbst der vormundschaftlichen Fürsorge nicht bedürftig, da das dänische Recht die lex domicilii für maßgeblich erachtet und erklärt.

Somit ist die Sachlage die: In allen Fragen, in denen der Entwurf für Ausländer ausdrücklich deren Heimathrecht als maßgebend erklärt, geschieht dies nur unter der Bedingung, daß nicht das Heimathrecht auf das deutsche Recht zurückverweist. Der Schluß ist unabweisbar, daß die gleiche Bedingung auch da gelten muß, wo sich die Anwendung des Heimathrechts auf ausdehnende Interpretation des Entwurfs stützt, also in allen Fällen, in denen überhaupt das Prinzip des Heimathrechts anzuwenden ist. So sehr diese Konsequenz von allen denjenigen bedauert werden wird, die das Rückverweisungsprinzip für verwerflich halten, so wird sie sich doch nicht ablehnen lassen und auch das Paulianische: Quod contra rationem juris receptum est, non est producendum ad consequentias würde nur in einer bekannten Mißdeutung und leider nicht mit Recht gegen die Ausdehnung zu Hilfe gerufen werden können.

Dagegen ist andererseits darauf hinzuweisen, daß nach dem Entwurf die Rückverweisung außerhalb des Herrschaftsbereichs der Staatsangehörigkeit nicht zur Anwendung zu bringen ist und daß die Weiterverweisung niemals zu beachten ist. Wenn die künftige Judikatur an dem gemeinrechtlichen Grundsatz festhalten sollte, daß das Recht des Erfüllungsorts für Vertragsobligationen maßgeblich ist, so wird dabei der Rückverweisung nicht Raum gegeben werden dürfen. Ist ein Kaufgeschäft in Deutschland geschlossen und ein italienischer Erfüllungsort vereinbart, so wird nicht deswegen deutsches Recht zur Anwendung gebracht werden dürfen, weil nach italienischem Recht für Vertragsobligationen das Ortsrecht der Geschäftserrichtung maßgebend ist. Der Entwurf giebt einer solchen Ausdehnung des Rückverweisungsprinzips keine Berechtigung. Es ist dazu zu bemerken, daß das Problem der Rückverweisung, das überhaupt erst in der jüngsten Zeit aufgetaucht ist, in der Literatur mit spezieller Beziehung auf das Gegenüberstehen von Heimathrecht und Wohnsitzrecht erörtert ist und daß die für das Rückverweisungsprinzip beigebrachten Argumente sich zu einem wesentlichen Theil speziell auf das Staatsangehörigkeitsverhältniß beziehen. Uebrigens ist hier ausnahmsweise auch die Entstehungsgeschichte des Entwurfs nicht ganz ohne Belang, sofern nämlich auch der Gebhard'sche Entwurf, welcher, abweichend von der Reichstagsvorlage, Kollisionsnormen auch für das Sachenrecht und das Obligationenrecht enthält, die Rückverweisung doch auf das Herrschaftsgebiet des Heimathrechts beschränkte. — Was die Weiterverweisung anlangt, so folgt ihre Verwerfung unmittelbar aus Artikel 26. Wenn ein Engländer sein Domizil in Frankreich hat, so ist von deutschen Gerichten seine Geschäftsfähigkeit nach englischem Recht zu beurtheilen, obwohl das englische Recht nicht angewendet sein will, sondern auf das französische Recht als die lex domicilii weiter verweist.

Es ist im Rahmen dieses Vortrages nicht möglich, die Bestimmungen des Entwurfes einer erschöpfenden Erörterung zu unterziehen. Um aber von dem, was der Entwurf enthält und was er nicht enthält, sowie von den Aufgaben, welche er der Praxis und der Wissenschaft in den Einzelheiten stellt, ein ungefähres Bild zu geben, seien im Folgenden einige Fragen des Personenrechts, des Eherechtes und des Erbrechtes als Probestücke herausgegriffen.

Den Artikel 6 anlangend, fragt sich, wie weit der Begriff der Geschäftsfähigkeit reicht. Die §§ 100 ff. des Bürgerlichen Gesetzbuchs verstehen unter Geschäftsfähigkeit die Fähigkeit zu rechtlichen „Willenserklärungen", so daß zweifellos auch Ratihabition, Verzicht, Kündigung, Mahnung dazu gehören. Aber auch Handlungen mit Rechtseffekt, wie Besitzerwerb und Wohnsitzbegründung, bezüglich deren es zweifelhaft erscheinen kann, ob sie als „rechtliche Willenserklärungen" bezeichnet werden können, sind einzubeziehen. Die Grenze wird negativ bestimmt durch den Begriff der Deliktsfähigkeit, oder, wie man im Anschluß an den Entwurf sagen muß, durch den Begriff der Verantwortlichkeit für Schaden aus unerlaubten Handlungen im Sinne der §§ 807 ff. B. G. B. — Für sie ist nach dem Entwurf nicht das Heimathrecht sondern das Recht des Ortes maßgebend, wo der in Frage stehende Thatbestand sich ereignet hat, was sich aus Artikel 11 ergiebt.

Der Entwurf beschränkt die Maßgeblichkeit des Heimathrechts für die Geschäftsfähigkeit nicht auf bestimmte Gattungen der Rechtsverhältnisse.

Der Grundsatz des Artikels 6 Absatz 1 bezieht sich ebensowohl auf familienrechtliche, erbrechtliche, sachenrechtliche, wie auf obligatorische Rechtshandlungen. Auch die Ehemündigkeit und das Erforderniß elterlichen und vormundschaftlichen Konsenses zur Eheschließung ist demnach schon zufolge des Artikels 6 für die im Ausland von zwei Ausländern geschlossene Ehe (siehe Artikel 12 und oben S. 17) gemäß dem Heimathrecht der Nupturienten zu beurtheilen. Auch Art. 23 spricht für Testamente, soviel die persönliche Fähigkeit des Disponenten angeht, nichts aus, was nicht schon der Artikel 6 sagt. Jene Vorschrift hat nur insofern selbständigen Inhalt, als sie sich auf den Gegenstand der letztwilligen Disposition bezieht. — Daß es gemäß Artikel 6 keinen Unterschied macht, ob die Beschränkung der Geschäftsfähigkeit des Ausländers unmittelbar auf Gesetz, oder auf einer kraft Gesetzes erfolgten obrigkeitlichen Verfügung (Entmündigung, Strafurtheil, Konkurseröffnung) beruht, ist bereits angedeutet worden.

Der Entwurf hat (abgesehen von dem später zu erörternden Artikel 9) keine besondere Bestimmung über die Rechtsfähigkeit, die von dem Gebhard'schen Entwurf in § 1 vorangestellt war. — Der Ausdruck bezeichnet in Anwendung auf physische Personen, von denen hier einstweilen allein die Rede sein soll, zweierlei, einestheils die Fähigkeit eines Menschen, überhaupt Träger von Rechten und Rechtspflichten zu sein, die Rechtspersönlichkeit, anderntheils die Fähigkeit, Träger bestimmter Arten von Rechten und Rechtspflichten zu sein: die besonderen Rechtsfähigkeiten. Was die Rechtspersönlichkeit betrifft, so ist in den Rechten der Kulturvölker heute der Satz allgemein anerkannt und seine Geltung versteht sich bei uns von selbst, daß alles, was Menschenantlitz trägt, auch Rechtspersönlichkeit genießt. Der Entwurf hat zu dem in Art. 29 genügend zum Ausdruck gebracht, daß die Realisirung der Institute der Sklaverei, der Leibeigenschaft, des bürgerlichen Todes seitens der deutschen Rechtspflegeorgane nicht stattfinden dürfe.

Auch die Vorschriften über Beginn und Ende der natürlichen Persönlichkeit (siehe §§ 1, 20 B.G.B.), die sich als Bestimmungen über die Rechtsfähigkeit formuliren lassen, scheinen auf den ersten Blick dem Gebiet des „Personalstatuts" anzugehören. Indessen praktisch handelt es sich bei diesen Vorschriften gar nicht um die Rechtspersönlichkeit, als um ein Rechtsgut desjenigen, von dem sie ausgesagt wird, sondern nur um die Funktion der in Frage stehenden Persönlichkeit als eines Durchgangspunktes für Erwerbungen von Todeswegen seitens anderer Personen. Zum Beispiel die Vorschriften mancher ausländischer Gesetzgebungen, daß die Persönlichkeit eines Menschen in dem Zeitpunkt anhebt, wo er lebensfähig zur Welt kommt, hat doch nur praktische Bedeutung für den Fall, daß ein Kind kurz nach der Geburt stirbt und andere Personen auf das Moment der vorhanden gewesenen Rechtspersönlichkeit ihrerseits Ansprüche stützen. Ebenso verhält es sich mit den Vorschriften über Kommorienten. Auch die Vorschriften über Beginn und Ende der natürlichen Persönlichkeit ergeben hiernach kein Bedürfniß, die Rechtsfähigkeit zum Gegenstand einer besonderen Kollisionsnorm zu machen. Hier müssen die Grundsätze entscheiden, die auch in anderer Hinsicht für das betreffende Rechtsverhältniß maßgebend sind.

Anders verhält es sich mit der Todeserklärung, die mit Recht in Artikel 8 eine besondere Normirung erfahren hat. Auch die Todeserklärung bezweckt ja allerdings nicht sowohl die Wahrung der Rechte des Verschollenen, als vielmehr die Beseitigung der in Bezug auf den Verschollenen vorhandenen Unsicherheit im Interesse anderer Personen. Aber die Todeserklärung berührt, wenn der für todt erklärte Verschollene thatsächlich lebt, dessen Interessen in äußerst empfindlicher Weise. Das Verfahren behufs Todeserklärung beruht deshalb wesentlich auf dem Gedanken, daß das Interesse des Verschollenen durch die staatlichen Organe nach Möglichkeit gewahrt und daß vor Zulassung der durch Tod und Todeserklärung bedingten Rechtsfolgen dem etwa lebenden Verschollenen möglichst Gelegenheit gegeben werden soll, aus dem Dunkel hervorzutreten. Insofern bezweckt das Todeserklärungsverfahren den Schutz des Verschollenen und durch diese und ähnliche Erwägungen ist es durchaus gerechtfertigt, wenn die Todeserklärung der Kompetenz der Heimathsbehörden des Verschollenen zugewiesen und sein Heimathrecht für maßgebend erklärt wird. Voraussetzungen und Wirkungen der Todeserklärung lassen sich dabei nicht trennen, denn die ersteren sind legislatorisch von dem letzteren abhängig und durch deren Tragweite innerlich bedingt. Der Wortlaut des Artikels 8 nun läßt die Deutung zu (arg. „kann"), daß die Todeserklärung von Deutschen nur fakultativ der Zuständigkeit der deutschen Behörden überwiesen sein solle, so daß die Frage offen gelassen wäre, ob nicht auch eine im Ausland erfolgte Todeserklärung deutscher Staatsangehöriger als im Inlande wirksam anzuerkennen sei. Aber dieser Gedanke muß von der Hand gewiesen werden. Es kann nicht die Intention des Gesetzes sein, die Todeserklärung eines Deutschen kumulativ im Inlande und im Auslande zuzulassen. Die Todeserklärung muß nach Artikel 8 Absatz 1 hinsichtlich eines jeden Deutschen erlassen werden, wenn die nach den deutschen Gesetzen erforderlichen allgemeinen Voraussetzungen vorhanden sind. Das Wort „kann" hat hier so wenig wie in § 6 und § 13 des Entwurfes B.G.B. („Wer verschollen ist, kann nach Maßgabe der §§ 14—17 für todt erklärt werden") den Sinn, daß es im freien Ermessen der Gerichte stehen solle, ob sie die Todeserklärung aussprechen wollen, so daß sie etwa davon Abstand nehmen könnten, wenn bereits im Ausland eine Todeserklärung stattgefunden haben sollte. Das letztere würde auch sachlich durchaus unangemessen sein, da die Todeserklärung in verschiedenen Rechtsgebieten verschiedenes bedeutet, eine déclaration d'absence nach französischem Recht zum Beispiel etwas durchaus anderes ist als die deutsche Todeserklärung. Mehreren im konkreten Fall im Inland und im Ausland kumulativ ergangenen Todeserklärungen Anerkennung zu gewähren, würde sinnlos sein, und so ergiebt sich, daß der Sinn des Artikels 8 Absatz 1 der sein muß, daß Deutsche nur von deutschen Gerichten und gemäß dem deutschen Recht für todt erklärt werden können. Andererseits aber ergiebt sich als sinngemäßes Korrelat dieses Grundsatzes, daß Ausländer gemäß ihrem Heimathrecht und nur gemäß diesem für todt erkärt werden können, d. h. daß eine derart erfolgte ausländische Todeserklärung oder auch eine nach dem Heimathrecht unmittelbar ex lege sich ergebende Todespräsumtion von unseren Rechtspflegeorganen anerkannt werden muß.

Durch Absatz 2 und 3 des Artikels 8 wird dieser Grundsatz allerdings erheblich eingeschränkt. Hier ist bestimmt:

1. Verschollene Ausländer können im Inlande nach den deutschen Gesetzen für todt erklärt werden mit Wirkung für diejenigen Rechtsverhältnisse, die sich nach den deutschen Gesetzen bestimmen, sowie mit Wirkung für das im Inlande befindliche Vermögen.

2. Ein verschollener Ausländer, der seinen letzten Wohnsitz im Inland hatte, kann auf Antrag seiner in Deutschland zurückgebliebenen oder dahin zurückgekehrten Ehefrau im Inland nach den deutschen Gesetzen für todt erklärt werden, wenn die Ehefrau Deutsche ist oder es bis zu ihrer Verheirathung war.

Auch in diesen Vorschriften bedeutet das „kann" für die Gerichte ein „muß", sobald die in den §§ 14 bis 17 B. G. B. aufgestellten Erfordernisse vorliegen. Die dadurch thatsächlich gegebene Möglichkeit der Kumulation in- und ausländischer Todeserklärungen drängt zu derselben Auffassung, die sich vorher bezüglich der ausländischen Todeserklärung deutscher Staatsangehöriger ergab, daß nämlich auch die ausländische Todeserklärung von Ausländern keine Anerkennung von Seiten der deutschen Rechtspflegeorgane finden kann, soweit Ausländer im Inland für todt erklärt werden können. Wenn in concreto eine Todeserklärung gemäß Artikel 8 Absatz 2 oder 3 erfolgt ist, so ist es offenbar, daß für die Anwendung ausländischen Verschollenheitsrechts kein Raum ist, soweit die deutsche Todeserklärung wirken will. Was aber gilt, wenn und soweit eine Todeserklärung in Deutschland wirklich erfolgt ist, muß auch gelten, wenn und soweit sie in Deutschland erfolgen **kann**. Es ergiebt sich somit aus den besprochenen Vorschriften:

1. Die Verschollenheit eines Ausländers, der seinen letzten bekannten Wohnsitz in Deutschland hatte und dessen Ehefrau Deutsche ist oder bis zur Verheirathung war, ist lediglich nach deutschem Recht zu beurtheilen. Daß die deutsche Todeserklärung gemäß Absatz 3 des Artikel 8 nur auf Antrag der Ehefrau und nur dann erfolgen kann, wenn diese im Inland zurückgeblieben oder dahin zurückgekehrt ist, schränkt den Anwendungsbereich der deutschen Vorschriften nicht weiter ein, so lange die Nachholung des Antrages und der Rückkehr geschehen kann. Mit dem Tode der Ehefrau erlischt, wenn sie nicht vorher die Todeserklärung im Inland betrieben hat, die Maßgeblichkeit der deutschen Gesetze. Ist einmal eine deutsche Todeserklärung erfolgt, so ist die Maßgeblichkeit der deutschen Vorschriften dadurch perpetuirt, wie im Artikel 12 Absatz 2 bezüglich der Eheschließung bestätigt ist.

2. In Hinsicht auf Vermögen eines verschollenen Ausländers, das sich in Deutschland befindet (wozu nach § 2342 B. G. B. alle Ansprüche gehören, für die ein deutsches Gericht zuständig ist, und alle Gegenstände, für die von einer deutschen Behörde ein zur Eintragung des Berechtigten bestimmtes Buch oder Register geführt wird), ist lediglich das deutsche Verschollenheitsrecht maßgebend und eine ausländische Todeserklärung unbeachtlich.

3. Hinsichtlich der Rechtsverhältnisse, für welche in sonstiger Beziehung die deutschen Gesetze maßgebend sind, ist auch für die Fragen der Verschollenheit allein das deutsche Recht maßgeblich und eine ausländische Todeserklärung nicht anzuerkennen. Es kann hier natürlich nur die nach den deutschen Kollisionsnormen begründete Maßgeblichkeit der deutschen Gesetze gemeint sein, nicht etwa eine lediglich nach ausländischem Recht begründete Maßgeblichkeit des deutschen Rechts (welche Situation thatsächlich auch vorkommt). Im Uebrigen liegt hier die Quelle einer Anzahl recht schwieriger Fragen, die an dieser Stelle nicht weiter verfolgt werden können.

Es erübrigen hiernach noch zahlreiche Verschollenheitsfälle, für welche die Frage nach dem maßgeblichen Recht offen bleibt. Diese Fälle sind der überwiegenden Mehrzahl nach so gelagert, daß deutsche Rechtspflegeorgane nicht in die Lage kommen, sich mit ihnen zu befassen. Immerhin sind Fälle denkbar, wo dies doch geschieht. Für sie die Maßgeblichkeit der deutschen Gesetze in Anspruch zu nehmen, liegt in dem Artikel 8 keinerlei Grund vor. Vielmehr wird in jenen Fällen das Staatsangehörigkeitsprinzip auch für Ausländer zu Grunde zu legen sein. Die ungemein weite Erstreckung, welche Absatz 2 und 3 des Artikels 8 der deutschen Kompetenz geben, gestattet nicht den Schluß, daß die Intention des Gesetzes noch weiter gehe, als der Wortlaut besagt. Vielmehr ist umgekehrt die Folgerung geboten, daß das Gesetz seine Ansprüche ohne weitere Reserve zum Ausdruck gebracht hat. Indessen es läßt sich nicht verschweigen, daß eine Reihe von Fragen zweifelhaft bleibt. Die Bestimmung des § 2342 Absatz 2 B. G. B., wonach Ansprüche, für die ein deutsches Gericht zuständig ist, „als im Inland befindlich gelten", soll „entsprechende" Anwendung finden. Ist die Zuständigkeit zufolge Prorogation einzuschließen? Sind auch reine Präjudizialfragen einbegriffen? Beides ist meines Erachtens zu verneinen. Doch ein Eingehen auf diese Fragen würde hier zu weit führen.

Der das Gebiet der juristischen Personen betreffende Artikel 9 läßt Anstalten und Stiftungen sowie juristische Personen des öffentlichen Rechts unberührt. Er bezieht sich nur auf ausländische Vereine, und auch für sie normirt er lediglich die Voraussetzungen der Rechtsfähigkeit. Die Anerkennung der letzteren wird von zwei Momenten abhängig gemacht; erstens muß der Verein nach den Gesetzen des Staates dem er angehört, rechtsfähig sein; zweitens muß seine Rechtsfähigkeit durch Beschluß des Bundesraths anerkannt sein. Das heißt mit anderen Worten: die Rechtsfähigkeit wird grundsätzlich dem Recht des Staates unterstellt, dem ausländische Vereine angehören; die Anerkennung des Bundesraths muß hinzukommen, ist aber ohne Wirkung, wenn jene andere erste Voraussetzung nicht zutrifft. Die Gerichte müssen stets prüfen ob der Verein nach dem maßgebenden ausländischen Recht rechtsfähig ist. Der Bundesrathsbeschluß entbindet sie nicht davon. Die politische Verantwortlichkeit, die hier dem Bundesrath auferlegt ist, entbehrt nicht der Bedenken. Die Versagung der Anerkennung kann politische Verwickelungen hervorrufen; dagegen läuft die Anerkennung Gefahr, durch gerichtliche Entscheidungen desavouirt zu werden. Glatter wäre es gewesen, die Rechtsfähigkeit der Vereine lediglich von dem an ihrem Sitz geltenden Recht abhängig zu machen und die Entscheidung von Zweifelsfragen den Gerichten zu überlassen.

Die Tragweite des Artikels 9 erscheint vielleicht auf den ersten Blick in einer wichtigen Beziehung zweifelhaft, nämlich hinsichtlich der Frage, ob die Vorschrift Anwendung findet auf ausländische Handelsgesellschaften. Die Bejahung würde aber einen groben Methodenfehler des Entwurfs voraussetzen. Denn die „Allgemeinen Vorschriften" des ersten

Abschnittes des Einführungsgesetzes sind verständiger Weise nur als allgemeine Vorschriften **über das Bürgerliche Gesetzbuch** aufzufassen, soweit nicht etwas anderes deutlich zum Ausdruck gebracht ist. Der Artikel 9 in Verbindung mit § 21 Bürgerliches Gesetzbuch ergiebt auch mit genügender Positivität, daß Artikel 9 sich auf solche Gesellschaften nicht bezieht. Lediglich ausländische Vereine, welche die Rechtsfähigkeit im Inlande nur nach den Vorschriften des § 21 des Bürgerlichen Gesetzbuchs erlangen könnten, sind dem Artikel 9 unterworfen. Nach § 21 Absatz 2 sind aber von den Vorschriften des § 21 diejenigen Vereine ausgenommen, für welche reichsgesetzlich Eintragung in das Vereinsregister oder staatliche Genehmigung nicht vorgeschrieben ist, also die Gesellschaften des Handelsgesetzbuches und die sonstigen reichsgesetzlich geregelten Gesellschaften und Genossenschaften. Entsprechende ausländische Personenverbände fallen also nicht unter Artikel 9. — Freilich enthält die Frage, welche Personenverbände des Auslandes hierher gehören, schwierige Probleme und es wird öfters zweifelhaft sein, ob eine ausländische Gesellschaft dem Artikel 9 untersteht oder nicht. Soweit es nicht der Fall ist, wird in Ermangelung besonderer reichsgesetzlicher Vorschriften aus der Thatsache des Schweigens der Grundsatz abzuleiten sein, daß solche Gesellschaften als rechtsfähig anzuerkennen sind, wenn ihnen die Rechtsfähigkeit nach den Gesetzen des Staates zukommt, in dessen Gebiet sie ihren Sitz haben.

Hinsichtlich ausländischer juristischer Personen, die nicht Vereine sind, ergiebt sich aus dem Fehlen besonderer Kollisionsnormen im Einführungsgesetz, in Verbindung mit dem in Artikel 9 für ausländische Vereine aufgestellten Prinzip, daß die Rechtsfähigkeit aller dieser juristischen Personen sich grundsätzlich nach den Gesetzen des Staates richtet, „dem sie angehören".

In § 77 B.G.B. heißt es nun aber: „Zur Entstehung einer rechtsfähigen Stiftung ist außer dem Stiftungsgeschäft die Genehmigung des Bundesstaats erforderlich, in dessen Gebiet die Stiftung ihren Sitz haben soll. **Soll die Stiftung ihren Sitz nicht in einem Bundesstaat haben, so ist die Genehmigung des Bundesraths erforderlich.** Als Sitz einer Stiftung gilt, wenn nicht ein Anderes bestimmt ist, der Ort, an welchem die Verwaltung geführt wird". Der § 77 spricht offenbar nur von Stiftungen, die auf einem im Inland stattfindenden Stiftungsgeschäft beruhen. Aber der § 77 trifft diese Stiftungen, auch wenn sie im Ausland ihren Sitz haben. Es ergiebt sich daraus also eine wichtige Einschränkung des soeben formulirten Grundsatzes dahin, daß auch juristische Personen mit ausländischem Sitz, die nicht Vereine sind (ausgenommen diejenigen des öffentlichen Rechts), der Genehmigung des Bundesraths bedürfen, **wenn sie auf einem im Inland errichteten Stiftungsgeschäft beruhen.**

Hinsichtlich „**Eingehung der Ehe**" erklärt Artikel 12 in weitem Umfang die Staatsangehörigkeit für maßgebend. Die Vorschriften in Absatz 1 und 2 beziehen sich nur auf die **materiellen** Voraussetzungen, wie sich aus der Gegenüberstellung mit dem dritten Absatz ergiebt. Der Entwurf sagt nicht, daß die „**persönlichen Erfordernisse**" der Eheschließung sich nach dem Heimathrecht richten, sondern er spricht schlechthin von der **Eingehung der Ehe.** Das ist korrekt und zweckmäßig. Nur ein Theil der Voraussetzungen der Eheschließung (anders ausgedrückt: der inpedimenta matrimonii) läßt sich unter den Gesichtspunkt persönlicher Erfordernisse bringen. Nicht so die Grundsätze über Zwang, Betrug, Irrthum. Auch hinsichtlich ihrer gilt aber nach der Fassung des Entwurfs und mit innerer Berechtigung das Prinzip des Heimathrechts. Wenn man gegen diese Auffassung die Wendung ins Feld führen möchte, daß **in Ansehung eines jeden der Verlobten** die Gesetze des Staates entscheiden, dem der Verlobte angehört, ausgehend von der Ansicht, daß hiermit nur persönliche Erfordernisse gemeint sein könnten, so würde dieser Einwand unhaltbar sein gegenüber der in den Anfangsworten „die Eingehung einer Ehe u. s. w." deutlich ausgesprochenen Intention des Gesetzes, den Anwendungsbereich sämmtlicher Voraussetzungen der Eheschließungen zu normiren. Es ist aber zuzugeben, daß in Anwendung auf Willensmängel die Worte „in Ansehung eines jeden der Verlobten" eine Unebenheit enthalten. Hat der Mann die Frau durch Drohung zur Eheschließung bestimmt und es knüpft das Heimathrecht des Mannes (wie z. B. das österreichische Recht) an den Betrug die Nichtigkeit der Ehe, während das Heimathrecht der Frau (§§ 1318, 1313 B.G.B.) nur Anfechtbarkeit eintreten läßt, so kann zweifelhaft erscheinen, ob Nichtigkeit oder Anfechtbarkeit der Ehe vorliege. Angesichts der Fassung des Artikels 12 muß der Zweifel aber im Sinne der Nichtigkeit gelöst werden. In Ansehung des Ehemanns — um den Wortlaut des Artikels 12 anzuwenden — ist die Ehe nichtig, das kann aber nichts anderes heißen, als: die ganze Ehe ist nichtig. Die sich hier eröffnende Frage, in welcher Weise Nichtigkeit der Ehe nach Maßgabe einer fremden Rechtsordnung von unseren Rechtspflegeorganen zu behandeln sei, ist nicht eine Eigenthümlichkeit der in Rede stehenden Fälle. Ihr Kern kehrt bei allen in ausländischen Rechtsordnungen gegründeten Ehehindernissen wieder. Der Gesetzgeber hat sich durch die

Schwierigkeit der Frage nicht abhalten lassen, das Prinzip des Heimathsrechts zum Gesetz zu erheben. Jene Schwierigkeit muß also gelöst, sie darf nicht umgangen werden.

Eine anscheinend krasse Ausnahme von dem Prinzip enthält für gewisse Fälle der zweite Absatz des Artikels 12: Wenn die Nupturientin Ehefrau eines nach den besonderen Vorschriften des Artikels 8 Absatz 3 in Deutschland für todt erklärten Ausländers war, so soll hinsichtlich ihrer das deutsche Recht für die Eingehung der Ehe maßgebend sein, auch wenn sie selbst Ausländerin geworden und geblieben ist. Das gilt also auch, wenn die Ehe im Ausland geschlossen wird, so daß das freilich befremdliche Ergebniß eintritt, daß für eine zwischen zwei Ausländern im Ausland stattgefundene Eheschließung deutsches Recht zur Anwendung gebracht wird. Es fragt sich, ob dies wirklich in dem Umfang geschehen soll, wie es nach dem Wortlaut geschehen zu sollen scheint. Schwerlich. Vor Allem leuchtet ein, daß nicht gemeint sein kann, es solle eine Ehefrau, die einmal in der bezeichneten Situation gewesen ist, für alle Zeiten dem deutschen Recht hinsichtlich der Eheschließung unterworfen sein. Wird etwa später der wirkliche Tod des verschollenen Ehemanns festgestellt, welchen Sinn hat es dann noch, die Eingehung der Ehe seiner Wittwe anderen Kollisionsnormen als den regelmäßigen zu unterstellen? Welcher innere Zusammenhang aber besteht überhaupt zwischen der Todeserklärung gemäß Artikel 8 Absatz 3 und der Mehrzahl der Voraussetzungen der Ehe? Wenn der Entwurf sonst das ausländische Recht als maßgebend z. B. hinsichtlich der Verwandtschaftshindernisse für Ausländerinnen erklärt, auch soweit sie früher Deutsche waren, warum nicht in dem besonderen Fall, wo die Ausländerin das Benefizium des Artikels 8 Absatz 3 erhalten hat? Und nun vollends der Gegensatz zu dem Fall, daß der Ehemann Deutscher war und als solcher in Deutschland für todt erklärt ist, die Frau aber später Ausländerin wird. In diesem Fall wird eine fernere Eheschließung auf ihrer Seite nach ausländischem Recht beurtheilt; war ihr Ehemann aber Ausländer, dann soll, wenn er gemäß Artikel 8 Absatz 3 für todt erklärt ist, das deutsche Recht maßgebend sein? Das sind offenbare Sinnwidrigkeiten, die dazu nöthigen, dem Absatz 2 des Artikels 12 eine engere Bedeutung zu geben, als die Worte anzuzeigen scheinen. Der wahre Sinn ist der, daß das deutsche Recht unter den in Rede stehenden Voraussetzungen lediglich hinsichtlich des *Verschollenheitsrechts* maßgebend sein soll. Das ist die nothwendige Konsequenz der in Deutschland erfolgten Todeserklärung und ein rationelles Ergebniß.

Was die *Form der Eheschließung* angeht (Form der „*Ehe*“ sagt Artikel 12 auffälliger Weise), so sind für die im Inland geschlossenen

Ehen ausschließlich die deutschen Gesetze maßgebend. Die im Ausland geschlossenen Ehen sind dem allgemeinen Grundsatz des Artikels 10 unterstellt, welcher die Regel locus regit actum im fakultativen Sinn enthält. Im Ausland geschlossene Ehen sind hiernach formgiltig, wenn sie:

a) entweder dem am Ort der Eheschließung geltenden Recht, oder
b) dem Heimathrecht beider Ehegatten entsprechen.

Das letztere ist namentlich auch dann der Fall, wenn zwei demselben Staat angehörende Ausländer vor einem konsularischen oder diplomatischen Vertreter ihres Staats im Auslande die Ehe gemäß den hierfür nach ihrem Heimathrecht geltenden Formvorschriften schließen, und zwar ohne Rücksicht darauf, ob der Staat, in dessen Gebiet die Eheschließung stattfindet, seinerseits solche Ehen anerkennt. Wenn z. B. in Paris vor einem Vertreter der Vereinigten Staaten von Amerika eine Ehe von amerikanischen Staatsangehörigen geschlossen wird, was nach amerikanischen Vorschriften noch heute möglich ist, so ist nach den Artikeln 10 und 12 solche Ehe gültig, obwohl das französische Recht sie nicht anerkennt. Dagegen ist eine dem Ortsrecht nicht entsprechende konsularische oder diplomatische Eheschließung auf Grund der Artikel 10 und 12 nicht anzuerkennen, wenn das Heimathrecht eines der Nupturienten die Eheschließung nicht als formgültig anerkennt. Die Form wird in Ansehung eines jeden der Verlobten nach dessen Heimathrecht beurtheilt, d. h. sie muß dem Heimathrecht sowohl des einen wie des anderen entsprechen. Die auf die vorhin bezeichnete Weise in Paris vor dem amerikanischen Beamten zwischen einem Amerikaner und einer Französin geschlossene Ehe ist daher nach dem Entwurf nicht gültig. Da aber der Entwurf in Artikel 39 das Reichsgesetz betreffend die Eheschließung im Ausland (mit einigen hier nicht interessirenden Abänderungen) aufrecht erhält, so muß der soeben formulirte, aus den Artikeln 10 und 12 sich ergebende Grundsatz eingeschränkt und festgestellt werden, daß auch ohne die unter a) und b) bezeichneten Voraussetzungen die Ehen formgültig sind, die in Gemäßheit der Formvorschriften des genannten Gesetzes geschlossen sind.

Aus den das Erbrecht betreffenden Bestimmungen der Artikel 23, 24, 25 sind nachfolgende Spezialbestimmungen, welche Einschränkunzen des Prinzips des Heimathrechts enthalten, hervorzuheben:

1. Die Erben eines Deutschen, der mit ausländischem Domizil gestorben ist, haben das Recht, „sich in Ansehung der Haftung für die Nachlaßverbindlichkeiten auch auf die am Wohnsitz des Erblassers geltenden Gesetze zu berufen.“ Die Fassung der Vorschrift ist auffallend und

dunkel. Auffallend ist die Wendung: „können sich berufen.“ Ob in- oder ausländisches Recht maßgebend sein soll, wird also von der einseitigen Willenserklärung des Erben abhängig gemacht. Der vom Entwurf gebilligte und gewollte Effekt ist offenbar der, daß das ausländische Recht zur Anwendung kommt, soweit dessen Anwendung im Interesse des Erben liegt. Der Effekt soll aber nicht ohne Weiteres und stets eintreten, sondern nur, wenn der Erbe im einzelnen Fall es verlangt. Das im Artikel 23 eingeschlagene Verfahren erhält eine schärfere Beleuchtung durch Vergleichung mit Artikel 20, wo es heißt: „es können jedoch (— gegen den unehelichen Vater —) nicht weitergehende Ansprüche geltend gemacht werden, als nach den deutschen Gesetzen begründet sind.“ Analog dieser Fassung hätte Artikel 23 sagen können: „In Ansehung der Haftung für die Nachlaßverbindlichkeiten können gegen die Erben keine weitergehenden Ansprüche geltend gemacht werden, als nach den am Wohnsitz des Erblassers geltenden Gesetzen begründet sind.“ Aber der Entwurf hat diese Fassung offenbar aus besonderen Gründen nicht gewählt. Die Abweichung ist nicht etwa durch den Gesichtspunkt genügend erklärt, daß die dem Erben zugedachte Erleichterung ihm nicht gegen seinen Willen oktroyirt werden solle. Denn auch dem unehelichen Erzeuger ist es nach Artikel 20 unbenommen, weitergehende Ansprüche, als nach deutschem Recht begründet sind, gerichtlich oder außergerichtlich anzuerkennen und zu befriedigen. — Der Grund für die besondere Fassung des Artikels 23 Absatz 2 muß vielmehr ein anderer sein, und zwar liegt er, soweit ich sehe, darin, daß nicht nur einzelne quantitative Begünstigungen des Erben ins Auge gefaßt sind (wie z. B. wenn nach lex domicilii der Erbe nicht für Deliktsschulden haftet), sondern die ganze Prozedur der Abwicklung der Nachlaßverbindlichkeiten in Frage steht. Es wird der Intention des Entwurfs entsprechen, daß z. B. der Erbe, dessen Erblasser sein letztes Domizil in England hatte, wenn er in Deutschland von Nachlaßgläubigern verklagt wird, sich darauf berufen kann, daß in England ein „administrator“ bestellt sei, an den die Gläubiger sich zu wenden haben. Die Tragweite der Bestimmung ist aber durch die Fassung selbst nicht ganz deutlich gemacht. „In Ansehung der Haftung für die Nachlaßverbindlichkeiten“ ist einigermaßen unbestimmt. Zu den Nachlaßverbindlichkeiten gehören nach § 1943 B.G.B. „außer den vom Erblasser herrührenden Schulden die den Erben als solchen treffenden Verbindlichkeiten, insbesondere die Verbindlichkeiten aus Pflichttheilsrechten, Vermächtnissen und Auflagen.“ Daß das ganze Pflichttheilsrecht dem Belieben des Erben gemäß bald nach dem Heimathrecht, bald nach der lex domicilii des Erblassers beurtheilt werden soll, liegt aber gewiß nicht im Sinn des Artikels 23. „Haftung für die

Nachlaßverbindlichkeiten" muß in dem engeren Sinn gedeutet werden, daß nicht die Voraussetzungen der Existenz der Nachlaßverbindlichkeiten an sich gemeint sind, sondern die Voraussetzungen und Modalitäten, unter denen der Erbe für die an sich (gemäß dem Heimathrecht des Erblassers) existirenden Nachlaßverbindlichkeiten aufzukommen hat.

2. Nach Artikel 24 Satz 2 kann ein Deutscher bezüglich des Nachlasses eines mit deutschem Domizil gestorbenen Ausländers nicht nur diejenigen Ansprüche geltend machen, welche nach dem Heimathrecht des Erblassers begründet sind, sondern auch solche, die nur nach den deutschen Gesetzen begründet sind, es sei denn, daß der Heimathstaat des Erblassers für die Beerbung eines Deutschen, der sein letztes Domizil dort hat, das deutsche Recht als ausschließlich maßgebend gelten läßt. Die letztere Voraussetzung trifft nicht für viele Staaten zu. Nach schweizerischem, dänischem, norwegischem, argentinischem, chilenischem, ecuadorianischem Recht ist für die Erbfolge das am letzten Domizil des Erblassers geltende Recht maßgebend. Nach österreichischem, russischem, französischem, englischem, nordamerikanischem Recht werden die Beerbungsverhältnisse hinsichtlich der Immobilien nach der lex rei sitae gerichtet. Viele andere Staaten haben Spezialbestimmungen für Erbfälle, an denen Ausländer betheiligt sind. Stirbt ein Angehöriger der eben genannten Staaten, während er in Deutschland Domizil hat, so tritt eine eigenthümliche Doppelbehandlung ein, die darauf hinausläuft, daß die deutschen Prätendenten vorwegnehmen, was das deutsche Recht ihnen gewährt. Stirbt z. B. ein in Deutschland domizilirender Engländer oder Bürger der Vereinigten Staaten, so können deutsche Staatsangehörige Pflichttheilsansprüche gemäß dem deutschen Recht geltend machen, obgleich das englische und nordamerikanische Recht kein Pflichttheilsrecht kennt. Die Bestimmung ist offenbar lediglich als Kampfmittel gedacht und daher unerfreulich. Das Kampfmittel kehrt seine Wirkungen übrigens auch gegen Deutsche, da die Anwendung von Reziprozitäts- und Retorsionsvorschriften gegen die Deutschen dadurch provoziert wird. Man vergegenwärtige sich auch folgenden Fall: Ein früherer Deutscher, der das amerikanische Bürgerrecht erworben hat, beschließt sein Leben in Deutschland mit Hinterlassung eines Testaments, in dem seine deutsche Vaterstadt zur Universalerbin eingesetzt ist. Seinen einzigen Sohn, der in vaterlandsloser Gesinnung, aber unter Beibehaltung des Reichsindigenats im Auslande lebt, hat er stillschweigend zu enterben beabsichtigt. Der Sohn stellt die Pflichttheilsklage an. Ohne die in Rede stehende Klausel des Artikels 24 würde der Sohn abzuweisen sein. Zufolge der Klausel entführt er die Hälfte des Vermögens (§§ 2309, 2276 B. G. B.) ins Ausland.

3. Der Artikel 25 bestimmt Besonderes für den Fall, daß ein Nachlaß — sei es eines Deutschen oder eines Ausländers — im Auslande eröffnet ist und daß es den deutschen Behörden gelingt, Nachlaßvermögen für Erben und Vermächtnißnehmer ins Inland zu requiriren. Das demzufolge ins Inland gelangte Vermögen soll hier einem Spezialrecht unterstehen. Es erhält „sicheres Geleit", indem gesetzlich gewährleistet wird, daß nach Herüberbringung ins Inland damit nicht anders verfahren werde, als es das am Ort der Nachlaßeröffnung geltende Recht will. Gegenüber Nachlaßgläubigern wird den Destinatären kein Schutz gewährt.

Die Gebiete des Sachen- und Obligationenrechts sind in den Artikeln 6 bis 30 nur mit ganz vereinzelten Bestimmungen gestreift.

Für die Geltung des Prinzips der lex rei sitae in Bezug auf das Sachenrecht sind Artikel 6 Absatz 3 Satz 2, Artikel 10 Absatz 2 und Artikel 27 anzuführen. In welcher Weise aber das Prinzip im Einzelnen durchgeführt werden soll, bleibt der Praxis und der Wissenschaft überlassen.

Das Gebiet der obligatorischen Rechtsgeschäfte ist in unseren Artikeln gar nicht berührt, ausgenommen die Fragen der Geschäftsfähigkeit (Artikel 6) und der Form (Artikel 10). — Eine das Obligationenrecht angehende Vorschrift findet sich in § 779 B. G. B.: „Im Inlande ausgestellte Schuldverschreibungen dürfen nur mit staatlicher Genehmigung in den Verkehr gebracht werden." Eine prinzipielle Bedeutung kann dieser Vorschrift natürlich nicht beigemessen werden.

Der Rechtsanwendung und ihrer Vorbereitung durch die Wissenschaft stellt der Entwurf schwierige und umfassende Aufgaben. — Die bisherigen gesetzlichen Kollisionsnormen und die Grundsätze, welche in Ermangelung positiver Vorschriften gewohnheitsrechtlich galten, verlieren fast sämmtlich formell ihre Geltung. In der Sache werden sie muthmaßlich auch fernerhin angewendet werden, soweit der Entwurf nicht durch seine ausdrücklichen Kollisionsnormen und durch seinen sonstigen positiven Inhalt eine Derogation bedingt. Aber es wird eine selbstständige Begründung und eine tiefere Durchdringung jener Grundsätze nöthig. Praktiker und Theoretiker werden sich über Eigenart und Schwierigkeit der Probleme des internationalen Privatrechts aufs Neue selbstständig Rechenschaft zu geben gezwungen sein. — Partikularrechtliche Kollisionsnormen, welche sich auf solche Materien beziehen, die der Landesgesetzgebung vorbehalten sind, bleiben selbstverständlich in Kraft und können sich neu bilden. Sämmtliche bisher geltende Kollisionsnormen bleiben aber, wie alles bisherige Privatrecht, auf lange hinaus wirksam bezüglich der vor Inkrafttreten des Bürgerlichen Gesetzbuchs vollzogenen Thatbestände. Dies gilt natürlich auch für diejenigen Thatbestände, die sich im Auslande vollzogen haben. Daraus ergeben sich neue und theilweise verwickelte Fragen.

Kritik über das internationale Privatrecht des Entwurfs zu fällen, behalte ich mir für eine andere Gelegenheit vor.

Ein juristisches Meisterwerk ist dieser Theil der Kodifikation nicht. Aber die Einheit des in Deutschland geltenden internationalen Privatrechts wird an sich eine schöne Errungenschaft sein. Die Einführung des Nationalitätsprinzips ferner bedeutet den Sieg eines großen und fruchtbaren Gedankens. Die weiten Lücken endlich, die das Gesetz läßt, werden besonders geeignet sein, die deutsche Jurisprudenz zu gemeinsamer Arbeit anzuregen und darin liegt zugleich die Garantie, daß diese Lückes nicht groß Schaden thun werden.

Druck der Norddeutschen Buchdruckerei, Berlin, Wilhelmstr. 32.

Kolibri 360 GmbH
Ferdinand-Jühlke-Straße 7
99095 Erfurt, Deutschland
produktsicherheit@kolibri360.de